사주문답 3

四柱問答 ③

글쓴이
낭월 박주현

동학사

■ 들어가는 말

　오랜만입니다. 사주문답 3권을 내려고 원고를 마무리한 지는 오래되었는데, 여러 가지로 바쁜 일들이 겹쳐서 이제서야 책으로 완성하게 되었습니다.
　그 동안에 벗님의 사주공부에 많은 발전이 있으셨을 것으로 생각됩니다. 나름대로 무슨 경험들을 하셨는지도 궁금하네요. 이렇게 시간이 흐른 다음에 공부하던 자료를 다시 살펴보면서 느끼는 소감은 또 특별한 것 같습니다.
　이번의 사주문답 3편을 마지막으로 문답 공부를 마무리할 예정입니다. 이제 그 나머지 공부는 벗님의 노력으로 채워가시고, 자신의 관점으로 사주를 관찰하여 적절한 조언을 해주실 실력이 되도록 연마하시기 바랍니다. 아울러서 보다 합리적인 관찰력을 기르시게 되면 보다 멋진 운명 상담가로서의 능력을 갖추실 수 있을 것으로 생각됩니다.
　사주를 해석하여 용신을 찾고 운을 살펴서 조언하는 일이 결코 만만한 일이 아님을 이쯤에서 깨닫게 되셨을 것으로 생각됩니다.

그럼에도 벗님의 노력으로 진로에서 헤매는 사람에게 따스한 조언을 할 수 있게 된다면 쉼 없이 정진하신 공덕으로 봐야겠습니다.

안목은 결코 하루 아침에 이루어지는 것이 아니라고 한다면 이 정도의 실력을 연마하시기까지 또한 많은 시간이 필요했을 것으로 생각됩니다.

2005년 10월 28일 계룡감로에서
낭월 두손 모음

1 이 책의 내용은 인터넷 홈페이지(www.nangwol.com) 〈낭월명리학당〉의 여러 문답게시판에서 모은 자료로 구성되었다. 내용 중에서 일부는 수정을 가했으나 대부분은 거의 원본 상태 그대로 두었다. 그러다 보니 통일감이 부족하고 중복되는 부분도 있어서 한 권의 책으로서는 부족한 감이 없지 않지만, 성격이 판이하게 다른 질문들을 현장에서 직접 접하고 논의하는 난상토론의 분위기를 느낄 수 있다면 공부하는 데에는 오히려 도움이 되지 않을까 기대해본다.

2 질문해주신 회원들의 이름은 모두 삭제하는 것을 원칙으로 했다. 개인적인 자료를 공개함으로 인해서 입장이 곤란해질 수도 있지 않을까 하는 우려 때문이다.

3 낭월명리학당의 게시판에서 문답을 통해 질문을 해주신 회원님들께 깊은 감사를 드린다. 적지 않은 시간이 지난 지금에 와서 다시 살펴봐도 공부하려는 열정이 그대로 드러나 보인다. 이러한 마음으로 공부하셨다면 지금쯤은 모두 음양오행의 이치에서 자유로워지지 않았을까 싶다. 더욱 행복하신 나날이기를 기원 드린다. 그리고 답변 중에서 일부 새롭게 연구, 수정된 것이 있으니 혹시라도 참고가 된다면 고맙겠다.

4 이 책의 모든 답변은 낭월이 드린 것이다. 다른 벗님들이 주신 답변도 다수 있었지만, 책의 일관성을 위해 다른 벗님의 답변 내용은 게재하지 않았다.

751 일간끼리 합이 되는 궁합은 몇 등쯤 되나요? 19	**765** 희신이란 용신 다음으로 필요한 글자가 아닌가요? 34
752 土를 희신으로 보신 이유는? 20	**766** 사주 분석 ① 35
753 희신이란 무엇인가요? 21	**767** 사주 분석 ② 37
754 깔끔한 사주의 조건 23	**768** 사주 분석 ③ 38
755 축대운은 기토 정도로 해석하라는데…… 24	**769** 그래도 습토를 기다리겠지요? 39
756 신강으로 볼 이유가 없지 않나요? 25	**770** 격국과 관운 40
757 합으로 종격이 되나요? 26	**771** 이보다 더 요란한 명조가 있을까요? 41
758 희신을 정하기 어렵습니다 26	**772** 합으로 성격이 바뀌나요? 42
759 역시 土는 종잡기가 어렵습니다 27	**773** 水보다 木 용신이 맞지 않나요? 43
760 궁합 정리 28	**774** 식신이 하나만 있는 사주와 동일하게 볼 수 있나요? 44
761 신약용인격에서 희신의 기준은? 29	**775** 생지충과 왕지충은 다르지 않나요? 45
762 어떤 직종이 좋겠습니까? 30	**776** 묘신암합의 실체를 밝혀주세요 46
763 올해 결혼이 가능할까요? 32	**777** 추가 질문입니다 47
764 신강한가요? 33	

778	신약용인격보다 신약용겁격이 맞지 않나요? 48	804	용신과 희신 등에 대해 질문입니다 75
779	선전이 작용하는 시기는? 50	805	용신이 무엇일까요? 76
780	운을 어떻게 적용시켜야 할까요? 51	806	계해대운의 반란 시나리오입니다 77
781	충과 관운의 관계는? 53	807	인성을 용할 것 같은데…… 78
782	용신이 기·구신과 합이 되면 나쁘다고 했는데…… 54	808	한쪽 다리를 저는 게 사주에 나타나요? 79
783	아리송한 사주 55	809	연주 상생의 기신 81
784	木운이 와야 해소되는 이유는? 56	810	월지 土와 조후까지 고려해야 하나요? 82
785	인성을 써야 할까요? 57	811	월지 土의 계절감은 어떻게 해석하나요? 83
786	5급 이상 되지 않을까요? 58	812	선전에 대한 질문입니다 84
787	이젠 마구 헷갈리기 시작합니다 59	813	대운에 대하여 85
788	재운과 직업 60	814	건조한 사주인데 약해 보입니다 86
789	역시 土에서 막힙니다 61	815	희신이 궁금합니다 87
790	배우자와 자식 62	816	기본인 강약이 헷갈립니다 89
791	재운에 대하여 63	817	용신 찾아 세 바퀴 90
792	火를 쓸 수 있을까요? 64	818	상관이 용신일까요? 90
793	인성이 재성에 극을 당하고 있는데…… 64	819	용신은 土·火가 될까요? 91
794	다시 한번 질문 드립니다 65	820	용신 질문입니다 92
795	병화를 용신으로 볼까요? 66	821	수명에 대하여 93
796	적성을 무엇으로 봐야 할까요? 67	822	억부가 우선인지, 조후가 우선인지요? 94
797	재물운은 어떤가요? 68	823	식신생재에서 식신이 우선인지, 생재가 우선인지요? 95
798	신약용인격이 아닐까요? 69	824	등급간 차이점 96
799	청탁(淸濁)에 대해서 70	825	종할 수 있는 사주인가요? 97
800	종강격으로 봐야 할까요? 71	826	아직 미혼인 이유는? 98
801	축월의 을목 72		
802	종강격으로 보고 싶습니다 73		
803	한번 보세요 74		

827	사주 작성이 제대로 되었나요? 99	851	관이 용신이 될 수 있습니까? 124
828	종하는 사주인가요? 100	852	선입관 때문에 판단하기 어렵습니다 125
829	식신생재가 가능한가요? 101	853	재중용인격에서의 희신은? 126
830	사화 용신, 木 희신으로 볼까요? 101	854	재자약살격이 가능한가요? 127
831	등급을 알고 싶습니다 102	855	희신과 운의 변화 128
832	재성에 종해야 하나요? 103	856	조후가 가능할까요? 129
833	합하는 글자를 충하는 글자가 있으면 약이 되나요? 104	857	토다신약인데 조열한 土만 있으니 고민입니다 130
834	인성이 모두 건토(乾土)인 사주의 특징이 있나요? 105	858	未 중 정화를 용신으로 해야 할까요? 131
835	현재까지 결혼을 못 하고 있는데…… 106	859	종아생재가 가능할까요? 132
836	위치에 따른 용신 찾기 107	860	극신약인데 용신이 궁금합니다 133
837	지장간의 인성과 드러난 비겁 중에서 무엇을 용하나요? 108	861	사유합이 부진한 이유가 궁금합니다 134
838	궁합에 대하여 109	862	종격으로 봐야 할까요? 135
839	시험운에 대하여 110	863	식상생재가 가능할까요? 136
840	정관의 허울 111	864	대운을 산정할 때 나이를 만으로 계산하나요? 137
841	정관은 이타심·객관성·합리성으로 알고 있는데…… 112	865	강약이 헷갈리네요 139
842	십성이 중복되는 심리 114	866	아우생아격이 될까요? 140
843	木 용신으로 보았습니다 115	867	풀이가 맞는지 궁금합니다 141
844	가장 어려운 신강약 질문입니다 116	868	종격은 아니겠지요? 142
845	水와 土의 관계를 알고 싶습니다 116	869	적천수의 가화(假化) 사주를 올려봅니다 143
846	상관패인격에 대하여 117	870	술월 병인 일주의 용신이 궁금합니다 143
847	용신은 일지 신금인가요, 월간 임수인가요? 118	871	월주가 연주에게 충을 받았을 때의 용신은? 144
848	역시 실전은 어렵습니다 120	872	신강약 질문입니다 146
849	접신자입니다 122		
850	겁재+겁재의 심리 123		

873	신강약 구분이 어렵습니다 147	897	희·용신 찾기가 자신없습니다 174
874	신강인지, 신약인지…… 148	898	연애와 결혼 175
875	남들이 이해 못 하는 성격의 사주입니다 149	899	희·용신이 어렵네요 176
876	신약일까요, 신강일까요? 150	900	목축업을 하고자 합니다만…… 177
877	관살혼잡에 관한 질문입니다 151	901	약화위강 178
878	희신에 대한 질문입니다 153	902	충과 합의 교통정리 179
879	자식에 관한 질문 154	903	심리적 구조 180
880	무토가 마음고생이 심한 이유는? 155	904	일간이 용신에 끌리나요, 합에 끌리나요? 181
881	화(化)할 가능성이 있을까요? 156	905	식신제살이 가능할 것 같습니다만…… 182
882	식신생재로 볼 수 있을까요? 157	906	자식이 없어서 걱정입니다 183
883	축월의 임술 일주가 약할 것 같기는 한데…… 158	907	용신에 대한 질문입니다 184
884	선전작용이 나타날까요? 159	908	신약용인격인가요? 186
885	결혼이 가능할까요? 160	909	식상이 있어도 종왕격이 될 수 있나요? 186
886	용신과 등급은? 162	910	당령하지 않은 월을 용할 수 있나요? 188
887	합리적이지 못한 정관 163	911	사령을 반드시 참고하시나요? 188
888	도움이 안 되는 용신을 써야 할까요? 164	912	신강으로 보기에 좀 꺼림칙 해서요 189
889	8급도 8급 나름 165	913	붕충(朋沖) 190
890	조토도 金을 생할 수 있나요? 166	914	심리적 문제 191
891	희신에 대한 질문입니다 167	915	합과 충의 영향 193
892	천기를 받은 상관 168	916	정신적 문제 193
893	식신을 용신으로 삼아야 할까요? 170	917	관살혼잡 195
894	金 용신인가요, 水 용신인가요? 171	918	충의 작용이 궁금합니다 196
895	신약, 신강 어느 쪽이 맞나요? 172	919	조후가 필요 없지 않나요? 197
896	사주 작성 질문입니다 173	920	용신이 무엇인가요? 198
		921	火 용신으로 볼 수 없나요? 198

922 종격이 가능할까요? 199
923 공부하는 운 200
924 무술 일주를 약하다고 보려니
자신이 없습니다 201
925 비겁이 많은데 동업은
안 좋을까요? 202
926 월지를 사용할 수 있습니까? 203
927 어떤 종으로 봅니까? 204
928 약하지 않은 사주일까요? 205
929 사주에서 용신 한 글자의 동태가
가장 중요한가요? 206
930 병술운은 아무래도
부담이겠지요? 207
931 내면이나 거부 심리도 드러난
글자만큼 작용하나요? 208
932 상관은커녕 식신의 역할도 못 할 것
같은데…… 209
933 충이지만 임수가 유통하니 약하지
않겠지요? 210
934 당선이 가능할까요? 211
935 인성을 쓸까요? 212
936 상관이 겹치면 식신의 성격이
나타나요? 212
937 지지 해수운은 흉운일까요? 213
938 丑·未 중 누가 이길까요? 214
939 종아생재의 가능성 215
940 약하지 않은가요? 216
941 水가 오면 어떻게 됩니까? 217
942 뭐 하는 사람입니까? 218
943 의지할 곳이 없어 보이는데…… 221

944 종하지 않을 수 없겠지요? 222
945 火 용신에 土 희신인가요? 222
946 火가 병인가요? 223
947 임수의 역할은 무엇인가요? 224
948 강하게 볼 수는 없나요? 225
949 土·木으로 봐야 하나요? 227
950 木이 용신 역할을 할까요? 228
951 시지 미토가 용신으로
보이는데요 230
952 용·희신은 무엇인가요? 232
953 조후를 생각했는데 金·水가
좋을까요? 233
954 약해 보이기도 합니다 234
955 언제가 기회일까요? 235
956 기토대운을 좋다고 볼 수
있을까요? 237
957 종할 수 있을까요? 238
958 강하지 않아 보입니다 239
959 외국으로 가면 돈을
벌어올까요? 240
960 정화와 무토를 어떻게 해석해야
할까요? 241
961 재혼이 가능할까요? 242
962 세운 해석에 대해 질문
드립니다 243
963 운로에 대한 질문입니다 244
964 겨울 木인데 火를 찾을까요? 246
965 설마 지장간의 水나 木을 쓰지는
않겠지요? 247
966 희신은 火가 됩니까? 248

967	사업을 벌였습니다 248	991	조후인지, 억부인지…… 270
968	土를 용할 수 있을까요? 249	992	인성을 용할까요? 271
969	많이 약해 보입니다 250	993	신강으로 보입니다 272
970	경금을 용할 수 있을까요? 251	994	기세가 밀릴까요? 272
971	결혼해도 될까요? 251	995	인성이 없는데요 273
972	용신합이 기신이면 어떤 일이 벌어지나요? 253	996	종재가 될까요? 274
973	언제쯤 결혼할까요? 254	997	운세 대입 275
974	이 사주의 용신은 무엇일까요? 255	998	삼합의 힘이 어떤가요? 276
975	희신을 찾는 기준을 알고 싶습니다 256	999	약한가요? 277
976	신강으로 볼까요? 257	1000	신약 사주 같습니다 277
977	결혼을 두 번 하게 되나요? 258	1001	자월 을축 일주의 강약 278
978	용·희신을 水·木으로 보았습니다 259	1002	수목청기(水木淸奇)인가요? 279
979	용신이 충인 경우 260	1003	강하게 보이지만 계수가 의심스럽습니다 280
980	金은 火를 좋아하는 게 맞나요? 261	1004	일간과 희·용신의 합에 대해서 281
981	용신이 상관이 맞습니까? 262	1005	신약으로 보입니다 282
982	극을 할지, 설을 할지…… 263	1006	종으로 봐야 합니까? 282
983	신강인가요? 263	1007	용신을 쓰기가 어렵습니다 283
984	태왕은 설기요, 태강은 의억이다? 264	1008	결혼운에 대하여 284
985	신약인가요? 265	1009	묘목도 성격에 영향을 미칠까요? 285
986	임수 용신이 맞나요? 266	1010	남자에게 편재가 하나 있는 경우 286
987	축미충과 진술충에 대하여 267	1011	월·일의 합이나 암합에 대해서 287
988	처궁이 도움을 주지 않는데요…… 268	1012	첫 질문입니다 288
989	어떻게 판단할까요? 268	1013	종살인가요? 290
990	쟁재에 관하여 269	1014	술월 계유 일주의 강약 291
		1015	종강격인가요? 292
		1016	火를 용하고 희신을 木으로 봐도 될까요? 292

1017	자꾸 약해 보입니다 293	1043	건토는 火를 생합니까, 누설시킵니까? 316
1018	정확한 용신은? 294	1044	정화 용신에 木 희신인가요? 317
1019	한목향양입니다 294	1045	상관을 쓰게 될까요? 317
1020	약하게 보았습니다 295	1046	인성을 용하는 것이 맞나요? 318
1021	여러 가지 질문이 있습니다 296	1047	용신이 土·金인가요, 土·火인가요? 319
1022	인성을 씁니까? 297	1048	인성을 쓰고 싶은 마음이 굴뚝 같긴 한데…… 319
1023	인성이 용신으로 보이는데 맞나요? 298	1049	용·희신이 궁금합니다 320
1024	종격인가요? 299	1050	유월(酉月) 기축 일주의 강약 321
1025	종격에 대하여 300	1051	또 金입니다 322
1026	종재인가요? 301	1052	결혼운 좀 부탁드립니다 322
1027	강·약 구분을 부탁드립니다 302	1053	종재격인가요? 323
1028	쟁재 시기 303	1054	상담 결과가 맞나요? 324
1029	화기격인가요? 304	1055	약하지 않아 보였는데…… 325
1030	운세 대입에 관해서 304	1056	용신이 궁금해서요 326
1031	용신과 직업 305	1057	어렵네요 327
1032	미토 용신이 맞습니까? 307	1058	용신의 우선 순위 328
1033	신약용인으로 보았습니다 308	1059	한목향양은 용신과 관계가 없나요? 329
1034	식신생재로 보았습니다 308	1060	종할 것 같은 명식 ① 330
1035	유금이 운에 사화가 들어와서 합해도 기반인가요? 309	1061	종할 것 같은 명식 ② 331
1036	용신 해석을 부탁드립니다 310	1062	종격으로 볼까요? 332
1037	자유문답실 사주입니다 311	1063	재·관이 대립하는 경우의 강약 333
1038	인성이 필요하다고 보았습니다 312	1064	水 용신에 木 희신으로 볼 수 없을까요? 334
1039	인중용재격인가요? 312	1065	용신을 火로 생각합니다 335
1040	용신이 맞나요? 313	1066	비겁이 용신이네요 335
1041	용신을 어떻게 판단할까요? 314		
1042	이런 구조도 상관견관이라고 합니까? 315		

1067 운에 맞춰서 경금 용신으로 보는 경우가 있는데…… 336	1092 용신 火, 희신 木으로 봐도 될까요? 360
1068 종이 가능할까요? 337	1093 용신을 바로 보았나요? 361
1069 불을 생조하는 나무에 대해 생각해보았습니다 338	1094 용신이 어려워서요 362
1070 인목과 축토는 극하고 극을 당하는 관계이기만 할까요? 339	1095 상관무재격에 대하여 363
	1096 용신이 水가 맞나요? 364
1071 경금보다 관성이 좋을까요? 340	1097 물 천지에 축토의 역할은? 365
1072 金 용신, 土 희신인가요? 341	1098 용신이 병화인지, 정화인지 궁금합니다 366
1073 巳 중 경금을 쓸 수는 없나요? 342	
1074 월지를 얻은 신금의 의미는? 343	1099 단순해 보이는 사주지만 확인하고 싶어 올립니다 367
1075 종은 안 되겠지요? 344	
1076 희·용신을 火·土로 봐도 될까요? 345	1100 용신 합거 368
	1101 용신이 火인가요? 368
1077 일지 상관으로 설하나요? 346	1102 용신이 힘을 받을까요? 369
1078 용신이 金일까요, 水일까요? 346	1103 열기 때문입니까? 370
1079 병화 용신인가요? 347	1104 S.O.S를 띄웁니다 371
1080 제 막내입니다 348	1105 3土 1火인데 기토가 약할 수도 있나요? 372
1081 종아로 볼까요? 348	
1082 사주를 보는 목적 자체가 흔들리지 않을까요? 349	1106 천간합으로 인해 해석이 어렵네요 373
	1107 식신제살로 볼까요? 374
1083 종재로 봐도 될까요? 351	1108 木이 없는 약한 정화의 사업운은? 375
1084 용신은 火로 보았습니다 352	
1085 겨울 金에 대하여 여쭙니다 353	1109 강한가요? 376
1086 학과 선택이 어렵네요 353	1110 기획력이 뛰어나다고 볼 수 있을까요? 377
1087 화왕설의 사오충에 대하여 355	
1088 종아격을 확인했습니다 356	1111 좀 모호한 사주입니다 377
1089 개운법도 이젠 구체적으로…… 357	1112 사주 풀이가 이상해서요 378
1090 인성운이 무엇을 의미할까요? 358	1113 억부보다 조후가 우선인 것 같네요 379
1091 10급 사주는 구제불능인가요? 359	

1114	겨울 무토입니다 380	1133	종관격으로 볼까요, 조후를 쓸까요? 398
1115	火를 희신으로 볼까요? 381	1134	경금이 어느 정도 강한가요? 399
1116	통변이 어렵네요 382	1135	유월(酉月) 계유가 강한데 종할까요? 399
1117	조후 용신이 우선하나요? 383	1136	약해 보입니다 400
1118	월·일을 모두 얻었는데 강약이 고민입니다 384	1137	약하다고 볼 수도 있지 않을까요? 401
1119	시지의 상관은 어떻게 볼까요? 385	1138	상관생재격으로 볼까요? 402
1120	金 용신에 水 희신으로 보았습니다 386	1139	살인상생할까요, 식신제살할까요? 402
1121	경진 세운이 특히 어려웠다고 합니다 387	1140	막강한 물 세력의 영향은? 403
1122	을목을 용신으로 하면 될까요? 388	1141	강하지 않나요? 404
1123	가을에 인성을 쓰기는 어려울 듯합니다 389	1142	축월의 계수가 약한가요? 405
1124	천간합의 심리가 궁금합니다 390	1143	배우자가 도움이 될까요? 406
1125	火 용신에 木 희신으로 할까요? 391	1144	군겁쟁재격이 맞나요? 407
1126	용신이 木·水일 것 같네요 391	1145	용신을 정할 때 어떤 것을 우선하나요? 408
1127	상관격일까요? 392	1146	해월 임수의 강약은? 409
1128	용신이 맞나요? 393	1147	강하지 않은 것으로 볼까요? 410
1129	희신이 이렵네요 394	1148	갑오에게 인성이 필요할까요? 410
1130	水 용신에 木 희신인가요? 395	1149	강약이 어렵습니다 411
1131	치료제가 없을까요? 395	1150	제3의 심리도 나타날 수 있을까요? 412
1132	1차 성격존이 전부 비겁입니다 397		

四柱問答 ③

 751 일간끼리 합이 되는 궁합은 몇 등쯤 되나요?

```
時 日 月 年
丙 己 乙 丁
寅 亥 巳 未
```

스님께서 궁합이 어울리는 순서로 "1등은 일간과 상생이면서 희·용신인 경우, 2등은 일간과 상생이지만 희·용신이 아닌 경우, 3등은 일간이 같은 성분인 경우, 4등은 남자가 여자를 극하는 경우, 5등은 여자가 남자를 극하는 경우이다. 단, 음양이 다른 것이 우선한다."고 말씀하셨습니다.

그렇다면 일깐끼리 합이 되는 경우는 몇 등쯤 되나요? 또, 같은 합이라도 갑기합·정임합·무계합·을경합·병신합은 궁합에 차이가 있나요? 개인적으로 저는 기토 일주이고 갑목 일주인 사람들과 사이가 좋은데, 갑기합 때문이라고 추정하였습니다.

Ⓐ 합은 집착으로 없는 깃이 더 좋습니다

합은 일단 극하는 관계로만 보고 있습니다. 그래서 달리 생각을 하지 않고, 기왕이면 합이 없는 것이 오히려 더 편할 수도 있겠다는 생각을 합니다. 많은 부부가 합으로 인해 갈등이 많은 것을 자주 봅니다. 이유는 합이 집착이기 때문이 아닌가 싶습니다.

부부가 서로 집착하는 것이 좋은 것처럼 보일 수도 있지만, 실제로는 서로를 억압하는 성분으로 나타나는 경우가 더 많습니다. 그래서 좋을 때에는 합이 좋지만, 한 번 문제가 발생하면 매우 부담이 되는 관계라고 이해합니다.

 다만 부부가 아닌 경우에는 합이 유정하므로 나쁘지 않다고 봅니다. 즉, 부부의 갈등과 달리 친구나 그 밖의 다른 인연은 보기 싫으면 헤어져서 집으로 돌아가면 되는 것으로 이해해봅니다. 그러나 부부는 따로 돌아갈 곳이 없으니, 감정이 얽혀서 갈등의 골이 더욱 깊어지는 것이 아닌가 생각합니다. 현재까지는 이렇게 보고 있습니다.

752 土를 희신으로 보신 이유는?

```
時 日 月 年
癸 戊 戊 丁
亥 辰 申 亥
```

 위 사주에서 土를 희신으로 보신 것은 '용신의 입장에서 볼 때 살지에 앉아 극제를 받으므로 (용신의) 식신을 희신으로 한다'는 이론 때문입니까? 아니면 정화의 입장에서 이론적으로는 木이 좋으나, 실제로는 해수의 물에 젖은 木을 쓰는 것이 부적합하다는 판단 때문입니까? 후자라면 이해가 되지만 전자 때문이라면 하나하나 따져 물어야겠습니다.

 하나하나 따져 묻더라도 마찬가지입니다

 기본적으로는 용신이 살지에 앉아 있기 때문입니다. 그래서 희신을 土로 삼고 운에서 천간으로 木이 들어오기를 기다리며, 지지로는

木이 오는 것이 별로 반갑지 않다고 생각합니다. 즉, 용신은 어디로 오더라도 반갑지만, 희신은 대체로 한 쪽에서는 도움이 되고 한 쪽에서는 도움이 되지 않는 경우가 많이 있습니다. 천간으로 水가 왔을 때 土가 있으므로 용신이 보호된다고 봅니다. 참고하셔서 또 궁리해보시기 바랍니다.

753 희신이란 무엇인가요?

```
    時  日  月  年
    辛  乙  癸  甲
    巳  卯  酉  戌
```

희신은 용신의 용신이라 하셨는데, 『왕초보사주학』에서는 다시 "희신은 일간과 용신의 수요에 합당한 글자로 정한다."고 말씀하셨습니다(저는 예전의 의미로 보다 보니 희신을 정하기 어려웠습니다). 그래서 희신을 정할 때 일간의 상약은 서의 고려하시 않아도 되며 '오직 용신의 상황만 살펴서 약하면 용신의 인성, 극제를 받고 있으면 용신의 식신을 희신으로 한다'고 정리하였습니다. 그러자 또 의문이 생기는군요. 신약한 사주가 인성이 있으면 식신제살격이 되지 않는다고 알고 있습니다. 즉, 신약한 사주는 99%가 인성을 용신으로 한다는 뜻이지요. 그것이 자연의 이치라고 생각합니다. 그런데 용신의 용신이 희신이라면 마찬가지 이론이 적용되지 않을까요? 즉, 약한 용신이 식신을 희신으로 쓴다는 것은 신약한 사주가 식신제살격이 되는 것과 같은 의미라고 생각합니다. 따라서 약한 용신의 입장에서도 99% 인성을 희신으로 쓰고, 그다지 약하지 않은 상태에서 관살에 앉아 있거나 관살을 이고 있는 용신이라면 식신을 희신으로 하지 않을까 생각합니다.

정리하면, 용신의 식신을 희신으로 정하는 것은 신약한 명조가 식신제살격이 되는 것과 마찬가지로, 용신이 약한 경우에는 용신의 인성을 희신으로 정하는 것이 이치에 합당하다고 생각합니다. 어떠신지요?

 희신에 식신제살격을 적용시키는 것은 무리입니다

많이 연구하신 내용이군요. 좋은 말씀입니다. 그래서 다시 곰곰이 생각해봤는데, 우선 용신을 정하는 방법에서 인성이 극을 받았을 경우에 희신을 용신의 식신으로 하는 것은 신약에 식신제살격과 같은 이론이 아니냐는 것으로 이해했습니다.

이 생각은 충분히 이해가 되는데, 용신의 비중과 희신의 역할을 구분해야 하지 않을까 싶습니다. 적절한 비유가 될지 모르겠습니다만, 대통령이 총리를 임명하는 기준과 국민이 대통령을 정하는 것이 같을 수 없다는 생각입니다. 이런 점에 기준을 두고 살펴보시기 바랍니다. 그래서 식신제살격의 원칙을 희신에 적용시키는 것은 무리가 아닐까 생각해봤습니다.

낭월도 이 부분에 대해서 좀더 살펴보도록 하겠습니다. 좋은 의견 고맙습니다.

754 깔끔한 사주의 조건

```
時 日 月 年
丁 戊 甲 乙
巳 戌 申 巳
```

신금을 용하고 水를 희신으로 보셨으며, 상담 중에 다음과 같이 말씀하셨습니다. "……식신생재격의 구조를 이루는데, 아쉬운 것은 재성이 신금 속에 들어 있어서 활동을 하지 않는다는 점이고, 다행인 것은 재성이 다시 나타나지 않아서 사주가 청기(淸氣)를 유지하고 있다는 점이다. 즉, 이미 시주에 인성이 보이기 때문에 사주에 재성이 나타나면 심리적으로 부담이 되어 오히려 격이 떨어지는데, 이러한 점에서는 재성이 다시 나타나지 않은 것이 다행이라는 것이다. 그러나 마음대로 할 수 있다면 인성은 속에 들어 있고, 재성은 밖으로 나와 있는 것이 가장 좋은 것으로……"

왜 지지에 인성이 있으면 재가 없는 것이 청(淸)한지 궁금합니다. 위의 설명은 인성이 약하고 재가 기신일 때에 해당하는 설명으로 생각됩니다. 인성이 과다하면 당연히 재가 드러나 기인취재의 형태를 띠는 것이 더 깔끔해 보이지 않을까요?

전반적인 사주 구조를 고려합니다

재인상충은 희·용신을 떠나서 탁하다고 봅니다. 그래서 서로 대립하지 않는 것이 좋다고 하겠습니다만, 만약 재성이 나왔다면 또 달리 말을 했을지도 모르겠습니다. 즉, 청하다는 것은 희·용신도 중요하지만 전반적인 구조를 고려하게 되는 경우가 많습니다. 이 경우에 조금 아쉬운 마음을 달래서 청하다고 했던 것으로 봅니다.

 **755** 축대운은 기토 정도로 해석하라는데……

```
時 日 月 年
戊 己 甲 己
辰 未 戌 酉
```

위 사주는 신강하여 金·水를 용합니다. 상담에서 대운별로 희·기신을 말씀하시며 축대운을 아주 좋다고 하셨는데, 일전에 대운에서의 축토는 기토(습토) 정도로 해석하라고 하셨습니다. 또한 위 사주에서 이미 土는 구신에 해당하며, 일지인 미토와 충을 하면 그나마 있던 지장간의 金·水기운도 없어집니다. 이런 세 가지 이유 때문에 축토대운은 오히려 불길하며, 세운에서 金운을 타면 다행이라고 생각합니다. 재고해주십시오.

 유금이 있음을 주시해봤습니다

기본적으로는 말씀하신 것이 맞습니다. 다만 늘 주변의 상황을 대입해서 해석하게 되는데, 이 경우에도 유금이 있어서 축토에 매우 도움이 될 것으로 판단했습니다. 냉정히 본다면 평운 정도가 되지 않나 싶습니다. 실제 상담에서는 때때로 실제로 보이는 상황보다 약간 과장을 하는 경우도 있습니다. 위로용이라고나 할까요.

 신강으로 볼 이유가 없지 않나요?

```
時 日 月 年
丁 辛 辛 庚
酉 亥 巳 戌
```

스님께서 감명하시길 "사월(巳月)의 화왕절에 태어난 신금이라 일단 기운이 약한 계절이라고 할 수 있지만, 주변의 상황을 보면 연주는 경술로 土·金이 강력한 형상이고, 시주는 정유로 유금이 있어서 金의 입장에서는 매우 강력한 상황이라고 판단된다. 그렇다면 강한 金이 되므로 용신으로 극하는 火를 쓰거나 설하는 水를 써야겠는데……" 하셨습니다. 위 사주는 실령·실지하였는데 단지 득세하였으므로 신강하다 하셨습니다. 시간(時干)의 정화까지 있는 상황에 득세만으로 신강하다고 보기는 힘들고, 적군의 내분(사해충)으로 인해 신강해진 것으로 보신 건 아닌지요? 상관견관의 배치가 아니라면 신강으로 볼 이유가 없나고 생각합니다.

A 이런 대목이 어렵지 않을까 싶네요

사화의 경우 해수에게 제어를 당해 火기운이 약화되고, 그래서 오히려 金에게는 생지의 조건이 되었다고 볼 수 있습니다. 정화가 부담이 되기는 하지만 워낙 무력한 정화라서 위력적이지 못하다는 것이 다행입니다. 그래서 약하지 않은 것으로 판단했습니다.

 합으로 종격이 되나요?

```
時 日 月 年
乙 己 丁 壬
亥 卯 未 寅
```

서낙오 선생의 『자평진전』에 나오는 명조입니다. 서낙오 선생은 음(陰) 일간은 종하기 쉽다는 견해로, 위 사주를 쉽게 종한다고 보셨지요. 해묘미 삼합과 정임합목으로 火·土가 완전히 사라져서 양(陽) 일간이라도 종할 것 같습니다. 묘목이 월령을 잡지 못했는데도 완전한 해묘미 삼합이 되어 미토가 완전히 사라졌을까요?

 미월의 기토가 종하는 법은 없습니다

정임합으로 용신이 합이 되어 불리한데 그래도 미토에 뿌리가 있어서 다행입니다. 결국 신약용인격으로 판단합니다.

758 희신을 정하기 어렵습니다

```
時 日 月 年
丙 乙 乙 丙
子 酉 未 申
```

극설교가(剋洩交加)의 형태라 자수가 좋아 보입니다. 여기서 희신을 金으로 보셨는데, 金이 약하지 않고 자수를 훌륭하게 생하고 있는데 왜 金을 희신으로 쓰려고 하시는지 모르겠습니다. 운에서 金이 들어와도 지지는 이미 金이 성하여 넘칠 것 같고, 천간에서는 水가 없으므로 약한 일간이 부담이 클 것 같습니다. 실전반에서 이런 식으로 희신을 정하는 것을 자주 볼 수 있는데 저는 완전히 혼돈상태입니다. 희신에 혼돈이 오니 사주를 보면서 현기증이 일고 바보가 된 느낌까지 드네요.

 용신의 입장에서 용신을 생각합니다

낭월도 늘 그렇게 바보가 된 기분으로 임상하고 있답니다. 이 사주의 경우에도 용신의 입장에서 무엇을 용신으로 할지 생각해보시면 金을 희신으로 삼는 것이 어느 정도 이해되지 않을까 싶습니다.

 역시 土는 종잡기가 어렵습니다

```
時 日 月 年
辛 癸 壬 辛
酉 亥 辰 亥
```

인성과 비겁이 많습니다. 계절적으로나 조후로 보나 火가 좋을 것 같은데 火는 없고, 辰 중 을목이 당령이라서 木 용신에 火 희신으로 보았습니다. 그런데 나와 있는 土를 그냥 두고 장간에 숨어 있는 木을 쓰자니 선뜻 내키지 않습니다. 그냥 진토를 용하고 火를 기다려야 할까요? 이 경우 천간과 지지에 金기운이 깔려 있으므로 진토가 용신의 역할을 수행하기 어렵지 않을까 생각됩니다.

 현실적으로 土를 써야 합니다

수준이 점점 높아지고 있는 것으로 보이는군요. 이 사주도 과연 어떻게 해야 할지 한마디로 말하기는 어렵다고 봅니다. 다만 흐름의 구조를 보면 원하는 것이 木이지만, 현실적으로는 土를 써야겠습니다. 그래서 土를 용신으로, 火를 희신으로 하고 운을 지켜봅니다. 가능하면 본인이 살아온 과정을 참고하는 것이 좋겠지요.

 궁합 정리

```
時 日 月 年
丙 己 乙 丁
寅 亥 巳 未
```

위 사주로 볼 때 좋은 궁합을 1~5위까지 정리해봅니다.
1. 金일주 : 신강한데 식신이 부족함
2. 水일주 : 신강한데 재가 약해서 상대방은 불편함
3. 土일주 : 본기임
4. 火일주 : 기신이지만 상생의 관계임
5. 木일주 : 기신이며 자신을 극함

전에는 일간과 일간이 상생이면 좋다고 하셨는데, 요즘은 필요한 희·용신에 해당하는 일간을 가진 사람이 좋은 것으로 설명하시는군요. 위의 좋은 궁합 순서가 이치에 맞나요? 火일주가 비록 상생이지만, 火가 기신이면 중간 이하의 궁합이 될까요?

 우선은 金이 좋아 보입니다

우선 金이 좋은 것은 맞고, 두 번째로는 비록 기신이지만 火가 더 좋은 것으로 봐야 한다고 생각합니다. 사실 궁합에 대해 늘 생각하고 있으므로 아마도 초기의 생각보다 많은 변화가 있을 것으로 봅니다. 이 점 참고하시고, 좋은 궁합부터 차례로 다시 정리해봅니다.

1. 일간과 상생이면서 희·용신인 경우
2. 일간과 상생이지만 희·용신은 아닌 경우
3. 일간이 같은 성분인 경우
4. 남자가 여자를 극하는 경우
5. 여자가 남자를 극하는 경우

단, 음양이 다른 것이 우선합니다.

 신약용인격에서 희신의 기준은?

```
    時 日 月 年
    癸 戊 戊 丁
    亥 辰 申 亥
```

신약한 무토가 정화를 원하는 것은 당연합니다. 희신은 다시 이 사주에서 필요한 것을 알아내는 것입니다. 비록 일간이 약하다고 하지만 용신인 정화의 상태가 더 급해 보입니다. 실전반의 자료를 잠깐 검토해보면 대부분 이런 상황에서는 용신을 생하는 글자를 희신으로 보시는 경향이 있던데, 여기서는 왜 약하지만 급하지는 않은 土를 희신으로 보셨나요? 신약용인격에서 희신을 잡을 때의 기준을 말하기 어렵지만 결국 용신을 생하는 글자와 일간에 해당하는 글자 중 하나로, 어느 것이 급한지를 기준으로 해야 하는 것 아닌가요? 그래서 위의 사주에서 土를 하나 더 집어넣어 생기는 사주의 등급과 木을 하나 더 넣어서 생기는 사주의 등급 중 어느 사주가 좋은지를 보면 희신을 정하기가 쉽지 않을까 생각해봤습니다.

어쨌든 위 사주는 정화를 용신으로 정한 상태에서는 土보다 木이 좋아 보입니다.

 관살이거나 비겁입니다

요긴한 질문을 하셨습니다. 실제로 신약용인격인 경우에 희신은 관살이나 비겁 중에서 정해지는데, 여기에서는 정해로 해수가 부담이 된다고 봐서 우선 土로 보호를 받고자 합니다. 물론 운에서는 木운이 오면 발하게 될 것입니다. 이해가 되시나요?

762 어떤 직종이 좋겠습니까?

```
時 日 月 年
戊 辛 壬 丁
戌 酉 寅 未
```

1) 인월 갑목당령의 신금 일간입니다. 월령을 얻지는 못했으나

득지·득세하였고 마땅히 일간을 극하는 성분이 없다고 볼 때, 일간에 해당하는 자신의 역량이 강하다고 판단됩니다. 따라서 희·용신은 상관생재(水·木)로 흐름을 따라가면 되지 않을까 생각했습니다만, 몇 가지 마음에 걸리는 것이 있어서 질문을 드립니다.

아직 한기가 남아 있는 초봄의 인월, 특히 임인월이라는 것을 고려할 때, 자신에 해당하는 신금으로서는 火의 온기가 적절히 있어야만 활동력이 발휘된다고 생각합니다. 따라서 원국에 적당히 火의 성분이 있어야 하는데 연간의 정화는 월간과 합하여 거의 木으로 화하고, 연지 미토와 월지 인목도 비록 합화는 아니지만 장간합의 작용으로 일간에게 온기를 제공할 마음이 없다고 판단됩니다. 따라서 水·木을 희·용신으로 정하는 것이 맞는 것인지 단정하기가 쉽지 않습니다.

이 사주의 주인공은 작년(1999년)까지 어린이 학원을 운영하다가 올해 경진년(2000년)에 그만두고 새로운 일을 하기 위해 어떤 직종이 좋을지 물어왔습니다. 속으로는 카페 같은 것을 해서 돈을 좀 벌고 싶어하는 것 같은데 답을 주기가 매우 고민됩니다.

2) 현재 병오대운에 경진년으로 적당한 火의 성분은 자신인 신금에게 도움이 된다고 생각합니다. 그러나 인오술 화국(火局)으로 인목 재성이 관성으로 변하는 데다 대운의 천간 병화에 원국의 정임합목까지 가세한다면, 강한 火의 세력으로 인하여 강하다고 판단했던 일간이 오히려 약한 모습으로 부담이 크지 않을까 하여 쉽게 답을 주지 못하고 있습니다. 만약 火운의 세력이 강하여 부담이 된다고 가정할 경우에 본인이 생각하고 있는 이른바 물장사를 한다면 그런대로 중화가 되지 않을까 생각이 됩니다만 어떤지요?

유통과 관련해서는 주점 등이 좋겠습니다

 1) 상관생재의 흐름을 타고 있는 구조여서 장사를 하면 잘 하겠다는 생각이 듭니다. 학원으로는 만족을 못 하고 자신이 장사를 해서 만족을 찾고 싶은가 봅니다. 유통과 연관된 일이라면 생산적인 일보다는 주점 등의 일이 인연에 좋습니다.

 2) 돈을 벌고 말고는 업종과 무관하게 전적으로 운에 달렸다고 봅니다. 현재의 운이 병화가 시작된다면 정관인데 신왕한 사주라면 한신에 속하는군요. 그래서 품값은 나온다고 보겠는데, 올해 경진년의 겁재운은 손해를 의미합니다. 다만, 다행히도 원국에서 천간에 재성이 없어 직접 손해를 입지는 않겠으나 새로 시작하기에는 부담스러운 운입니다. 그런데 이미 하던 일을 그만뒀다고 하니까 무리하지 말고 형편에 맞춰서 자신의 일을 시작하시라고 권유해야 할 모양입니다. 주의하라는 말을 덧붙여야겠습니다. 용신은 약하지 않은 것으로 봐야 할 것 같습니다.

763 올해 결혼이 가능할까요?

```
時 日 月 年
壬 丁 辛 壬
寅 卯 亥 子
```

 올해가 경진년(2000년)으로 정화에게는 정재에 해당하니 결혼운이 있다고 봐야 할까요? 내년은 신사년(2001년)이라 편재에 해당하는데, 두 해를 비교해보면 어떤 운이 나은가요? 신사년은 월에 신금이 있어서 힘을 받으니 더 세다고 해야 하나요?

 올해가 정재운이라 내년보다 결혼운이 더 강합니다

정재가 아무래도 더 친밀하다고 하겠네요. 다만 반드시 정재에 배우자가 생기는 것은 아니므로 절대적이라고 하기는 어렵지요. 구태여 설명한다면 올해가 더 인연이 있겠습니다. 그러나 실제로 상담할 때에는 내년에도 인연이 있을 수 있으므로 올해나 내년이라고 하면 좋겠군요.

764 신강한가요?

時	日	月	年
庚	乙	壬	甲
辰	亥	申	戌

신월의 을해 일주입니다. 실령·득지·실세로 신약해 보입니다. 하지만 묘하게도 사주 배치에서 일간을 둘러싼 인성의 상태가 좋아서 약하다고 말하기 어렵습니다. 그래서 재·관을 쓰는 것이 좋다고 결론을 내려봅니다. 제가 감명하기에는 어려운 사주라 질문을 드립니다. 신강한가요?

 강하지 않다는 결론입니다

그렇게 보시는 것도 무리는 아닙니다. 다만, 신월이고 연간의 갑목이 을목에게 큰 도움이 되지 않는다고 보고, 진토는 경금의 뿌리라고 본다면 다소 약하지 않은가 싶습니다. 그래서 결론은 강하지 않다는 것으로 내리고 인성이 필요하다고 봅니다.

 희신이란 용신 다음으로 필요한 글자가 아닌가요?

```
時 日 月 年
辛 乙 癸 甲
巳 卯 酉 戌
```

위 사주에서 보건대 용신인 계수는 월지 유금을 깔고 앉아 전혀 약해 보이지 않는 상황이고, 처음부터 신약의 원인이 金에 있어서 계수를 용신으로 보았는데 다시 왕성한 金을 희신으로 보시는 것은 이해하기 힘듭니다. 굳이 정하자면 큰 도움은 안 되지만 木을 희신으로 하고 水운에서 발복하는 명조라고 봅니다.

 옳은 해석이십니다

너무 신약해서 인성이 필요한 것입니다. 용신의 입장에서 볼 때 희신은 약하면 인성이고, 극을 받으면 식신이라고 생각하고 보시면 되겠습니다. 이 사주에서는 계수가 극을 받지 않아서 식신이 필요하지 않고, 오히려 월지에 의지하므로 金이 희신입니다. 단, 운에서의 대입은 다를 수 있다는 점도 고려하시기 바랍니다.

 사주 분석 ①

```
時 日 月 年
戊 甲 丙 乙
辰 辰 戌 巳
```

재다신약으로 水·木이 필요한데 辰 중 계수는 붕충이고 주변에 재가 너무 많아 쓰지 못하며, 연간 을목은 나약하여 용신 무력입니다.

```
時 日 月 年
庚 丁 癸 丁
戌 丑 丑 未
```

식상과다로 인성이 필요한데 未 중 을목이 붕충으로 파괴되었고, 신약용겁격으로 그나마 연간 정화를 의지할까 하는데 정화도 매우 좋지 않은 상태입니다. 용신 무력의 표본입니다.

```
時 日 月 年
丙 己 乙 丁
寅 亥 巳 未
```

인성과다이며 조후로 보나 억부로 보나 해수가 용신입니다. 그런데 식상이 없고 약한 용신이 충까지 하고 앉았으니 역시 용신 무력입니다.

위 3개의 명조는 현재 직업이 한의사입니다.

심리적 관점에서 피곤한 삶을 사는 사람들이라고 볼 수 있지만 현재의 경제력은 좋다고는 못 해도 나름대로 안정된 직업을 가졌다고 보는데, 한마디로 용신 무력인 사주로 어떻게 이 정도의 직업을 유지할 수 있나요?

아니면 다른 이유가 있나요?

 어찌 보면 사주가 거기서 거기지요

명리 공부를 하면서 실망하고 분개하고 억울하기도 한 시간들을 겪으며 안목이 정착되는 것이 아닌가 싶습니다.

흔히 하는 말로 사주 좋은 사람이 사주공부 하는 거 봤느냐는 말이 있더군요. 일리 있는 말이 아닌가 싶습니다.

어찌 보면 거기서 거기지요. 결국 인생의 비중도 같은 것이 아닌가 싶습니다.

그러다가 사주의 암시로부터 자유로워질 정도가 되면 사주의 길흉에 얽매이지 않고 편안해지는 것이 아닌가, 그래서 그 정도가 되면 달관이라는 말을 쓸 수 있지 않을까 생각해봅니다.

낭월도 늘 달관의 기분을 느껴보려고 하고 있습니다.

767 사주 분석 ②

```
時 日 月 年
丙 己 乙 丁
寅 亥 巳 未
```

심리 삼각존에 정인이 하나뿐인데 망상이 심한 것은(늘 머리에 생각이 많음) 무슨 이유일까요? 인성과다로 인해 사주가 탁해진 것은 맞지만 그것이 심리적으로 인성이 겹치는 작용을 하지 않는 것으로 알고 있습니다.

그래서 월간의 편관이 조화를 부려서가 아닐까 의심이 됩니다. 편관은 정인의 정인이니 정인이 겹쳐질 것도 같고, 또는 편관의 자기 억압작용으로 자연스레 정인의 작용을 강화시킨 듯한 느낌도 듭니다. 즉, 인성과 관살이 심리 삼각존에 같이 있을 경우에는 인성이 겹쳐서 망상을 만드는 형태와 유사한 심리가 된다는 것이 저의 망상입니다. 이런 망상이 일리가 있나요?

A 생각이 흘러갈 곳을 찾지 못해서 망상이 되지 않았나……

망상이라고는 하시지만 설명하신 방식으로 이해하기에는 다소 무리가 있지 않나 싶습니다. 굳이 망상이 있는 이유를 생각해본다면, 생각이 흘러갈 곳(식상이 되겠지만)을 찾지 못해서 엉켜 있지 않나 생각합니다. 흐름이 이뤄지지 못했다는 점을 고려해보고 싶습니다. 생각이 일어나면 재성으로 정리를 해야 하고 그러기 위해서는 식상이 있어 흐름이 이뤄지면 좋겠는데, 재성만 있어서 정리가 되지 않았나 생각해볼 수도 있겠습니다. 다만 정재가 있어서 인성의 생각들이 많이 제어를 당할 것으로 보이므로 산뜻하게 납득이 되지 않습니다.

 사주 분석 ③

```
    時 日 月 年
    丙 己 乙 丁
    寅 亥 巳 未
```

위 사주는 재가 용신인데, 희신인 식상이 전무하여 용신 무력인데다 사해충으로 용신이 충을 하였으니 10급으로 보려다가, 그래도 일지가 용신이고 1차로 귀중한 글자를 얻었으니 9급으로 상향 조정했습니다. 어떻습니까?

 8급 이상 되지 않을까 싶습니다

월지의 사화를 일지에서 제어해주는 것은 가장 반가운 일이지요. 그리고 용신이 기신을 극하는 것은 용신은 경상이고, 기신은 중상 내지는 사망이므로 나쁘게 볼 필요가 없습니다. 어차피 용신도 내가 필요해서 정한 것이니까 자신의 몫을 다하기만 하면 됩니다. 용신이 중요한 것은 사실이지만 보물단지는 아니라고 생각하시면 되겠습니다.

그래서 가까이 있는 희신과, 특히 조열한 사주에서 水가 미치는 영향을 생각한다면 8급을 능가한다고 봐도 되지 않을까 싶습니다.

단, 金이 없어서 7급까지는 언급을 못 하겠군요.

769 그래도 습토를 기다리겠지요?

```
   時  日  月  年
   乙  庚  壬  丁
   酉  戌  寅  未

   44 34 24 14  4
   丁  戊  己  庚  辛
   酉  戌  亥  子  丑
```

 우선 사주를 잡아야 하는데, 시간이 애매해서 24분부터 유시로 들어가는데 22분이라고 합니다. 그러나 10분 전부터는 그 다음 시간으로 잡는 사부님의 원칙을 그대로 적용했습니다. 갑신과 을유 모두 용신이 木·金으로 별 차이가 없어 보이니까요.
 그리고 용신을 잡기 위해 살펴보니 인성이 용신으로 보이는데, 土가 인성입니다. 그래서 일지 술토를 용신으로 보는데 술토의 생금 정도가 아주 불만스러운 것 같고, 2000년 9월부터 들어오는 운도 무술대운입니다. 이 경우 용신운이기는 하지만 그다지 크게 좋은 일은 없을 것 같기도 합니다.
 약간 무리를 해서 부동산을 개발하려고 하는 친구입니다. 대운으로 봐서 별 무리가 없을 것이라고 하긴 했지만 확신이 없습니다. 제대로 감정을 해준 것인가요?
 제가 감정하기로는 진·축토가 필요하다고 보았는데, 막상 대운에 진·축토가 들어오면 진술충과 축미충으로 용신이 충이 나서 도움이 되는 운이기는 하지만 이것을 분주하다고 봐야 할지, 아니면 별로 좋은 일이 없을 것이라고 봐야 할지 궁금합니다.

 술토도 일간이나 용신에 도움이 됩니다

물론 습토가 온다면 더 좋겠지요. 그러나 술토도 크게 나쁘지는 않습니다. 인월의 상황이고, 또 지지에 火의 성분이 없으므로 일간이나 용신에게는 도움이 된다고 생각합니다. 다만 원국의 지지에 火가 있었다면 보신 대로 주의가 필요합니다.

2000년 경진년에는 대운과 세운이 충하겠지만 용신이 土가 되어도 나쁠 일은 없다고 봐서 발전하는 흐름으로 해석이 가능하겠습니다.

 격국과 관운

```
       時 日 月 年
       丁 乙 甲 丙
       丑 亥 午 申
71 61 51 41 31 21 11  1
 壬 辛 庚 己 戊 丁 丙 乙
 寅 丑 子 亥 戌 酉 申 未
```

오월(午月) 을목이 신약하여 해수를 용하는데, 해수가 오화에 너무 가까이 있는 것이 흠이 될 것 같습니다. 식신격인 것 같고, 직업은 기술직 공무원인데 앞으로의 관운은 어떤가요?

 해수대운에 승진도 기대할만합니다

해수가 오화에 붙어 있어야 제어를 하지요. 이것은 결함이라고 하기 어렵겠습니다. 기술직 공무원이라면 시간(時干) 식신의 작용이 아닌가 생각하며, 관운은 현재 45세로 기토대운이 작용하고 있기 때문에 용신의 상황에서는 부담이라고 해야겠네요. 2000년 경진년의 상황도 역시 부담이어서 당분간은 어렵겠지만, 해수대운이 작용하면 승진도 기대할만합니다.

 이보다 더 요란한 명조가 있을까요?

時	日	月	年
戊	丙	戊	壬
子	午	申	寅

9	19	29	39	49	59
壬	癸	甲	乙	丙	丁
寅	卯	辰	巳	午	未

양팔통에 지지가 온통 격전지입니다. 더욱이 병오 일주이니 한마디로 전쟁터를 연상시키는 사주입니다. 여자분이지만 화가 나면 이길 사람이 없습니다. 저는 이렇게 시끄러운 팔자는 본 적이 없습니다. 스님은 본 적이 있으신지요? 평생 분주하게 살아온 분입니다. 위 사주에서는 인겁을 써야 하는데 인겁이 자오충과 인신충으로 파

괴되었으니 한마디로 기가 막히는 상황입니다. 그래도 인겁을 써야 하는 게 이 분의 팔자겠지요? 오화와 신금이 바꿔 앉았다면 사주가 확 달라 보일 것 같습니다. 특이하게도 위 사주는 木·火운이 필요한 게 아니라 두 개의 충을 깨는 운이 필요하다고 생각해봤습니만, 오대운에 인오반합이 있어도 아주 힘들었다고 하니 별 의의가 없어 보이는데 평생 이렇게 살아야겠지요? 용신만 여쭙고 물러나렵니다. 지지든 천간이든 火보다는 木이 좋아 보입니다. 맞나요?

 무정한 사주 구조입니다

풍진 세상을 살아갈 운명입니다. 운이 와도 도움이 되지 않는 경우가 가끔 있더군요. 무정한 사주 구조라고 이해를 하셨으니 잘 보셨습니다. 용신은 말씀대로 인성이 오면 좋겠고, 후반부의 운에서는 다소 안정이 될 수 있겠습니다.

 합으로 성격이 바뀌나요?

```
時  日  月  年
辛  辛  丁  庚
卯  亥  亥  子
```

신해 일주는 일지가 상관생재로 자신의 몸에 관심이 매우 많다고 하셨는데 위 사주는 전혀 아닙니다. 결국 해묘합으로 인해 해수가 木으로 둔갑하고 이것이 성격에 영향을 미친 것으로 보이는데, 일전에 말씀하시기를 "성격은 합이 되어도 변하지 않는다."고 하신 것으로 알고 있습니다. 제가 잘못 알고 있는지요? 합으로 성격이 바뀐다면 충도 성격을 변질시킬 수 있겠고요.

 일간의 합 이외에는 성격이 바뀌지 않습니다

신해 일주에서 특성상 깔끔한 모습을 많이 봅니다만, 이 경우에는 그렇지 않으셨나 보군요. 혹시 월간의 편관으로 인해 자신을 억압하고 있는지도 확인해볼 필요가 있겠습니다. 만약 월간에 병화가 있다면 일지에서 제어하여 신해 일주의 특성이 그대로 나타나겠지만 이 경우에는 편관의 작용이 있을 수 있기 때문입니다. 합으로 인해 성격이 변하는 것은 일간의 합을 제외하고는 고려하기 어렵다고 보고 있습니다. 또 임상해보시기 바랍니다.

 水보다 木 용신이 맞지 않나요?

```
時 日 月 年
乙 甲 丙 戊
亥 戌 辰 申
```

위 사주는 희·용신이 水·木인데 엄격히 말하면 木이 용신 아닌가요? 무토당령에 재가 왕하니 水를 용신으로 보신 스님의 말씀은 공감하기 힘듭니다. 그러면 결국 木의 상황에 따라 희비가 갈리는데, 1999년 기묘년의 상황은 스님의 답변대로라면 해묘반합으로 오히려 木이 더 힘을 얻어 용신이 왕성해 보입니다. 水를 용신으로 보신 이유를 다시 설명해주십시오.

또한, 木이 용신이 맞다면 용신이 힘을 얻는 기묘년에 금전적 손실을 입은 원인을 다시 분석해주시기 바랍니다.

 메마른 나무에게는 물이 필요합니다

　木보다 水가 필요한 이유는 간단합니다. 메마른 나무는 나무의 도움보다는 물이 필요하다는 것이지요. 예를 들면, 배고프고 목마른 사람에게는 고량진미도 필요하지만 당장에 목을 축일 물이 필요하다고 할 수 있지 않을까 싶습니다. 또 목마른 나무에게는 비료보다 단비가 필요하다고도 생각해봅니다. 설명을 하다보니 온갖 재료들이 다 등장하는군요. 여하튼 이해가 되시기만 바랄 뿐입니다.

 식신이 하나만 있는 사주와 동일하게 볼 수 있나요?

```
時 日 月 年
戊 壬 甲 乙
申 寅 申 卯
```

　1) 금왕절에 두 신금이 버티고 있지만 수적으로 만만하게 볼 수 있는 木이 아니라고 생각했습니다. 그런데 자꾸 들여다보니 木이 점점 허약해 보이네요. 이유는 일지의 인목은 양쪽 신금에게 부서지고, 월간의 갑목은 뿌리가 없어 허약하며, 연지의 묘목은 신금의 제어로 역시 별볼일 없고 연간의 을목만이 흔들리는 뿌리 위에서 불안하게 그나마 명맥을 유지하고 있다고 생각했습니다. 金과 木의 힘을 어느 정도로 봐야 하는지 궁금합니다. 金의 힘을 100으로 보았을

때 木의 힘은 대략 어느 정도라고 할 수 있습니까? 신금이 무토의 도움을 받고 있으니 木의 힘을 30 정도, 잘 보면 40으로 보면 어떨까 하는데요.

2) 식신이 2개가 있는데 일지 식신은 깨져서 기능을 잃었을 것 같고, 월간의 식신은 살아 있다고 생각됩니다. 이런 경우에 식신이 중복되어 식신 성분이 약화된다고 보지 않고, 식신이 하나 깨져서 제거되었으니 식신이 하나만 있는 사주와 동일하게 생각해도 될까요?

 일리가 있습니다

1) 木이 극으로 무력하다고는 하지만 세력이 만만치 않으므로 좀 더 높여서 약 70은 줘야 하지 않을까 싶습니다. 金에 비해 약한 것은 사실이네요. 잘 보셨습니다.

2) 제거되었다기보다는 억압이 된 것으로 보며, 식신이 하나만 있는 사주와 동일하게 볼 수 있습니다.

 생지충과 왕지충은 다르지 않나요?

```
時 日 月 年
甲 辛 丙 辛
午 卯 申 亥
```

상담자가 무인년(1998년) 운세를 질문한 부분에서, 일단 운에서 들어온 인목이 인오반합을 하지 않는다고 가정하면 인신충은 신금이 충을 당하는 게 아니라 충을 하는 것이니 오히려 재미있을 거라고 답변하셨는데, 백보 양보해도 인신충으로 재미있을 거라는 말씀은 이해가 되지 않습니다. 신금은 용신이고 인신충은 생지충이니 결국 용신도 틀림없이 손상을 입을 텐데요. '비록 충으로 타격이 있으나, 다행히 충을 당하는 게 아니라 충을 하므로 해가 덜하다'고 말씀하신다면 조금 이해가 될 것 같습니다. 용신이 충을 하든 충을 받든 용신과의 충이 어떤 경우에 좋을 수 있는지 궁금합니다.

 전적으로 동의합니다

옳은 의견입니다. 더 좋다고 하기는 어렵지요. 다만 때로는 위로하는 뜻에서 약간 허풍스러울 때도 있습니다. 아마도 그런 기분으로 적어드린 내용이 아니었나 싶습니다. 논리적으로만 본다면 과장된 표현입니다. 앞으로도 그러한 대목이 가끔 나타날 것으로 봅니다. 이해가 되지 않는 내용은 질문을 하셔서 풀어가시기 바랍니다.

참고로 지지 합·충은 고려하지 않습니다.

 묘신암합의 실체를 밝혀주세요

```
時 日 月 年
甲 辛 丙 辛
午 卯 申 亥
```

위 사주에서 월·일지가 묘신암합이기 때문에 의부증을 의심하며, 월간 병화가 투합이 되어 있어 실제로 남편이 바람을 필 가능성이 많다고 하셨는데, 월·일지의 묘신합으로 의부증을 의심하는 것은 남편궁과의 합이라서 그런가요? 그러면 연·월지의 묘신합도 그렇게 봐야 하는데, 전에 스님께선 월·일지의 묘신합이 아니면 별 의미가 없다고 하셨습니다. 묘신합의 의의를 다시 설명해주십시오. 왜 월·일지의 묘신암합만 유효한지요?

 월·일지의 묘신암합은 배우자에 대한 집착으로 해석합니다

일지를 처의 자리(여성에게는 본인의 자리)로 보고 월지는 남편의 자리로 보므로, 여자 사주에서 월·일이 암합되면 배우자에 대해 일종의 집착이 생긴다고 해석합니다. 이러한 현상은 심리적인 작용이고, 희·용신에서는 크게 작용하지 않는 것으로 보고 있습니다. 암합이 세력에는 간섭하지 않는 것으로 보기 때문입니다. 그래서 연지와 월지의 관계에서는 배우자에 대한 집착이라고 생각하지 않습니다. 또 일지와 시지의 합에서도 그렇게 확대 해석하여 보지 않습니다. 혹시 연·월지와 일·시지의 합도 배우자에 대한 집착으로 나타나는 사례가 있다면 당연히 채용할 수도 있습니다. 아직까지는 이 정도로 생각하고 있습니다.

 추가 질문입니다

```
時 日 月 年
癸 癸 辛 癸
丑 未 酉 卯
```

월건의 강한 신유 때문에 묘유충이 돼도 깨지지 않고 시지의 축

토와 유축합을 하며, 축토가 합이 되니 미토는 묘목과 합을 한다고
보는 것은 어떤가요? 그리고 未 중 정화가 희신 역할을 한다는 것
에 대해서는 어떻게 생각하시나요?

이 여인은 10년 전에 결혼했고 현재 교사로 근무하고 있는데 초
년운이 안 좋았다고 합니다.

 합에 너무 신경 쓰지 않습니다

묘유극은 월건의 강한 金으로 인해 오히려 木이 손상을 입는다고
봅니다. 단, 계수가 있어서 묘목을 잡아준다고 해석하는 것이 좋겠
습니다. 그리고 월지 유금과 시지 축토는 서로 합하기 어렵습니다.
未 중 정화는 필요한 성분이며, 지지로 火운이 온다면 金이 조심할
테니까 도움이 된다고 봐야겠습니다. 합·충은 생각하실 필요가 없
습니다.

 신약용인격보다 신약용겁격이 맞지 않나요?

```
時 日 月 年
癸 丙 壬 丙
巳 午 辰 申
```

신약한 사주에 인성을 쓸 것인가, 비겁을 쓸 것인가는 중요한 문
제라고 생각합니다.

스님께서는 신약용인격으로 辰 중 갑목을 쓴다고 하셨는데, 지장
간에 있는 인성보다는 무력하나마 투출까지 한 비견이 좋아 보입니

다. 물론 운에서 오는 木운이 火운보다 좋겠지만요. 어쨌든 이 사주는 신약용겁격으로 운에서 인성을 기다리는 사주가 아닌가요? 실제 임상에서 용신으로 辰 중 갑목이 옳다고 하시면 제가 생각을 바꿔야겠지만요.

 인성을 용신으로 하는 것이 무리가 없습니다

운에서는 木이 필요한 것이 사실입니다. 보신 대로지요. 사주에서 木을 쓴 것이 이해되지 않는다고 하셨는데, 결국에 인겁이 필요하다면 큰 문제는 아니라고 생각이 되는군요. 다만 木을 쓴 이유는 당령이 을목이라서 가능하다고 보았기 때문입니다.

서낙오 선생도 다음에 오는 자신의 사주명식에서 火를 써야 할 것 같은데 辰 중 을목을 용신으로 삼으셨고, 그 이유에 대해 역시 을목이 당령이어서 가능하다고 설명하셨습니다. 일리가 있다고 생각합니다.

```
時 日 月 年
丙 丙 工 丙
申 申 辰 戌
```

그리고 일반적으로 재성이 특별히 많은 경우를 제외하고는 그대로 인성을 용신으로 정하는 것이 큰 무리가 없다고 생각합니다. 참고되시기 바랍니다.

779 선전이 작용하는 시기는?

```
時 日 月 年
丙 己 戊 甲
寅 卯 辰 寅
```

1) 위 사주는 관살이 중중하여 결국 신약합니다. 용신은 병화인데 희신은 무엇으로 봐야 합니까?

2) 이론적으로는 土가 희신이 되지만 운에서는 오히려 金을 반길 것도 같습니다. 그리고 위 사주는 보시다시피 월·일이 1급 선전입니다. 선전의 적중률이 어느 정도인지 알고 싶습니다. 제가 보유하고 있는 주변 사람 200여 명의 사주 중에서 유일하게 선전이 보이는 사주인데, 현재는 너무나 똑똑하고 정상적인 사람입니다. 혹시 기신운(임·계수운)이 오면 선전이 작용할 수도 있나요? 선전이론이 또 하나의 신살론이 아니기를 바랍니다.

A 신약한 경우에는 선전현상이 나타납니다

1) 火의 입장에서 다시 木을 필요로 하지 않으며, 水가 왔을 때에 土의 역할이 필요하다고 보시면 되겠습니다. 다만 金이 들어오면 木과의 대립으로 혼란이 생길 수 있습니다.

2) 선전에 대해서 의견을 주셨군요. 물론 신약한 경우에는 선전현상이 나타나지만 100%라고 하기는 어렵습니다. 또 하나의 신살론이라고 하더라도 100% 대입이 되는 것은 아니라고 보고 있습니다. 왜 그런지 이유를 명확하게 말씀드리지 못하겠지만 정신적 장

애를 보이는 사람 중에 선전이 있는 경우가 매우 많은데, 선전이 있는 사람에게 모두 정신적 장애가 나타나는 것은 아니라는 점을 고려해야겠습니다. 그리고 하건충 선생은 신강이나 신약한 경우에 대해 언급하지 않았습니다만, 낭월의 임상으로는 신왕한 경우에 잘 나타나지 않는 것을 자주 확인하고 있습니다. 앞으로 계속 살피면서 그 이유에 대해 다각적인 접근을 시도해볼만하다고 생각합니다.

실제로 감로사에서 공부하다가 소란을 피우고 간 사람이 있는데, 역시 선전의 작용이라고 이해했을 때 판단하기가 쉬웠습니다. 그래서 현재로서는 선전이 100% 작용하는 것은 아니어도 매우 흥미를 가질만하다고 말씀드리겠습니다.

선전은 주로 음주 때문에 잘 나타나는 것으로 보고 있습니다. 이 사람에게 술이 어떻게 작용하는지 한번 확인해보시는 것도 참고가 되겠습니다. 또한, 운이 불리할 때 나타날 수도 있다고 보는 것이 타당하다고 봅니다. 좀더 지켜보시기 바랍니다.

 운을 어떻게 적용시켜야 할까요?

```
    時 日 月 年
    丁 己 辛 辛
    卯 未 丑 亥
```

1) 직업은 약사이고, 기묘년(1999년)에 안 좋은 일이 있었다고 합니다. 많은 돈이 나가고, 유부남에게 속기도 하여 고소까지 생각했다고 합니다. 기묘년이라면 운세가 원국에서 해묘미 삼합이 일어나

는데, 목세(木勢)가 강해지면 불이 살아나고 일간은 괴로운 상황일 것 같습니다. 용신을 火·木으로 보고 대입했는데 안 좋은 일이 있었다면 운을 어떻게 적용시켜야 할지 판단이 안 섭니다. 목세가 강해지면 용신이 살아나니까 나쁠 것 같지 않거든요. 만일 金·水를 용신으로 보더라도 木은 한신에 속하니 큰 영향을 줄 것 같지 않습니다.

2) 무인년(1998년)이나 기묘년 같은 경우는 목세가 우세하므로 주로 木의 기운이 영향을 줄 것 같다는 생각도 들고, 정화의 기운을 土가 설하기는 하지만 특히 기묘년의 해묘미는 막강한 목세를 과시(?)하게 되므로 정화의 입장에서는 실보다 득이 많지 않을까 생각했습니다. 이 사주의 경우는 삼합이 일간에게 매우 부담이 될 것으로 생각되는데, 혹시 이 사주와 상관없이 용신이 살아나도 일간에게 지나친 부담이 된다면 문제가 있다고 판단해야 합니까?

 희·용신도 상황에 따라 부담이 될 수 있습니다

1) 火가 용신이고 희신은 木이지만 상황에 따라 부담이 될 수도 있는 것이 운의 대입입니다. 무인과 기묘의 무토나 기토는 용신을 약화시키고 金을 강화시켜서 부담이 되는 성분으로 일간에게 부담이 되는 결과를 가져옵니다.

그리고 대운에서는 진토가 되는데 희·용신에 아무런 도움이 되지 않고 그런대로 진행은 되면서, 인목이나 묘목의 성분으로 보았을 때 남자 때문에 조금 갈등이 생길 수 있겠습니다. 경진년(2000년)에는 모두 말끔히 정리가 되겠습니다.

2) 일리 있는 생각입니다. 용신운에 피곤해서 쓰러지는 탤런트를 보면서 신약한 사람의 용신운이어서가 아닐까 생각해봤습니다. 사회적인 일의 성취와 개인적인 한가함은 어쩌면 서로 상반될 수도 있겠다는 생각입니다. 그래서 木이 들어와도 火가 있는 천간으로 들

어왔다면 훨씬 나았을 거라는 생각이 듭니다. 지지로 들어오는 木을 천간의 정화가 유통시킨다고 해도 완전 연소가 되지 않는다고 생각합니다. 간지의 작용이 다르다는 것을 생각하고, 대운의 진토가 작용하는 부분을 고려해서 대입하면 되지 않을까 싶습니다.

 충과 관운의 관계는?

```
時 日 月 年
癸 癸 辛 癸
丑 未 酉 卯
```

유월(酉月) 계수가 월과 세력을 얻어 신강하므로 묘목을 용신으로 하고 木·火운이 좋을 것 같은데 연·월과 일·시가 각각 충을 하였습니다. 관운과는 어떤 관계가 있나요?

 지지가 혼란스럽고 관운이 불리합니다

탁하다고 해야 할 형상으로 보입니다. 지지의 水운도 희신의 역할을 할 수 있다고 봅니다. 현재의 운을 보면 축토에 세운이 경진년이 된다면 아무래도 마음대로 하기 어렵겠네요. 관운은 불리하다고 봐야겠습니다.

 **용신이 기·구신과 합이 되면 나쁘다고 했는데……**

```
時  日  月  年
庚  辛  辛  乙
寅  酉  巳  卯
```

　1) 일간이 온통 동지(同志)로 싸여 있습니다. 실령·실세니 당연히 신약으로 봐야겠지만 여기서도 변수가 있네요. 사유반합으로 일간으로서는 가장 두려운 사화가 동지로 변하고 있습니다. 그래서 신강으로 보고, 관이 용신이며 남편궁에 남편성이 앉았으니 남편복이 아주 많을 것이라고 일러주었지요.

　그런데 오늘 우연히 다시 살펴보니 사유반합이 용신기반으로 보입니다. 또한 사유반합이 남편의 외도 등이 의심되는 형태로 보이기도 합니다. 그리고 문득 입을 닫고 살아야겠다는 생각까지 하게 되는군요.

　2) 金이면 구신이며, 용신이 구신과 합이 되면 기반성으로 나쁘다고 이해해왔습니다. 물론 기·구신을 합거한다면 좋은 역할을 할 수 있다고 이해하는데, 용신이 기·구신과 합이 되면 나쁘다는 기존의 개념을 바꿔야 할까요? 혹시 여름이라서 사화가 金에게 끌려가지 않는다고 보기 때문인가요? 그리고 비겁이면 일간의 경쟁자이므로 좀 문제가 있지 않을까 생각하는데, 이런 개념은 어떻게 정리해야 할지 모르겠습니다. 오히려 주변의 문제들을 잘 처리한다는 말씀을 잘 이해하지 못하겠습니다.

염려하지 않으셔도 되겠습니다

   1) 관성이 청하다고 하고 싶습니다. 월지에 사화 관성이 하나 있고 일간이 약하지 않으므로 용신이 됩니다. 용신이 비겁과 합이 되었다고 볼 것이 아니라 주변의 장애물들을 잘 처리해주는 성분으로 보는 것이 타당하다고 생각되네요.

   만약 여기저기 관살이 많아 신약해진 상황에서 비겁과 합이 되면 걱정하신 것과 같은 추리가 틀렸다고 하기 어렵겠지만, 이 상황에서는 염려하지 않아도 되겠습니다. 남편의 도움으로 잘 살 수 있는 사주입니다.

   2) 전체적으로 재성이 관성을 생조하는 분위기가 무난하며, 사주에 식상이 보이지 않으므로 관성이 손상되지 않아서 좋습니다.

   너무 육친으로 대입해서 남편이 바람기가 있지 않겠냐고 생각할 수도 있겠지만, 오히려 비견들을 견제하는 사화의 힘이 당령으로 있어서 사화의 역할을 하리라고 판단됩니다. 월지에 대한 비중이 이 정도라면 이해가 되시는지요?

 아리송한 사주

```
時 日 月 年
庚 乙 丁 壬
辰 卯 未 子
```

   약하지 않다고 판단해서 월간 정화를 용신으로 보았습니다. 그런데 정화가 용신으로서의 기능을 다할 수 없을 것 같아 시간(時干)의 경금이 용신이 아닐까도 생각됩니다.

생각이 여기까지 미치자 사주가 약한 것도 같아서 연간의 임수가 용신인 것 같고 참 아리송한 사주입니다. 이 사주의 용신은 무엇인가요?

 약하지는 않습니다

월간의 정화는 연간의 임수와 합이 되었고, 미월이므로 火를 용신으로 해야 할 명분이 없습니다. 그래서 월령을 얻은 경금에게 용신의 지위를 전해주고 싶은 구조입니다. 정관을 용하고 土·金운에서 발하는 구조로 보고 싶은데 金운이 너무 일찍 지나가버린 것이 유감이군요.

 木운이 와야 해소되는 이유는?

```
    時  日  月  年
    癸  癸  辛  癸
    丑  未  酉  卯

51  41  31  21  11   1
丁   丙  乙  甲  癸  壬
卯   寅  丑  子  亥  戌
```

Q781에 대한 재질문입니다. 木운이 와야 해소된다고 하셨는데, 木운이 지지로 올 경우에 金의 인성인 土를 제거하고 金에 대항하

는 세력을 확보하기 때문이라고 이해해야 합니까? 土의 세력을 갖고 있는 金에게 어설프게 대항하다가 문제가 더 커지는 것은 아닌지요?

그리고 지지의 火운은 병든 용신을 제거한다는 의미에서 木운보다 더 좋지 않을까 생각했는데, 혹시 土에게 설기를 당해서 제 기능을 발휘하지 못하나요?

 자신의 목적을 이루기 위해 木운을 기다립니다

木의 도움이 있어야 설기가 되면서 바라는 바를 이룰 수 있을 것으로 판단됩니다. 火운에 대해서는 옳은 의견을 주셨다고 보고, 木운을 기다리는 것은 간지를 구분하지 않고 전체적인 구조를 보았기 때문이라는 것을 참고하십시오. 木운을 기다리는 것은 대항이 아니고 자신의 목적을 이룬다고 봐야겠습니다. 그리고 탁하다고 말씀을 드린 것도 이런 상황에 바르게 대입하기에 다소 조건이 까다로워서 드린 말씀입니다. 참고되시기 바랍니다.

 인성을 써야 할까요?

時	日	月	年
甲	丁	辛	丙
辰	卯	丑	辰

겨울의 정화라서 좀 약해 보이기는 하지만 갑목이 뿌리를 내리고 있는 것이 마음에 걸립니다. 그래도 약하다고 봐서 인성을 써야 할까요?

정화로서는 갑목이 필요합니다

갑목이 진토에 뿌리를 내리고 있지만 정화의 입장에서는 갑목이 필요하다고 해야겠지요. 즉, 용신이 힘이 있다는 것으로 이해해야지 단지 인성이 뿌리가 있다고 해서 일간이 더 강해진다고 하기는 어려울 것입니다.

그래서 축월의 정화가 병신합이고 년·월이 도움을 주지 못하므로 시간(時干)의 갑목을 용신으로 봐야겠습니다.

 5급 이상 되지 않을까요?

時	日	月	年
癸	己	庚	甲
酉	酉	午	寅

상관용인으로 월지 오화가 아주 적재적소에 포진하고 있다는 생각이 듭니다. 연지의 인목은 인오반합으로 화세(火勢)를 가중시키고 있고, 갑목은 경금에 조금 눌리지만 불 위에 앉은 金이므로 크게 위협은 못 되는 것 같습니다. 사주에 비록 흐름은 없지만 월지 용신이 힘이 있어 보이므로 5급 이상으로 볼 수 있지 않을까 하는 생각입니다.

 4급으로 보면 적절하겠습니다

사주에 水가 나타나지 않아 용신이 손상을 받지 않기 때문에 4급으로 봅니다. 그리고 희신이 용신을 돕고 있어서 사주의 식상을 잘 다스릴 수 있다고 보아 상관패인격이며 청한 사주입니다. 정묘대운이나 병인대운의 20년 사이에 2급까지 올라간다고 봐도 되지 않을까 싶습니다.

운이 매우 좋은 여성이네요.

 이젠 마구 헷갈리기 시작합니다

```
時 日 月 年
庚 辛 丙 丙
寅 丑 申 午
```

신월의 신금이라 월지를 얻었고, 일지가 축토라 일지도 얻었다고 봅니다. 그래서 木·火 용신으로 보았습니다. 하지만 다시 살펴보니 월지 신금은 연주와 월간의 불덩어리에 휩싸여 있고, 시간(時干) 경금이 시지를 견제하고 있기는 하지만 시지 인목이 축토를 극하고 있습니다.

 처음에 생각하신 것이 옳습니다

약하지 않습니다. 신금의 입장에서 이 정도라면 인겁의 도움이 필요하지 않다고 생각합니다. 병화를 겁내야 하지 않느냐고 하겠습니다만, 신월의 火이고 木의 도움을 직접 받지 못하는 것을 생각해 보면 허세라는 것을 바로 판단하실 수 있습니다. 이런 시기에는 많이 보고 임상해야 실력이 일취월장한다고 봅니다. 그리고 학문이 많이 발전하고 정리가 될 것입니다.

 재운과 직업

```
時 日 月 年
癸 丙 丙 己
巳 寅 寅 酉
```

인월 병화가 신강하고 火가 강하므로 시간(時干) 계수를 용하고, 金·水운이 길하여 임신대운 이후에 발복할 것 같은데 연지 유금이 너무 멀리 떨어져 있어서 계수를 생조하지 못하는 것이 흠이 될 것 같습니다.

위 사주의 여인은 대학원을 졸업하고 5년 전에 결혼하였으며, 직장을 갖고 싶어하는데 마땅한 자리가 없어서 사업을 하려고 하지만 금전적 여유도 없습니다. 사업을 하려면 어떤 일이 어울리며, 재운은 어떤가요?

 상관을 살려서 유통과 관련된 사업이 좋겠습니다

계수가 용신이 됩니다만 혹시 상관이 아닌가 싶은 생각도 듭니다. 강력한 火의 세력을 유통시키기에는 무력한 계수보다 비록 멀기는 하지만 기토가 유정해 보입니다.

그래서 현재의 운을 대입해보았을 때 무진·기사대운에 공부를 잘 하고 있었다면 水가 용신이 아닐 것이라는 생각이 드네요. 그리고 土·金으로 가는 상관생재의 구조라고 본다면 앞으로 운의 흐름이 계속 좋겠습니다.

재물도 쓸 만큼 모으겠으며, 사업을 하려면 상관을 살려서 유통과 관련된 분야에서 찾아보는 것이 좋을 것 같습니다. 참고되시기 바랍니다.

 역시 土에서 막힙니다

```
時 日 月 年
癸 丙 丙 乙
巳 申 戌 卯
```

술월의 병화는 얻은 게 없고, 일지도 얻지 못해서 약하다고 봅니다. 그리고 술월의 당령도 신금이므로 월을 얻지 못했습니다. 그런데 월지도 열토이고, 을묘 연주에 술토는 묘목이 누르고 있으며, 일지 신금도 술토의 생조는 받지 못하고 사화에게 극을 당하고 있습니다.

물론 사화도 계수에게 극을 받고 있으니 조금 정신이 없어 보이기는 합니다.

그래서 다시 보니 약하게 보이지는 않습니다. 결국 水를 용하고 金을 희신으로 보는데 사실 자신이 없습니다.

 水·金으로 가는 흐름이 좋겠습니다

이렇게 용신이 아리송한 사주에서 막힌다는 것은 웬만한 것은 스스로 판단할 수 있다는 이야기지요. 문의하신 사주의 경우에는 약하지 않다는 것이 정답입니다. 그래서 흐름이 水·金으로 가는 것이 맞습니다.

잘 보셨고 늘 발전하시는 모습이 좋습니다.

 배우자와 자식

```
時  日  月  年
癸  壬  辛  庚
卯  寅  巳  子
```

언뜻 보기에는 신약용인격이었는데, 살아온 과정을 물어보고 약하지 않은 것으로 판단했습니다. 용신인 사화의 지장간 丙이 천간 신금과 합하고 있는 게 좋지 않아 보입니다.

40세가 넘었는데 아직 미혼이라는군요. 사주의 기운이 식상으로 모이는 형상이라서 남자를 만나지 못한 게 아닌가 생각해봅니다. 그러나 시간이 갈수록 자식으로 흐르는 마음이 커지므로 나이 들어서라도 결혼은 하지 않을까 하는 느낌이 드는데, 과연 한신의 남편을 맞아들일까요?

 자식과의 인연이 있어 결혼하게 될 것 같습니다

자식이 있으려면 남편은 필요한 존재입니다. 목적이 아니라 수단이라고 해야 할까요? 그래서 결혼에 비중이 적어도 자식의 인연으로 인해 결혼하게 될 암시입니다. 출산은 아직도 가능할 것이므로 단념하기 어렵겠고, 대운에서 축토이면 정관에 해당하므로 아마도 경진년(2000년)에는 뭔가 인연이 될 가능성이 많지 않을까 합니다. 지켜보시기 바랍니다.

 재운에 대하여

```
時 日 月 年
癸 戊 辛 戊
亥 子 酉 戌
```

무토가 유금 금왕절에 실령하고 재가 많아서 신약이 되므로 戌 중 정화를 용신으로 삼고 싶습니다. 그렇다면 을축대운(겁재운) 이후의 사업운은 좋은가요?

제가 잘못 보았으면 지적해주십시오.

 재가 많으므로 인성을 쓸 수 없습니다

보신 대로고요. 다만 인성을 쓰기가 마땅치 않으므로 비견을 우선 의지하고, 인성의 운을 기다리도록 해야 하지 않을까 싶습니다. 그렇다면 을축대운은 부담이라고 하겠네요. 병화대운 이전은 사업운으로 쓰기에 부담되므로 자제하라고 일러주시기 바랍니다. 병화운이 오면 발하게 됩니다.

792 火를 쓸 수 있을까요?

```
時 日 月 年
戊 甲 辛 辛
辰 辰 丑 亥
```

갑목이 축월(계수당령) 연지 해수에 태어났고, 辰 중 계수 등과 같이 기운이 木으로 모이는 등 신강하게 보입니다. 그리고 화기(火氣)라고는 전혀 찾아볼 수 없습니다. 火를 용하면 희신은 土가 되나요?

A 火를 쓸 상황이 못 되어 아쉽군요

용신이 火라면 희신은 木이 되겠습니다. 그런데 전체적으로 火를 쓸 상황이 못 되어 아쉽군요. 탁하지만 그대로 인성을 써야 할 구조일지도 모르겠습니다. 인성의 운을 참고하시기 바랍니다.

793 인성이 재성에 극을 당하고 있는데……

```
時 日 月 年
己 辛 庚 乙
丑 卯 辰 卯
```

진월의 신금이 월령을 얻고 일지는 얻지 못하였으나 시주가 기축이고 월간이 경금이니 언뜻 강하다고 보았습니다. 하지만 다시 자세히 보니 진월은 연지의 묘목에게 극을 당하고 있고, 월간의 경금은 연간의 을목과 합을 하고 있으며, 시지 축토도 일지 묘목에게 극을 당하고 있습니다. 그래서 시간(時干)의 기토를 용신으로 하고 金을 희신으로 봐야 하지 않을까 싶습니다.

 약하지 않아 보입니다

고민하신 흔적이 보입니다. 土·金의 세력과 木의 세력을 비교해 보면 金이 약하지 않은 것은 분명합니다. 그대로 木을 쓰시고, 희신으로는 水를 기다리는 것이 좋겠다는 생각이 듭니다. 약하지 않은 사주로 보입니다.

 794 다시 한번 질문 드립니다

時	日	月	年
壬	乙	辛	丙
午	酉	丑	辰

이전에 말씀하신 '도망가고 싶은 사주'란 무엇을 뜻하나요? 식상이 있고 관살이 있어서 혼잡하면 남편을 해할 수도 있다고 봐야 할까요?

 용신을 찾기가 어려워서 한 말입니다

사주에 대한 상황이 아니고 용신을 찾기가 어려워서 도망가고 싶다는 말이었습니다. 식상이 있어서 강력한 관살을 제어하고 있는 것에 대해서는 크게 염려하지 않아도 되겠습니다.

다른 뜻이 아님을 분명히 말씀드립니다.

795 병화를 용신으로 볼까요?

```
時 日 月 年
壬 乙 辛 丙
午 酉 丑 辰
```

1) 위 사주에서 을목이 축월에 태어났으니 병화를 용신으로 봐도 될까요? 관살이 왕하니 남자관계가 복잡하다고 봐야 할지, 남자들이 많고 남편이 도움이 안 된다고 봐야 할지 도움이 된다고 봐야 할지 궁금합니다.

2) 위의 여명과 아래 남명의 궁합을 본다면 몇 점 정도가 될지 궁금합니다.

일간은 상생이지만 일지가 서로 충이 되며, 여자 사주는 金이 많고 남자 사주는 木이 많은데 궁합이 어떤가요?

```
時 日 月 年
壬 丁 辛 壬
寅 卯 亥 子
```

 **신약용인격입니다**

1) 을목이 매우 신약하다고 판단되는데, 이 정도로 약한 사주에서 인성을 써야 하는 것이 겨울이라는 환경과 연계해서 생각할 때 참으로 답답한 상황이군요. 여하튼 신약용인격으로 인성을 의지해야 한다고 말씀드려야겠습니다. 그리고 남자관계가 복잡하다는 말씀은 못 드리겠지만 부담이 되는 것은 사실입니다. 더욱이 식상과 관살이 서로 엉켜 있는 것도 매우 복잡해서 이 사주도 다소 탁하다고 할 수 있지 않을까 싶습니다. 어쨌든 용신은 인성으로 보고 임상하시기 바랍니다.

2) 남자분과의 궁합을 본다면 여성의 입장에서는 무난합니다. 여자가 木이고 남자가 火이면 무난하므로 막을 필요가 없는 배합입니다. 특히 남자의 입장에서는 신약한 정화이므로 木 일간의 여성을 만난 것이 매우 다행입니다. 서로 입장의 차이라고 할 수 있겠지요.

796 적성을 무엇으로 봐야 할까요?

```
時 日 月 年
乙 戊 丙 壬
卯 戌 午 子
```

1) 네 기둥이 간지동입니다. 월주가 일주를 생해주는 것은 좋은데 연주가 월주를 정면으로 극하고 있고, 시주는 일주를 극하고 있습니다. 이런 구조는 무정하다고 봐야 하나요?

2) 연지와 월지의 자오충은 오술화국으로 어느 정도 내성이 있지 않을까 싶고, 용신은 火·土로 봐야 할 것 같은데 자신은 없습니다. 적성으로는 공무원이 좋을까요?

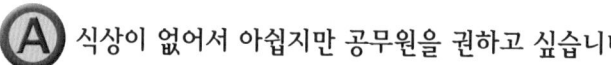 식상이 없어서 아쉽지만 공무원을 권하고 싶습니다

1) 약하지 않은 구조이고, 그래서 시간(時干)의 을목을 의지해야 겠는데 재성이 木을 생조하지 않으니 무정하네요.
2) 년·월이 극하는 것은 나쁘다고만 할 것이 아니라고 봅니다. 적성으로는 역시 공무원을 권하고 싶습니다.

개인적인 능력을 발휘하기에는 식상이 없어서 아쉽지 않은가 싶습니다.

797 재물운은 어떤가요?

時	日	月	年
戊	甲	壬	丙
辰	寅	辰	辰

갑인 일주가 편재가 과다한데, 이 재성들이 갑목의 뿌리가 되기에 충분해 보이므로 신강하다고 생각합니다. 그렇다면 신왕재왕으로 보고 재물이 충분하다고 봐야 하나요?

용신은 火·木으로 보고, 재물을 얻게 되는 운은 火·土·木운으로 볼 수 있습니까?

火운에 발하게 됩니다

화생토의 구조로 보았을 때 식신이 한 대 맞은 것이 참 아쉽네요. 이 식신이 살아났으면 좋았겠는데, 유감스럽게도 임수에게 손상을 입었습니다.

마음대로 한다면 병화를 시간(時干)으로 보냈으면 좋겠습니다. 火운에 발하게 되는 것으로 보며 土운도 무난하겠네요. 木운에는 재물을 모으기 어렵겠습니다.

 신약용인격이 아닐까요?

```
時 日 月 年
丙 庚 戊 庚
戌 午 子 子
```

자월의 경오 일주로 신약하며, 관살을 용신으로 삼기에는 조금 약한 사주로 인성이 용신이 되는 신약용인격이 아닐까 해서 질문드립니다.

일지 오화가 충을 맞아서 술토를 생조하는 능력이 좀 떨어지기는 하지만, 시간(時干)의 병화 때문에 시지 술토는 일간을 생조하는 것이 거의 불가능하고, 약한 연간의 경금과 월간의 무토로는 화성을 용신으로 삼을 수 있을 만큼의 억부를 충족시킬 수 없다고 생각됩니다.

더군다나 시간에서 관살이 일간을 극하고 있으므로, 이 사주는 월간 무토가 용신이 되는 신약용인격이 아닐까 생각되어 스님께 의견을 구합니다.

 일단 기본적인 설명에는 이의가 없습니다

겨울 金이라는 특성은 고려해야 된다고 생각합니다. 즉, 억부에 조후 개념을 더해서 생각해야 합니다.

이 사주의 경우는 겨울 金이 다소 약하기는 하지만 조후의 개념에서 火를 필요로 한다고 볼 수 있습니다. 단, 金의 세력이 더 약화되면 조후가 필요해도 인성을 용신으로 해야 한다고 봅니다. 참고되셨기 바랍니다.

799 청탁(淸濁)에 대해서

```
時 日 月 年
甲 甲 己 庚
戌 寅 丑 戌
```

"축월의 갑목이라 상당히 탁하게 느껴지는……"이라고 하셨는데, 월지에 근거를 둔 기토와 경금의 세력이 매우 강해서 용신 갑목을 묶어두고 극하기 때문에 탁하다고 하신것이 아닌가 짐작해봅니다.

혹시 그게 아니고 월지만을 기준으로 하여 청탁을 판단하셨다면 그렇게 판단한 이유가 무엇인지 궁금합니다.

흐름이 정체되어 탁한 느낌입니다

　나름대로 이 사주가 탁하다고 느낀 점을 설명한다면, 축월 갑목이 土와 木이 가득한데 木의 입장에서 강하다고 하기도 어렵지만 그렇다고 아주 약하다고 하기는 더욱 어려운 구조입니다.
　이러한 경우에는 가장 필요한 것이 조후로, 火의 성분이 들어와 준다면 기운이 흘러가게 되어 청하다고 하고 싶은데 그러한 구조가 못 되고, 오히려 연간에서 경금이 버티고 있어 흐름이 정체되는 느낌이네요. 그래서 탁하다고 한 것이 아닌가 싶습니다. 지금 봐도 역시 질문에서 말씀하신 것과 같은 내용들로 인해 탁하게 보입니다.
　결론을 말하자면 탁은 용신의 탁이 가장 우선한다고 봅니다. 월지의 상황도 당연히 고려되어야겠지만 중심이 될 수는 없습니다. 이해가 많이 되셨나요? 참고가 되셨기 바랍니다.

800 종강격으로 봐야 할까요?

```
時 日 月 年
癸 癸 庚 辛
亥 未 子 亥
```

　비겁이 수두룩하고 비겁을 돕는 인성이 둘이나 있으므로 종강격으로 봐야 하는지, 아니면 신강 사주로 봐서 土를 용신으로 삼을지 고민이 됩니다.

당연히 土가 용신이 됩니다

水가 왕한 상황에서 土가 있으니 제격이네요. 土는 또 정화를 품고 있어서 단단하기도 하고 좋습니다.

만약 축토였다면 어떡했을까라는 생각도 할 수 있겠습니다. 잘 보셨어요.

 축월의 을목

時	日	月	年
庚	乙	丁	甲
辰	卯	丑	寅

이 사주의 주인공은 시집가기 전 남의 땅을 밟지 않고 살았습니다. 그리고 20년을 사위와 함께 살고 있습니다.

겨울 나무이지만 비견겁과 겁재가 강하여 경금을 용신으로 보았습니다. 합당한가요?

 겨울 나무에는 火가 더 합당합니다

金보다 火를 생각해보고 싶군요. 겨울 나무라면 자연의 법칙에서는 火가 더 합당하리라고 봅니다.

결혼 전에 잘 살았던 것은 원국의 천간 정화가 용신으로, 운에서도 천간으로 火·木이 들어와서 도와주었기 때문이라고 할 수 있겠습니다.

사위는 십성으로 보았을 때 식상의 관살이니 자신에게는 인성이 되겠습니다. 특별한 의미를 부여해서 보기는 어렵지 않을까 싶습니다.

802 종강격으로 보고 싶습니다

```
時 日 月 年
丁 丁 乙 癸
未 卯 卯 卯
```

제 짧은 생각으로는 종강격으로 보고 木·火를 용하고 싶은데 스님께서는 정격으로 보신 것 같습니다. 자식운이 좋다고 하신 것으로 봐서 계수를 용신으로 보신 것 같은데, 그럼 金이 희신이 되리라고 생각합니다.

종격으로 보더라도 수생목하고 있으므로 자식은 부담이 아니라 좋다고 봐도 될 것 같습니다.

그런데 신금대운은 별로이고 해수대운에 좋아질 것으로 보셨는데, 특별한 이유가 있는지 궁금합니다.

제 생각에 정격이라면 해수는 해묘미로 합해서 木으로 화(化)하게 되므로 나쁠 것 같고, 오히려 신금대운에 희망이 있을 것으로 봅니다. 정격보다 오히려 종격으로 봤을 때 해수대운에 희망이 있어서 좋다고 봅니다.

그리고 지장간에도 재성이 없는 것으로 보아 희신이 처성이 되고 그러면 배우자의 인연이 좋다고 봐야겠는데, 정격으로 봤을 때 처궁이 다소 부담이긴 하겠지만 부정적으로 보신 이유가 석연치 않아서 질문을 올립니다.

 관살을 용해야 할 듯싶습니다

인성이 많아서 강한데 식상이 없거나 재성이 없을 경우에 관살이 용신이 되는 경우도 있습니다.

이 사주가 여기에 해당되지 않나 싶습니다. 천간의 신금대운을 별로라고 본 것은 정화나 을목이 서로 견제하기 때문이 아닐까 생각했습니다.

해수대운의 길흉에 대해서는 역시 생각보다 좋을 것이 없다고 봐야겠습니다. 해수대운이 좋다고 한 것은 상담실에서 희망을 주자는 관점에서가 아닐까 싶습니다.

공부하는 과정에 이런 내용들을 가려내신다면 많은 발전이 있으시리라고 봅니다. 생각하신 점에 동의합니다.

金운에서 발하겠지만 천간의 신금은 약하다고 봅니다. 군겁쟁재의 형상도 약간 느껴지고요.

 한번 보세요

```
時 日 月 年
乙 丁 甲 丙
巳 巳 午 午
```

이렇게 火의 천국인 사주는 처음 봤습니다. 火의 세력을 따라 종한다고 봐야 하나요?

현재 유학을 가서 박사과정 중인데 이런 불길은 어떻게 해야 하나요?

 상관으로 보겠습니다

아쉬움은 많습니다만, 사화 속의 지장간 무토를 용하고 경금은 희신으로 봐야 할 것 같습니다.

참고가 되셨으면 합니다.

 용신과 희신 등에 대해 질문입니다

```
時 日 月 年
乙 丁 甲 丙
巳 巳 午 午
```

이 사주 명식은 중왕격이며 염상격인데, 그렇다면 용신을 찾는 데 있어서 용신을 비겁으로 하고 희신을 식상 土로 하며, 기신과 구신은 水와 木으로 하면 될까요?

실제로 이 사람은 지나온 삶의 과정을 살펴보았을 때 식상운이 가장 좋았다고 합니다.

 잘 보셨습니다

사주 원국에서 지지가 모두 불이고, 연간과 일간도 불로 火기운이 넘치니 식상운은 좋겠네요.

본인이 식상운에서 좋았다고 하면 더욱 정확하다고 할 수 있습니다.

 용신이 무엇일까요?

```
時 日 月 年
己 甲 庚 乙
巳 辰 辰 未
```

진월에 갑진 일주가 약하다고 생각됩니다. 용신을 정하는 데 있어서 연주의 을목 비겁을 써야 할지, 일지에 암장되어 있는 인성을 써야 할지 잘 모르겠습니다.

멀리 있으면서 힘이 없는 비겁인가요, 아니면 암장되어 있지만 인성인가요?

 일지 진토 속의 계수가 좋아 보이네요

운도 북방으로 흐르고 있는 것으로 봐서 앞으로 좋아지겠습니다. 인성이 용신이 되는 형상입니다.

참고되시기 바랍니다.

806 계해대운의 반란 시나리오입니다

```
時 日 月 年
丁 己 丁 癸
卯 巳 巳 巳
```

어려서부터 잘 알던 동네 친구로 다복한 여자라서 부러움을 많이 샀습니다. 공부는 그저 그랬지만 부유한 가정의 귀공녀로 맑은 성격이며 지금도 아주 잘 살고 있습니다.

시집갈 때는 복을 가져간다 하여 내복을 친정에 두고 가야 된다는 역술가의 얘기도 있었고, 그게 복이 된다면 내가 훔쳐올까 생각도 했지요.

사주를 보면 전국 칠웅을 제패한 진시여왕이 반역의 기질이 농후한 묘여왕을 멀지 않은 곳에 봉하여 자식과 합을 시키고, 본인은 여왕의 오빠와 좋은 관계를 유지하며 결국엔 조공을 받고, 정복하기 힘들었던 계수국이 여왕은 자신의 오빠와 짝지어주는 기묘한 친정 체제를 유지하며 태평성대를 구가합니다.

그런데 임술대운에 반란의 기미가 보입니다. 편모와 시어머니가 모의를 주도하여, 10년 후 계해대운에 계수여왕과 합동작전으로 지상군과 공군을 동시에 파견하여 진여왕국을 전복시키려고 작전계획을 세우며 우군을 끌어들이고 있는 중입니다.

계해대운의 반란이 성공하리라고 보시나요? 어쭙잖은 시나리오 죄송합니다.

기인취재격인지 종왕격인지 아리송합니다

재미있는 이야기시군요. 다만 명확하게 용신을 뭘로 보신 것인지 이해가 안 됩니다. 기인취재격이 아닐까 싶은데 어려서 잘 지냈다고 하니 부모 덕으로 보고 관찰하면 무리가 없겠습니다. 구조로는 기인취재격으로, 水를 용신으로 하고 金을 희신으로 보면 되지 않을까 싶습니다. 참고되시고요. 계해대운은 크게 발하겠는데, 경진년(2000년)에 발전한다면 더 확실하게 水를 용신으로 金을 희신으로 볼 수 있겠습니다.

 인성을 용할 것 같은데……

```
時 日 月 年
辛 戊 甲 戊
酉 戌 寅 午
```

인월의 무토라서 월과 세는 못 얻었지만 인오술 삼합 화국(火局)과 일(日)을 얻었으니 그다지 약한 것 같지 않습니다. 그래도 시주와 월주가 식상과 관살이라서 인성을 용할 것 같습니다. 희신은 관살이 될 것 같고 기신은 재성과 식상이 될 것 같습니다. 만약 제 소견이 맞다면 시주의 상관은 능히 화국으로 다스릴 수 있지 않겠습니까? 사주의 기신이 있더라도 이렇게 용신이 적절히 제어해주면 좀 덜 나쁘지 않겠습니까? 스님의 고견을 기다립니다.

火가 필요해 보입니다

　용신은 연지 오화가 필요할 것으로 보입니다. 희신의 경우에는 木이 마땅치 않아 보이는군요. 오화의 입장에서는 木이 추가로 필요하지 않겠다는 생각이 들어서 그대로 土를 의지하는 것이 좋겠습니다. 다만 상관은 사주를 탁하게 만든다고 해야겠군요. 그래서 한신이면서도 실제로는 도움이 되지 않는 형상으로 이해됩니다. 구조가 다소 못마땅하다고 봐야겠네요. 운에서는 火운이 반갑겠으나 그 밖의 운은 생각처럼 큰 도움이 되지 않을 것으로 보입니다. 때로는 용신만 사용이 가능한 경우도 있다고 봅니다. 참고되시기 바랍니다. 고맙습니다.

808 한쪽 다리를 저는 게 사주에 나타나요?

```
時 日 月 年
丁 乙 乙 戊
亥 未 丑 戌
```

　처음에는 을목 일간이 너무 신약해 보여 해수를 용신으로 하고 木을 희신으로 보았습니다. 다시 가만히 살펴보니 축월의 을목이라 물이 급하지 않고 조후가 급할 것으로 보이더군요. 그러면 정화가 용신이 되고 木이 희신이 될 것으로 보이는데 어느 쪽으로 보는 것이 타당한지 판단이 잘 안 섭니다. 아니면 재성이 태과하기 때문에 을목을 용하고 水를 희신으로 삼아야 할까요? 자꾸 생각하다보니 더 혼돈이 됩니다.

그리고 사실 더 궁금한 것은 2세경에 소아마비를 앓아서 한쪽 다리를 저는데 그런 것이 사주에 나타나는가 하는 점입니다. 짧은 생각으로 축미충의 작용이 아닐까 생각해봤는데 꼭 그렇지만도 않을 것이란 생각이 듭니다. 그래서 갑목대운에 기해 세운을 만나 갑기합으로 희신이 묶이고, 해수의 기신작용이 있지 않았나 생각해봤습니다만 스님의 의견을 듣고 싶습니다.

현재 약국을 경영하며 혼자 살고 있는데 사주에서 관성이 암장되어 있을 뿐이며, 32세부터 관성운이 계속 들어왔지만 현재까지 결혼을 못 한 것으로 봐서 앞으로도 결혼은 안 하거나 못 할 것으로 보이는데 과연 타당한지 의견을 여쭙고 싶습니다. 남편을 기신으로 판단하여 차라리 하지 않는 것이 더 좋지 않을까 생각해봤습니다. 하더라도 월·일지의 충으로 남편에 대한 애착은 없을 것으로 보았습니다.

 축미충 때문이라고 보기는 어렵습니다

그렇지요. 분명 약하지 않아 보이고, 그래서 火를 용신으로 봅니다. 희신은 木으로 봐야겠습니다. 축미충으로 소아마비가 되었다는 것은 대입하기 어렵습니다. 그 이유는 많은 사람이 축미충이지만 두 다리가 건강하니까요. 남편은 인연이 약하지만 대운에서 관살운이 지나가고 있으므로 경진년(2000년)에라도 좋은 인연이 생길지 모르겠습니다.

 연주 상생의 기신

```
時 日 月 年
癸 己 丁 癸
酉 酉 巳 卯
```

연주 상생의 흐름이며 일간이 약간 약하게 보입니다. 인성이 잘 갖추어졌고 미술 계통에 천부적인 재능을 가지고 있습니다. 현재까지의 운로를 볼 때 20대 초반에 심리적 갈등과 방황이 심하다가 일찍 결혼하여 26세에 이혼하였으며, 30대 초반에 재혼 후 무난하게 살고 있습니다. 어쨌든 20대가 제일 힘든 시절이었다고 생각됩니다. 신약한 구조로 보아 火·土 용신으로 생각했으나 지난 운로를 볼 때 기미대운에 어려움이 많았습니다. 역추정하여 흐름을 깨는 土운이 기신운이라고 하면 합당한 해석이 될까요?

 연주 상생으로는 볼 수 없겠습니다

土가 좋은 것은 사실이군요. 중요한 것은 대운이 기미라는데 기토가 도움이 되며, 미토도 극·설을 당해서 힘은 약하지만 도움이 됩니다. 그리고 기토의 상황에서도 세운의 간지에서 木이나 水가 보인다면 역시 크게 기대하기 어려울 수 있습니다. 그러므로 대운만 보고 판단하시지 말고 세운까지 대입해서 확인하시는 것이 좋습니다. 참고되시기 바랍니다.

월지 土와 조후까지 고려해야 하나요?

```
時 日 月 年
乙 壬 癸 壬
巳 子 丑 戌
```

축월의 임수가 기토당령으로 월지를 얻지는 못하였으나 일지를 얻었고, 水가 3개로 세력이 넉넉한 편은 아닙니다. 하지만 축월이라 임수가 위축되는 시기는 아닌 것 같고, 임수를 극하는 술토는 멀리 연지에 박혀 있으니 약하지 않은 것으로 보았습니다. 그리고 조후의 관점에서도 木·火가 필요하다고 봅니다. 그래서 木을 용신으로 火를 희신으로 보아 상관생재격으로 판단했는데 제대로 본 것인지요?

 木의 입장에서는 火가 필요하지요

거의 같은 고민들이시군요. 土가 골치 아파지기 시작하면서 공부가 정리단계로 접어듭니다. 다들 그렇게 이해해가나 봅니다. 물론 土의 변화를 정확히 알지 못하며 전문가라고 하면 모두 사기꾼이라고 봐도 좋을 겁니다.

약해 보이지 않고 오히려 강한 세력을 형성하고 있다고 해야겠네요. 水의 입장에서는 조후가 필요 없습니다만, 木의 입장에서야 당연히 火가 필요하지요. 미칠 지경이 되지 않고서는 큰 깨달음을 얻을 수 없다고 봅니다. 머지않아 정리가 되실 것으로 봅니다.

 월지 土의 계절감은 어떻게 해석하나요?

```
時 日 月 年
庚 丁 甲 丁
戌 巳 辰 未
```

진월의 정화가 무토당령하여 월지를 얻지 못하였으나 일지를 얻어 그 세력을 살펴보니, 일지 사화는 진토에 기운을 뺏기고 있고 월간의 갑목은 辰 중 계수에 뿌리를 내리고자 하나 무토당령이라 제대로 된 힘을 얻지 못하였습니다. 따라서 약하다고 보아 인성을 용신으로 생각했습니다만 그래도 희신이 고민됩니다. 갑목이 약하니 水를 희신으로 봐야 할지, 정화 일간이 약하니 火를 희신으로 해야 할지 고민입니다.

그런데 사실 처음에는 진월의 火가 계절적으로 약하지 않다고 보았으며, 일지도 얻고 진월의 갑목이니 인성도 힘이 좋다고 보았습니다.

 여름이라면 약하지 않아 보이실 겁니다

이렇게 볼 때마다 용신이 달라진다는 것을 낭월이 어딘가 말씀드렸을 텐데 공부를 해보지 않은 사람이야 그 소식을 모르지요. 살아있는 사람의 안목이라면 당연한 일입니다. 처음에 보신 관점이 타당하다고 생각되네요. 이 사주는 별로 약하지 않습니다. 그렇다고 강하다고 하지는 않지요. 즉, 木을 용신으로 해야 할 정도로 약하지 않다는 것이지요. 실제로 이렇게 아리송한 억부가 되었을 경우에는 강약에 신경 쓰지 말고 설기하거나 극하는 방향으로 흐름을 찾는 것이 좋습니다.

아마 여름에 이 사주를 보신다면 또 약하지 않아 보이실 겁니다. 그리고 시지의 술토도 火의 세력을 돕는다고 생각하시고요. 지지에 미토나 술토나 사화가 있다면 진토가 흡수를 한다고 해도 별로 대단치 않다는 생각이 듭니다. 고민하시는 것이 공감이 되어 좀더 설명을 드려봤습니다.

812 선전에 대한 질문입니다

```
時 日 月 年
丁 庚 癸 辛
亥 申 巳 亥
```

월·일 간지와 일·시 간지가 3급 선전입니다. 이 경우 월·일·시 간지를 총체적으로 3급 선전이라고 할 수 있나요?

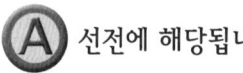 선전에 해당됩니다

제목 그대로입니다. 선전에 해당되는 자료입니다.

813 대운에 대하여

```
時 日 月 年
己 辛 乙 辛
丑 亥 未 丑
```

1) 재성으로 용하고 해수를 희신으로 보고 있습니다. 용신은 좌우에서 극을 받고 충으로 인하여 기반이 약한 상황이라고 봅니다. 천간에서 용신운은 들어오지 않고 오히려 한신운이 들어와서 기신을 합하여 더욱 좋을 것으로 생각되고, 희신인 임수는 무난하겠지만 계수는 천간 기토에 흡수되어 무익할 것으로 보이며, 지지에 들어오는 水는 생기를 넣어주는 효과가 있을 것이라고 생각합니다.

2) 현재 신묘대운의 묘운을 지나고 있습니다. 묘운은 용신운으로 지지에 목국(木局)을 형성하여 토충을 깨버리는 좋은 운으로 판단되는데, 올해(1999년) 기묘세운에 실직하여 어려운 상황에 처해 있고 선배와 사업한다고 하다 손해도 보았습니다. 현재의 어려운 상황을 나름대로 '용신의 힘이 약하고, 신묘대운의 묘목이 신금의 극을 받아 힘이 전혀 없기 때문'이라고 해석해봤습니다. 그러나 이른바 용신운에서 전보다도 못한 상황이니 자꾸 이상하다는 생각이 듭니다. 스님이 보시기에 뭔가 석연찮은 구석이 없으신가요?

A 설기가 막혀 답답할 수 있겠습니다

1) 잘 보시기는 했는데, 木의 작용이 신금에게 깨지는 바람에 용신이 일지 해수에 있는 것으로 봐야 할 모양입니다.

2) 土의 제어를 받는 것도 부담인데 유감스럽게도 木의 도움이 전혀 마음과 같지 못하군요. 설기가 막혀서 오히려 답답한 상황이 될 가능성이 있습니다. 土가 보이거나 木으로 용신이 묶이는 것은 바람직하다고 하기 어렵겠습니다. 목극토의 작용이 있다고 하지만 흐름이 막혀버렸기 때문이 아닌가 싶습니다.

814. 건조한 사주인데 약해 보입니다

```
時 日 月 年
癸 丙 戊 丙
巳 辰 戌 午
```

병진 일주가 금왕절인 술월에 태어나 월지를 얻지 못하였으며 일지 또한 얻지 못하였습니다. 게다가 술토 또한 무토당령이니 설기가 심합니다. 세력을 보자면 시지 사화도 계수의 극을 받고 있고, 진토에게 설기를 당하고 있습니다. 그래서 연간의 병화를 용신으로 하고 木 인성을 기다립니다. 이렇게 보면 사주가 너무 건조한 것 같은데, 억부가 급하니 조후는 고려하지 못하는 것으로 봐야 하나요?

기묘년(1999년)에 돈도 생겼으나 양력 12월 병자월에 회사를 그만두어 좋은 일과 나쁜 일이 동시에 생겼습니다. 신약 사주에서 재물이 생기려면 비겁운이 와야 한다고 알고 있는데 5, 6월은 경오·신미월이니 그다지 비겁운이 강하게 보이지도 않습니다. 경진년(2000년)은 한 점 불꽃도 한 그루 나무도 없으며 축대운이니 아주 많이 힘들 거라고 생각합니다.

인성이 없어서 약해 보입니다

신약한 사주는 세운에 민감하며, 한편으로는 돈이 생겨서 직장을 그만뒀다고 봐도 되겠습니다. 결론은 기묘년인 올해의 상황은 인성이 들어와서 좋겠네요. 다만, 보신 대로 내년 경진년의 일은 부담이 크겠습니다.

다소 약하지 않은 것으로 보고 싶기도 합니다만, 화력이 손상되어서 약한 것으로 봅니다.

이 사주에서 조후는 생각하지 않아도 되겠습니다. 水·火의 입장에서는 조후를 고려할 필요가 없다고 생각하시면 됩니다. 물론 조후가 되어 있으면 더 좋겠지만 다른 것에 비해 비중이 크다고 보지 않습니다.

 희신이 궁금합니다

```
時 日 月 年
丁 己 辛 辛
卯 亥 卯 丑
```

묘월의 기토가 신약하여 정화가 용신이 될 것 같습니다. 그런데 시지의 묘목은 해수와 합이 되어 습목이 되고, 정화에게는 도움이 되지 않을 것 같네요. 용신 정화 역시 약하게 되는 모습 같은데 이 경우 희신으로 木을 정해야 할지, 아니면 오히려 木이 강하다고 보고 土로 정해야 할지 궁금합니다.

제 친구의 사주인데 지난 10월경 큰돈을 들여 호프집을 차렸다는 군요. 정화가 용신이 되면 기신은 재성 水가 될 것이고 처성과 처궁이 나쁜데, 실제로 관찰해보면 사주의 구조는 별로지만 조선시대 여자처럼 굉장히 헌신적인 여자로 보입니다. 본인은 부인이 헌신적인 것을 인정하면서도 크게 만족하지는 않더라구요. 해수 좌우의 합 때문이 아닐까 생각되는데 단지 생각일 뿐 확실히는 모르겠습니다. 합으로 처성이 좋아질 수 있나요? 그렇다면 木이 희신이 되어야겠죠? 어떻게 통변이 가능한지 궁금합니다.

관찰 중 특이한 점은 36세 해수대운 이후에 다른 여자를 사귄다는 것이고, 유전적인 영향인 듯한데 당뇨 같은 건강 문제가 생겼다는 것이죠. 원국에 재성이 하나밖에 없는데도 이런 경우가 생길 수 있나요?

 묘목을 의지해야겠습니다

관찰을 잘 하고 계시군요. 정화가 水를 봤다면 土를 희신으로 하겠습니다만, 주변에 水가 없고 떨어져 있으니 급하지 않다고 보고 묘목을 의지하는 것으로 봐야겠습니다.

원국에 재성이 하나이고 재운이 오면 다른 여자를 만날 수 있다는 것은 확인이 되고 있습니다. 다만 새로운 인연을 만드느냐 자제를 하느냐는 것은 온전히 자신의 노력 여하에 달려 있지 않을까 싶군요. 참고되시기 바랍니다.

816 기본인 강약이 헷갈립니다

```
時 日 月 年
己 乙 壬 辛
卯 卯 辰 酉
```

강약이 자신 없습니다. 辰 중 을목당령하였고 일지의 겁재에 의지하고 있습니다. 하지만 관성 또한 강하게 버티고 있는 상황이라 억부가 급하지 않은 것으로 보았습니다. 조후도 급하지 않아서 관살과 비겁을 통관시켜주는 임수를 용신으로 보고, 임수를 생하는 金을 희신으로 보았습니다.

처음에는 관살을 통관시켜주는 임수가 옆에 있어서 약하지 않다고 생각해 土를 용신으로 보고 火를 기다리는 것 같기도 했거든요. 헷갈리네요.

 처음 감각이 좋습니다

약하지 않군요. 火가 있으면 좋겠지만 없으므로 연주의 편관을 용신으로 삼도록 합니다. 희신은 土로 봐야겠고요. 기묘년의 상황은 좋은 운이라고 하기 어렵겠네요. 재수를 권하겠습니다. 내년은 경진년(2000년)으로 공부에 많은 도움이 될 것이라고 볼 수 있습니다. 참고되시기 바랍니다.

817 용신 찾아 세 바퀴

```
時 日 月 年
甲 庚 己 乙
申 辰 丑 巳
```

처음엔 인성이 강하여 재성을 보았고 다음엔 겨울 金의 불을 찾았으나, 다시 보니 종강격으로 보입니다. 종강격인가요?

A 火 용신, 木 희신으로 봅니다

수고 많으셨네요. 그 중에서도 火로 보신 것이 가장 좋지 않을까 합니다. 종격은 말이 안 되는 접근인 것 같습니다. 火를 용신으로 하고 木을 희신으로 삼아보시기 바랍니다.

818 상관이 용신일까요?

```
時 日 月 年
癸 庚 己 己
未 子 巳 未
```

약하지 않고 더운 사월(巳月)이라 상관을 용신으로 생각해야 하는지, 설기가 심하고 사화가 자수에게 견제를 받으며 기미 연주와 시지 미토도 큰 도움이 되지 않아 신약한 사주이므로 기토를 용신으로 생각해야 하는지 궁금합니다. 제 생각에는 조금 약하지만 식상을 용신으로 잡고 싶은데, 용신을 자기 마음대로 생각해서는 안 되기에 질문 올립니다.

 약하지 않습니다

약하지 않은 것이 맞습니다. 조후의 개념도 고려했을 때 시간(時干)의 계수가 좋아 보이는 형상입니다. 잘 보셨습니다.

819 용신은 土·火가 될까요?

```
時 日 月 年
辛 戊 辛 丁
酉 寅 亥 巳
```

곤명(坤命)이고 해월 무토이니 월과 일의 세력을 모두 얻지 못했습니다. 그래서 비겁과 인성을 용해야 할 것 같습니다. 그렇게 보면 월지의 해가 기신인데 연지의 巳와 충을 하고 있고, 상관이 많이 보이는데 상관을 잡으려면 인성이 필요할 것 같습니다. 그래서 용신은 土·火, 기신은 木·水가 될 것 같은데, 그럼 사주에 많이 있는 상관 金은 구체적으로 어떤 작용을 할까요? 기신인 인목을 잡아주는 것 같고 일간의 힘을 빼앗아가는 것 같기도 한데, 혹시 운에 대입해서 한신으로 보나요?

용신은 火, 희신은 土가 되겠습니다

　용신과 희신은 경우에 따라서 어느 하나의 비중이 더 크기도 하고 비슷하기도 합니다. 이 경우에는 차이가 크지요. 즉, 상관이 많으므로 우선 용신은 土가 아닌 火가 되어야겠습니다. 그리고 土는 희신이 되겠습니다. 희신의 역할도 적지 않은데, 이유는 水를 제어하는 土의 역할도 중요하다고 보기 때문입니다.

　金이 한신이라고 한 것은 잘 보셨다고 생각하며, 자꾸 궁리해보시라는 말씀을 드리고 긴 설명은 생략합니다. 답변을 보는 것이 중요한 것이 아니라 스스로 답을 찾아가시는 것이 중요하기 때문이지요. 낭월은 그 길을 도와드리며, 노력하시면서 협조를 부탁할 경우에만 의견을 드리려고 합니다. 좋은 시간 되시기 바랍니다.

820 용신 질문입니다

```
時 日 月 年
丙 辛 丁 丙
申 卯 酉 戌
```

　유월(酉月)의 신금인데 세력이 있어서 크게 약해 보이지 않습니다. 다만 관살이 득세하여 식상을 찾는데 없어서 매우 아쉽습니다. 인성인 술토가 연지에 있으나 병화의 뿌리가 되어 쓰기 어려워 보입니다.

　월지의 유금을 쓰려는 이유는 재를 극하고 강한 화기(火氣)를 설하려는 데 있다고 봅니다. 그리고 희신은 水이며 습토도 다소 도움이 되리라고 봅니다.

 설명하신 대로입니다

잘 보셨네요. 다소 약하고 인성(기토·진토·축토 등)이 필요한 구조입니다. 그러나 없으므로 차선책으로 비견을 의지하고 인성과 식상은 희신으로 써야겠는데, 용신이 火를 봤으므로 병약의 차원에서 식상을 희신으로 보는 것이 옳습니다.

 수명에 대하여

```
時 日 月 年
癸 己 甲 丁
酉 未 辰 酉
```

1) 식신이 연지와 시지에 둘이 있으나 사주의 심리존에는 식신성이 포함되어 있지 않습니다. 사부님의 사주명식에 있는 식신에 해당하는 심성은 어떻게 헤아려 봐야 하나요?

2) 사주와 수명의 연관관계를 알고 싶습니다. 어느 강의에서 수명에 대해 말씀하신 것이 보이던데, 인간의 수명이라는 것이 실제로 용신과는 별 관계가 없는 것이 아닌가 생각됩니다. 물론 어느 정도 연관은 있겠으나 용신운에도 사람이 수명을 다하는 것을 보면 과연 인간의 수명을 사주로 어떻게 파악해야 할지 의문이 생깁니다.

잘 생각하셨습니다

1) 낭월의 심리에 식신만 존재하는 것은 아닐 것입니다. 다만 남들이 보기에 식신의 작용이 부각되었을 뿐이지요. 기본적으로 남의 눈을 의식하는 정관의 작용이 가장 강하고, 다음으로 주체성이 강하며, 그 다음으로 일지의 편인이나 편관 성분이 존재함을 느끼겠고, 또 편재의 작용으로 성급함을 느낄 수 있습니다. 그리고 다음으로 2차 존에서 식신의 상황을 볼 수 있겠습니다. 이 때 1차 존의 작용이 우선하고, 다음으로 2차 존의 작용을 살핍니다. 즉, 식신은 2차 존의 작용이라고 하면 되겠습니다. 사실 식신이 매우 느리거든요. 그래서 매번 궁리를 하는 데 시간이 걸리는 것을 느낍니다.

2) 사망은 사주와 무관하며 용신과 직결되지 않는다고 봅니다. 용신이 흉운일 경우에 고생하는 것과 사망하는 것을 비교해보았을 때 그 차이점을 알 수 없습니다. 잘 생각하셨습니다.

822 억부가 우선인지, 조후가 우선인지요?

時	日	月	年
丙	庚	乙	丁
戌	寅	巳	未

신약 사주에 시지의 술토를 용신으로 보지만, 사주 원국이 조열하고 화살(化殺)하는 술토가 불기운을 먹는 상황인데 용신 역할을 할 수 있는지 궁금합니다.

또한 운에서 식상 水가 올 경우에 조후로서 한몫 하지만, 약한 일간으로 어느 정도 도움이 되는지 알고 싶습니다

 조후를 언급하기는 어렵겠습니다

재살이 태왕하군요. 인성을 의지하지 않고는 어렵겠습니다. 말씀하신 대로 술토는 도움이 되지 못하는군요. 어쨌든 인성이 필요하다고 봅니다. 조후는 이 사주의 경우에 언급하기 어렵지 않은가 싶습니다. 참고하시고 삶의 행로를 살펴보시기 바랍니다.

 식신생재에서 식신이 우선인지, 생재가 우선인지요?

```
時 日 月 年
癸 己 甲 丁
酉 未 辰 酉
```

이전에 그렇게 많이 보면서도 이해하지 못했는데 요즘 들어 부쩍 궁금한 경우가 자주 생겨서 다시 질문 드립니다. 신강인 경우 극·설을 하는데, 설하는 것을 용신으로 삼는 경우에 저는 식상만 설하는 것으로 생각했습니다. 재성은 인성과다인 경우에 용신으로 생각했습니다. 그런데 이 경우 식상은 지지에만 있고 일간 바로 옆에 붙어 있지 않아서 그런지 재성을 용했습니다. 하지만 식신을 용신으로 잡는 것이 설하는 것의 기본이고, 식신을 용신으로 잡을 수 없는 상황도 아닌데 재성을 용신으로 하신 까닭을 가르쳐주십시오.

생재 구조인 사주는 겸용하는 것이 원칙

궁금한 것이 생기면 언제라도 질문하셔서 해결을 보시는 것이 좋습니다. 물론 누구의 명식이든 말이지요.

낭월의 사주에서 재성에 비중을 더 둔 것은 두어 가지의 이유가 있습니다. 우선 조후의 의미를 고려해서입니다. 진월의 화기(火氣)는 진기에 해당하고 金은 이미 토생금으로 힘이 충분하다고 봤을 때에 金의 머리 둘 곳이 水라는 점과, 그 水가 사주의 건조한 기운을 적셔준다는 점에서 재성에 비중을 약간 더 둔다고 봤습니다.

또 한 가지는 기운이 멈추는 곳에서 쓰임이 나타난다는 생각을 하게 되었습니다. 흘러가는 중간에는 쓰임새가 크다기보다 과정이라고 하겠고 멈추는 곳에서 쓰임(用)이 생기게 되는데, 그렇게 본다면 식신생재나 상관생재 모두 재성을 더 중요하게 생각할 수 있겠습니다. 그러나 재성이 지지에 들어 있고 식상이 천간에 있으면서 바로 옆에서 재성에게 도움을 주는 경우, 또는 지지의 재성 옆에 겁재가 있는 등 재성이 병들어 있는 경우에는 재성보다 식상의 비중이 더 커집니다.

824 등급간 차이점

개별적인 상황을 여러 가지로 나누어 생각해볼 수 있지만 다른 여건은 가능한 한 동일하게 설정하고 대략적으로만 구분하여, ① 용신이 월지에 있을 때, ② 용신이 일간 가까이 있을 때, ③ 용신이 멀리 떨어져 있을 때 똑같이 용신운이 왔을 경우, 용신이 힘을 쓸 수 있는 순서는 ① → ② → ③ 입니까?

대운의 대입에서는 크게 차이나지 않는다고 봅니다

오히려 원국에서 일간이 대운을 어떻게 이용하느냐는 차이로 구분하는 것이 더 큰 비중을 차지합니다. 적천수에 유정과 무정의 대목이 보이는데, 그런 의미에서 용신이 가까이 있다는 것은 원국에서 그 의미가 더 크다고 보고, 운에서는 위치보다는 서로의 관계에 영향을 더 크게 받는다고 봅니다.

 종할 수 있는 사주인가요?

```
時 日 月 年
丁 癸 甲 丁
巳 巳 辰 巳
```

의지할 곳이라고는 일지 巳 중 경금인데 과연 의지할 수 있을지 의문입니다. 신약용인격보다는 종격인 것 같고, 축대운인 1996년 병자년(음력 3월)에 아주 안 좋은 일을 겪었답니다. 가장 어려운 것이 종격 사주와 정격 사주를 구분하는 일이 아닌가 싶습니다. 종격 사주로 봐야 할까요?

 형상은 그렇습니다만······

실제로 대입을 할 경우에는 인성이 필요하고, 특히 사주에 재성이 많으니까 水의 도움이 필요하다고 보겠습니다.

용신은 金입니다.

 아직 미혼인 이유는?

```
時 日 月 年
戊 乙 己 辛
子 丑 亥 丑
```

1) 해월의 을목으로 생하였고, 해자축으로 수국(水局)을 이루어 인성이 강한 형상이나 한 점의 화기(火氣)도 없는 것이 매우 아쉽습니다.

火를 용하려고 하나 원국에 없어서 시(時)의 무토를 임시로 이용하고, 화기는 운에서 기다릴까 합니다. 인성은 강하나 비겁이 없는 을목인데 신강으로 봐야 할까요?

2) 아직도 결혼을 못 한 분인데 원인을 어디서 헤아려 봐야 할까요? 사주 원국에 재성이 중첩되어 배우자의 연을 맺기 어려운 탓일까요, 아니면 재운을 만나지 못한 탓일까요?

 재성운이 없어서입니다

1) 인성이나 비겁이 많으면 신강의 조건으로 충분한데 질문의 뜻을 잘 모르겠네요. 비겁이 있어야 신강하다고 보는 이유가 있다면 다시 의견 주시고요. 매우 강한 사주로 土를 쓰고 火를 기다린다는 것으로 답을 삼았으면 좋겠습니다.

2) 이 상황으로만 봐서는 재성운이 없어서라고 해야겠습니다. 세운에서도 재성운에 결혼하는 경우를 많이 보는데, 나이가 39세라면 원국에 재성이 많은 것도 고려를 해야겠습니다. 재성이 많아도 재

운이 오면 결혼을 할 수 있을 것이고, 세운에서도 결혼을 못 한 것은 사주에 재성이 너무 많아서 인연이 약하기 때문이라고 해야 할 모양입니다.

그러나 여자가 없어서 못 하지는 않았을 것이라고 생각이 되는군요.

 사주 작성이 제대로 되었나요?

```
時 日 月 年
丙 戊 癸 丁
辰 戌 丑 丑
```

비겁이 태왕하여 무토 일간이 매우 신왕하며, 관성이 없는 것이 아쉽습니다. 丑 중 신금을 용하고 재성은 희신으로 삼습니다. 절입시간이 애매하여 사주 작성이 제대로 되었는지 모르겠습니다.

 정확합니다

절입시가 오전 9시로 되어 있군요. 그렇다면 계축월이 되겠고 뽑으신 명식이 정확하다고 하겠습니다.

 종하는 사주인가요?

```
時 日 月 年
辛 癸 戊 丁
酉 酉 申 酉
```

신월에 난 계수인데, 지지가 전부 인성이고 시간(時干)도 인성이네요. 이 경우에 종한다고 볼 수 있나요?

 무력하지만 재성이 용신이 되어야겠습니다

인성이 많은데 재성이 있으면 재성이 용신이 되어야겠습니다. 비록 무력하기는 하지만 그래도 재성이 있으면 용신의 역할을 부여해야겠군요.

재성이 용신이고, 희신은 木이 되어야겠네요. 물론 운에서는 木이 와봐야 별로 도움이 되지는 않을 것 같지요? 워낙 金이 강해서요.

운에서도 필요한 것은 火뿐이 아닌가 싶습니다만, 역시 마음대로 되지 않는 것이 또한 인생이겠지요. 土는 한신으로 도움이 되지 않는 스파이라고 해야 할 모양입니다.

 식신생재가 가능한가요?

```
時 日 月 年
己 己 辛 癸
巳 巳 酉 卯
```

지금 장사를 한다고 합니다. 이 분 운로가 어찌나 안쓰러운지 차라리 인성이 용신이었으면 합니다. 확신하면서도 스님을 귀찮게 하는 이 병은 또 무슨 병인지요?

 신약용인격으로 봅니다

일간 기토는 인성을 쓰는 것으로 봐야 하지 않을까 싶습니다. 좀더 확인해봤으면 좋겠습니다. 참고되시기 바랍니다. 식신생재보다는 신약용인격으로 보고 살피시기 바랍니다.

830 사화 용신, 木 희신으로 볼까요?

```
時 日 月 年
癸 辛 己 乙
巳 卯 丑 未
```

축월의 신금인데 조후로 볼 때 시지 사화는 겨울 불로 강하지 않고, 일지의 묘목이 사화를 도와주고 있지만 위에서 계수가 제어하고 있습니다. 이 경우에도 사화를 용신, 木을 희신으로 봐야 할까요?

 그렇습니다

사화가 水의 제어를 받아서 약하니까 남편을 공경하지 않는다고 할까요. 관성이 용신인데 좀 아쉽네요. 火·木으로 희·용신을 잡고, 현재 대운이 쓸만하다고 보여 살아가기에는 무난할 것으로 생각됩니다. 그대로 보시면 되겠습니다.

831 등급을 알고 싶습니다

時	日	月	年
丁	戊	己	丁
巳	戌	酉	未

신기하리만큼 火·土 일색인데 유일하게 월지에 유금 상관이 박혀 있습니다. 물이 없어서 건조해 보이고 金은 흙 속에 묻혀 힘을 쓰기 어렵지 않을까 싶은데, 그나마 다행인 것은 월지를 잡았다는 점입니다. 용신은 火기운도 막강하여 관성이 있어도 쓰기 어려워 보이는데, 드러난 것이 없어 월지에 있는 유금이 용신으로 보입니다. 사주의 등급을 평가하자면 월지 용신이니 일단 상격에 속하지 않을까 싶습니다. 주변 상황을 고려하면 여러 단계 강등이 될 것으로 보이는데 몇 급에 속하는지 알고 싶습니다.

다소 낮은 6급 정도로 봅니다

좋은 사주네요. 다만 아쉬운 것은 상관만 있고 재성이 없다는 것입니다. 식상이 용신이면 재성이 있어야 발하는데 말이지요. 예를 들어 계유월이라면 아마도 3급은 된다고 봐도 되겠습니다. 1, 2급이 못 되는 것은 흐름이 생기지 않는다고 보았기 때문입니다. 이런 식으로 사주의 등급을 계산하는데, 월령을 잡은 것을 상격으로 놓고 주변 여건과 용신이 원하는 글자냐 아니냐에 따라 올리거나 내리는 방식을 취합니다. 그러니까 이 용신은 용신이 없는 셈이지요. 즉, 일간으로 봐서는 희신이 없는 셈입니다. 그러니 용신이 막혀 있는 느낌이 들고, 그래서 등급은 다소 낮은 6급 정도로 보겠습니다.

832 재성에 종해야 하나요?

```
時 日 月 年
庚 戊 庚 乙
申 子 辰 卯
```

여명인데 재성에 종할까요? 아니면 그냥 진토 비겁을 용신으로 삼을까요? 제 생각에는 묘목이 옆에서 극하니 종할 것 같습니다.

 신약용겁격입니다

종한 것처럼 보이기도 합니다만 실제로 확인해보면 종하지 않았습니다.

합하는 글자를 충하는 글자가 있으면 약이 되나요?

```
時 日 月 年
辛 戊 丁 壬
酉 申 未 申
```

위 사주에서 월지 미토가 임수를 극한다고 보고, 그래서 정임합을 상당 부분 해소한다고 볼 수 있습니까? 희신은 미토 속의 을목으로 보이는데, 천간으로 들어오는 木도 일간을 극하니 나쁘다고 봐야 합니까?

 무토의 도움이 절실합니다

지지의 미토가 도움이 되기에는 위치가 마땅치 않다고 봐서 천간으로 들어오는 무토의 도움이 가장 절실하다고 하겠습니다. 천간에 기신이 있으면 약도 천간으로 오는 것이 좋고, 지지에 병이 있으면 지지에서 약이 들어와야 효력이 더 뛰어납니다. 그리고 희신은 천간으로 木이 들어오면 좋겠습니다. 지지로 木이 들어오는 것은 왕성한 金 때문에 별로 도움이 되지 않을 것으로 보입니다.

중요한 것은 희신이 들어왔을 때에 용신이 도움을 받기가 쉬운지도 봐야 한다는 것입니다.

 인성이 모두 건토(乾土)인 사주의 특징이 있나요?

```
時 日 月 年
癸 庚 乙 丙
未 戌 未 子
```

월지·일지·세력을 얻어서 신강하므로 시간(時干)의 계수가 용신으로 보입니다. 그런데 지지의 인성이 모두 건토로만 되어 있다는 것이 눈길을 끕니다. 이런 경우 인성의 생조를 제대로 받을 수 있을까 싶어 월지·일지 등을 얻어도 뭔가 미련이 남습니다. 그래도 인성은 인성이니 월지·일지 등을 얻었다고 봐야 하는지요? 아니면 건토라는 점을 참작하여 약간의 감점만 하면 되나요? 이렇게 지지에 건토만 있을 경우에 무엇인가 특징이 있을 것 같은데, 있다면 어떤 점이 있나요?

 상세히 살피시는군요

이 정도의 인성에 대해서는 감점을 주기보다 무정한 인성이라고 하여 참고만 하면 되지 않을까 싶습니다. 그리고 다행인 것은 시간의 계수나 연지의 자수가 어느 정도 메마름을 적셔주고 있다는 것입니다.

835 현재까지 결혼을 못 하고 있는데……

```
時 日 月 年
癸 癸 乙 甲
亥 未 亥 午
```

비겁이 강하여 월간의 을목 식신을 용신으로 삼고 싶습니다. 그러면 희신은 오화가 되겠습니다. 식상생재격이며 을목이 월에 뿌리를 두어 상당히 좋아 보입니다. 편관이 겁재를 다스리고는 있으나 오화가 다소 손상을 받고 있습니다. 대운은 지지로 오는 木·火운이 좋아 보입니다. 급수는 6급 정도로 봅니다. 현재까지 결혼을 못 하고 있습니다. 기회는 있었으리라고 생각되는데, 일 때문에 본인이 스스로 선택한 몫일지도 모르겠습니다.

 스스로 선택한 것으로 보입니다

아마도 결혼을 하지 않은 이유는 사회생활에 지장이 있을 것을 두려워한 것이 아닐까 싶습니다. 이렇게 생각했을 때 결혼을 하기 어렵겠고, 대운이 있어도 결혼하지 못한 것은 스스로 남편보다는 직장을 선택했다고 하겠습니다. 다만, 결혼할 의사가 있다면 관살의 운에서 결혼이 가능할 것입니다. 물론 세운에서도 가능하지요. 앞으로를 보면 내년(2000년)에도 정관 진토가 보이므로 생각해볼만 하겠습니다.

 위치에 따른 용신 찾기

```
時 日 月 年
壬 丁 己 庚
寅 未 丑 戌
```

위 사주는 신약용인격으로 木이 용신이 될 것 같습니다. 지난번에 일간 가까이에 있는 것이 용신이 된다고 하셨는데, 이 사주의 경우도 같은 맥락으로 풀어야 하는지 궁금합니다. 인목의 경우는 드러났지만 일간에서 멀며, 미토 속의 을목은 암장이 되어 있고 축미충까지 있는 상황입니다. 역시 일간에서 가까운 미토 속의 을목을 써야 할까요?

 시지 인목을 용신으로 봅니다

이 경우에는 일지의 미토이기 때문에 시지의 인목과는 차원이 다르다고 해야겠습니다.

지장간의 경우에는 힘에서도 차이가 많이 나기 때문에 시지의 인목이 용신이 되는 것으로 보겠습니다. 희신은 그냥 火로 하면 되겠네요.

837 지장간의 인성과 드러난 비겁 중에서 무엇을 용하나요?

```
時 日 月 年
己 丁 己 己
酉 未 巳 酉
```

1) 위의 여자분 사주에서는 용신이 무엇입니까? Q836의 경우는 용신의 후보가 모두 인성으로 같지만, 이 사주는 인성과 비겁이라는 차이점이 있습니다. 신약하여 인성이 필요해 보이는데, 인성은 지장간에 들어 있고 겁재는 드러나 있습니다. 이 사주에서는 땅에 묻혀 있지만 일간 가까이 있는 인성이 좋습니까, 아니면 드러나 있는 겁재가 좋습니까?

2) 용신이란 사주의 균형을 맞출 수 있는 것이므로 용신의 후보가 여럿 있을 경우에는 힘의 우열을 비교해서 가장 강한 것으로 한다고 이해하면 됩니까? 용신을 정확히 찾기 위해서는 지장간에 숨은 것은 어느 정도의 힘을 갖고, 반합으로 묶여 있는 경우에 힘의 손실이 어느 정도인지, 일간에서 멀어지면 어느 정도 힘이 약해지는지 등을 자세히 구별해서 알고 그 기준을 세우는 것이 중요하다는 생각이 드네요.

A 미약하더라도 인성이 있다면 인성을 의지합니다

1) 난해하긴 합니다만 이치로 본다면, 신약한 사주는 미약한 인성이라도 있으면 그대로 인성을 의지하는 것으로 해석합니다. 그냥 인성을 용신으로 하는 것이 좋겠다는 생각입니다.

2) 그렇습니다. 정의를 잘 내려주셨습니다. 경험이 많이 쌓이면 판단을 좀더 명확하게 할 수 있겠습니다.

이미 상당히 미세하게 접근하셨다고 생각되는군요. 참고되셨기 바랍니다.

838 궁합에 대하여

①의 남자 사주는 술월의 신미 일주가 지지에 인성이 쫙 깔려 있어서 신강으로 보고, 시간의 임수를 용신, 희신은 木으로 보았습니다. 스님께서 부부의 가장 이상적인 관계는 서로 생해주는 관계라고 하셨습니다. 이 관계는 여자가 남자를 극하는 관계로 되어 있는데 병신합을 어떻게 해석하나요?

②의 여명에서는 일지가 남편궁과 충도 하고 있습니다. 이 경우 두 분의 궁합은 약 몇 점 정도일까요?

 40점 이하로군요

별로 좋은 관계라고 하기 어렵습니다. 특히, 일간이 합이 되는 경우에는 늘 문제를 안고 있다는 생각이 들거든요. 사랑이 미움 되는 소식은 바로 여기에서 발생하는 것이 아닌가 싶습니다. 그리고 여자가 남자를 극하는 것은 더 부담이 큽니다. 별로 권하고 싶지 않은 궁합입니다만, 어차피 남자의 사주에 처의 도움이 없고 처궁도 기신이므로 서로 인연이 만난 것이라고 해야겠군요. 그렇다고 좋다고 하시면 곤란하겠지요. 그냥 웃으세요. 때로는 그런 어정쩡한 답이 더 정확할 수도 있습니다.

839 시험운에 대하여

```
時 日 月 年
壬 癸 癸 庚
戌 巳 未 申
```

올해가(1999년) 을유대운 중 마지막 을목대운입니다. 천간에 金·水가 많은데 월·일·시지가 모두 火·土로 뿌리를 얻지 못한 것으로 보아 신약이며, 경금 인성을 용신으로, 희신은 水로 보았습니다. 그런데 연주의 경신 인성이 저의 눈을 혼란스럽게 합니다. 인성이 용신이면 내년이 유대운에 경진년(2000년)으로 올해보다 좋을 것 같습니다. 지금 재수 중입니다. 도움 말씀 부탁드립니다.

 본인이 선택해야겠네요

고민이 이해됩니다. 그래도 안 되는 것은 안 되는 것이지요. 판단 결과를 보면 부모님들도 이해하시겠지요. 내년은 경진년으로 기대할만하겠네요. 올해 재수를 했지만 별로 발전은 없으리라고 봅니다. 오히려 내년에 공부를 한 번 더 하거나, 아니면 대충 들어가거나 하는 것은 본인이 판단할 문제라고 봅니다. 잘 보셨습니다.

 정관의 허울

①은 현재 치과의사인 여성의 사주입니다. 식상생편재격으로 보고 싶습니다. 몇 년 전부터 남편이 바람을 피워서 고심하고 있는데, 얼마 전에도 같은 일로 한바탕 소동이 있었다고 합니다. 그 후로 끝난 줄 알았는데 남편이 그 여성과 다시 만나는 것을 알게 되었답니다. 헤어질 각오를 하고 그 여성을 한번 만나보려고 한답니다.

②는 남편 사주인데 남편 역시 치과의사입니다. 개인병원을 따로 운영하고 있답니다. 재관이 강한데 丑 중 기토를 임시로 사용하고 火를 조후 겸 희신으로 삼고 싶습니다. 사화의 역할이 중요한데 자수의 공격을 받아서 배우자궁이 조금 불안한 형상을 띕니다. 현재 정대운으로 불의 운인데, 정임합을 이루고 계수의 극을 받으므로 희신의 역할을 제대로 못 하는 것 같습니다. 정·편재가 혼잡하므로 바람기를 다소 읽을 수 있지 않을까 싶습니다. 어떻게 하는 것이 좋을까요? 이혼하는 것이 좋을까요?

어려운 숙제를 맡으셨군요

여성의 사주로 봐서는 식신제살의 의미가 있어서 남편을 버릴 수 있을지 모르겠지만, 남편은 아마도 이혼해주지 않을 것으로 봅니다. 정관이 있어서 겉모습에 많은 비중을 둘 것으로 보이고 부인이 정화로 용신에 속하기도 하므로, 비록 바람을 피우더라도 이혼까지는 생각하지 않을 것으로 보입니다. 물론 상대방의 부정을 이유로 소송을 할 수도 있겠습니다만 쉬운 일은 아니지요.

그리고 남편이 바람을 피우는 데는 자신에게도 절반은 문제가 있다고 생각해야 합니다. 한 쪽의 말만 들어서 그렇지 남편의 말을 들어보면 뭔가 그럴만한 이유가 있을 것으로 봅니다. 그리고 남편에게 대항하면 남편도 거부를 하겠지요. 아무리 애를 써도 남편을 이길 수는 없겠네요. 자신도 역시 정임합으로 관에 묶여 있는 형상으로 보이기 때문입니다.

무리하게 일을 벌이지 말고 남편에게 무엇을 해줄 수 있는지부터 생각해보시라고 권하겠습니다. 이렇게 하는 것이 진정한 상담이 되지 않을까 싶습니다. 한번 시도해보시지요.

 정관은 이타심·객관성·합리성으로 알고 있는데……

사부님의 현명하신 뜻은 깊이 새겼습니다. 그런데 뭔가 좀더 생각해봐야 하지 않겠나 하는 생각에 다시 글을 올립니다.

부부간의 문제는 침실생활이 많은 부분을 차지하는 것 같더군요. 그런데 Q840의 경우에 남편이 이미 아내에게서 여성으로의 정을 느끼지 못하고 있다면 아내의 입장에서 어떻게 극복이 가능할까요?

또한 남편을 보면 바람기가 조금 있는데, 문제는 이러한 부부싸움의 직접적인 원인을 남편이 제공했다는 것입니다. 둘만의 특별한 문제가 있다고 하더라도 윤리적인 도리를 벗어난 남편의 행동이 옳다고 생각되지는 않습니다. 그러니 그 책임의 많은 부분을 당연히 남편이 져야 하는 것이지요.

그런데 여기서 또 하나 생각해보고 싶은 것은 남편의 사주에 합이 된 정관 갑목입니다. 정관이란 이타심·객관성·합리성 등으로 알고 있습니다. 어떻게 관을 쓰고서도 자신에게 가장 가까운 아내의 마음조차 헤아리지 못하는 행동을 하는 것일까요? 남편의 본능적 욕구가 이성적 판단을 흐리게 하였기 때문일까요? 아니면 사주에 비치는 바람기 때문일까요? 관성 때문에 아내와의 이혼은 안 되고, 자신은 바람을 피워서 욕정을 채우고……. 이것은 합당하지 않다는 생각입니다.

 아내를 남이라고 생각하지 않을 수도……

정관이 남에게 잘하고 이성적인 것은 틀림없습니다만, 아내를 남이라고 생각하지 않아서 문제가 되는 것이 아닌가 싶습니다. 남이 아니라면 봉사나 객관적인 판단을 생략할 수도 있지 않겠느냐는 생각이 드네요. 또 일지의 처궁에 정인이 있는 것으로 보아, 아내에 대해 '아내는 어머니와 같은 존재이므로 희생과 봉사를 해야 한다'고 생각하지 않을까 싶습니다. 물론 이러한 사고방식이 합당하다는 것은 아니지요. 당연히 마음에 들지 않는 이중인격자라고 해도 무방하리라고 봅니다.

사주는 사주의 관점에서 풀어야 하며, 남편의 선처는 기대하기 어려울 것이라는 말씀을 드린 것이지 남자가 합당하므로 포기하라는 뜻은 아니었습니다. 이해가 되시는지요?

842 십성이 중복되는 심리

```
時 日 月 年
丙 辛 丁 甲
申 巳 丑 寅
```

1) 재·관이 강하여 월지의 축토를 용하니, 관성이 통관하여 축토 인성을 생조하지만 일간에는 매우 부담이 되어 보입니다. 희신은 金으로 해야 할 모양입니다. 위 사주의 경우에 심리는 어떻게 나타날까요?

2) 관살이 부담이 되어 의지가 조금 약할 것이고, 타인에게 봉사하는 마음에서 벗어나려고 한다면 상관적 성분으로 보아 자신의 이익만 얻으려는 심리도 있을 것으로 판단됩니다. 상관이라면 의외로 비판적 기질도 있을까요?

3) 관과 합이 된 것을 이성에 대한 애착이라고 해석해도 될까요? 기신이라면 역시 좋은 작용은 안 할 것으로 판단됩니다.

A 공치사를 할 것으로 생각됩니다

1) 우선 정관이 겹치면 자신을 매우 학대하는 현상이 나타나지 않을까 싶습니다. 편관이 정관에 가세하기 때문입니다.

2) 늘 자신의 노력에 대해 공치사를 하지 않을까요? 왜냐하면 좋아서 하던 봉사가 지나쳐서 힘들어질 수 있고, 그렇게 고생한 것을 남들이 알아주기라도 하면 좋겠는데 그렇지 않으니까 서운해서 자신의 입으로 그 공로를 알아달라고 말하게 되기 때문입니다. 결국

은 상관성 발언이 된다고 보고 싶네요.

3) 이성과 관련해서 보면, 옆에 없으면 쓸쓸해지고 있으면 피곤해서 벗어나고 싶은 마음이 되지 않을까 싶습니다. 이런 여성과 데이트라도 하려면 잠깐 만나서 이야기를 나누고는 바로 헤어져서 점수를 따야겠군요.

 木 용신으로 보았습니다

```
時  日  月  年
壬  癸  癸  庚
戌  丑  未  戌
```

관살이 강하면 인성이 용신이지만 木을 용신으로 하고 싶습니다. 땅 속에 있는 을목은 충으로 인해 파손된 느낌이고, 운에서 기다리는 용신 木운이 오면 고인 물이 확 트여 순통이 일리지 않을까요? 요즈음 알쏭달쏭한 명조가 속을 썩이네요.

 고민스럽지만 살중용인격이네요

인성이 아니고서는 이 난관을 타개할 방법이 없다고 봅니다. 미월의 계수가 木을 기다린다면 경금이 너무 서운해할 것으로 보입니다. 인성으로 놓고 또 살펴보시지요.

 가장 어려운 신강약 질문입니다

```
時 日 月 年
己 甲 癸 戊
巳 戌 亥 午
```

갑목이 월령을 장악하고 있지만 일지 술토가 월지 해수를 극하고, 월간의 계수도 연간 무토와 합해 아무래도 일간을 돕는 힘이 떨어지는 것 같아 신약으로 판단됩니다. 그러나 임수당령에 계수까지 투출해 어쩌면 약하지 않을 수도 있다는 생각이 들어 질문 드립니다. 이 사주가 처음 본대로 신약(90%)이 맞을까요, 아니면 약하지 않은 것(10%)이 맞을까요?

 신약입니다

처음의 판단이 옳다고 봅니다.

845 水와 土의 관계를 알고 싶습니다

```
時 日 月 年
甲 辛 戊 庚
寅 未 子 戌
```

자수가 3개의 土에 갇혀서 옴짝달싹 못 하는 상황이 되었습니다. 물의 입장에서는 거의 사망으로 보이지만, 미토·무토·술토의 세 건토(乾土) 입장에서는 물을 공급받아 생금할 수 있는 여건이 조성 된다고 해석할 수 있을까요?

 전체적으로 의견에 무리가 없습니다

만약 土·金이 용신이라면 월지 水의 작용을 별로 부담스럽게 생각하지 않아도 되겠네요. 그러나 이미 이 사주는 신강한 구조이고 土가 많으므로 木을 써야 할 상황이군요.

그렇다면 기인취재격이 되는데, 木의 입장에서는 水의 도움을 받지 못하는 것이 약간 아쉽다고 해야겠군요. 결국 水가 희신이 되는데, 土에게 제어를 받으므로 손해입니다. 어쨌든 건토의 입장에서는 생할 기운을 얻는다고 봅니다.

846 상관패인격에 대하여

時	日	月	年
辛	己	庚	癸
未	巳	申	酉

스님, 위와 같은 명조일 때 기토는 신약으로 보입니다. 그래서 사화를 용신으로 보니 水운이 들어오면 용신 사화가 꼼짝없이 당할 것 같습니다. 해수나 자수를 미토로 어느 정도 막을 수 있을까요? 또 여명에 상관이 너무 많아 보이는데 음란한 사주인가요?

인성이 사주를 바로잡아갑니다

사화를 보호하는 것으로는 당연히 미토가 최고이지요. 자수든 해수든 잘 막는다고 봅니다. 시(時)를 잘 탔다고 해야겠군요. 식상이 많아서 음란하다고 하기는 어렵습니다. 인성이 사주를 바로잡아가므로 현숙한 여성이 아닌가 생각됩니다. 상관패인격이 괜히 정해진 것이 아니거든요.

살펴보시기 바랍니다.

 용신은 일지 신금인가요, 월간 임수인가요?

```
時 日 月 年
乙 壬 壬 庚
巳 申 午 戌
```

1) 월지에서 시작된 흐름이 연주를 통해 시지까지 이어져 좋아 보입니다. 용신을 찾는데 신약하다고 보아 일지의 인성을 쓰려고 보니 양 옆으로 火가 포진해 있고 오술반합까지 있어 火의 기세가 강해 보이므로 월간의 임수가 용신이 될 듯도 합니다. 어떤 것이 용신이 되나요?

2) 합의 경우엔 완전히 합이 되지 않는 한 그 분위기만 조성해줄 뿐 합이 된 오행으로서의 작용은 적다고 들은 것 같은데 어떻게 이해해야 합니까?

이 사주의 경우는 오술반합이 되었는데, 오술반합이 불로서 신금을 극하지 못할 뿐 아니라 오화도 술토에 묶이므로, 오화가 혼자 있을 때보다 신금을 극하는 작용이 적어지겠네요.

3) 흐름이 한 바퀴 돌다가 위의 사주처럼 한 군데에서 막히는 경우를 가끔 보는데, 이런 경우도 흐름이 매우 좋다고 봐야 하나요? 상대적으로 이런 흐름을 갖지 못하는 사주도 많으니까요.

 정석대로 金을 용합니다

1) 잘 보셨습니다. 비록 火의 제어를 받더라도 그냥 金으로 용신을 삼고, 희신은 水가 되는 것이 정석이 아닌가 싶습니다.

2) 오술합이 된다고 보기보다는 화세(火勢)가 강화된다고 봐야겠습니다. 혹시 술월이라면 묶여 있는 것으로 볼 수도 있겠지만, 오월(午月)의 오술은 화세가 강한 것으로 봐야 할 것 같습니다. 부담이네요.

3) 일주와 시주는 흐름이라고 하겠습니다. 그러나 연·월까지 흐름으로 보기에는 다소 억지스러워 보입니다. 즉, 임수가 연간 경금의 생조를 타기 어렵다고 보고, 또 경금도 오술반합이 된 술토에게 생조를 빈다고 보기 어렵지 않을까 싶습니다. 그리고 술토 또한 화기를 설한다고 보기 어렵겠네요. 즉, 색깔만 흐름이지 흐름이 보이지 않습니다.

이런 것을 기세라고 봐야 할까요? 흐름이 보이지 않는 느낌을 살펴보시기 바랍니다.

848 역시 실전은 어렵습니다

```
        時  日  月  年
        壬  乙  乙  戊
        午  亥  卯  午
    53  43  33  23  13  3
    己  庚  辛  壬  癸  甲
    酉  戌  亥  子  丑  寅
```

묘월의 을목이 월지·일지·세력까지 얻었으니 신강합니다. 또한 비겁도 많아서 신강한 것으로 보고(해묘반합) 관살을 찾지만 어디에도 없으므로, 연지의 식신을 용신으로 연간의 무토를 희신으로 하여 식신생재격이라고 하겠습니다. 다만 월간의 을목이 연간의 土를 견제하고 있고, 무토는 불기운을 그다지 흡수하지 못하는 게 아쉽습니다. 기신 水, 구신 木, 한신 金(도움이 되는 한신)으로 봅니다. 대운을 대입해보면 다음과 같습니다.

- 甲(X) : 희신을 극하고 木기운을 더욱 강화시키기 때문입니다.
- 寅(X) : 용신이 이미 힘이 있으므로 반길 리 없을 듯하고, 木기운을 강화시키기 때문입니다.
- 癸(X) : 무계합하여 희신을 한눈 팔게 하고 水를 木에 공급하기 때문입니다.
- 丑(O) : 용신의 불기운을 잘 흡수하고, 금고(金庫)이므로 기가 살아서 木에게 시위를 할 수 있을 듯합니다.
- 壬(△) : 木에 물을 대주기 때문입니다. 임수가 무토에 물기를 공

급하므로 오화로부터 오는 불기운을 조금 더 흡수할 수 있지 않을까 합니다.
- 子(X) : 용신을 충하므로 매우 힘들 듯합니다.
- 辛(O) : 희신을 극하는 을목을 극하기 때문입니다.
- 亥(X) : 용신을 극하고 해묘반합을 이루어 木기운을 강화시키기 때문입니다.
- 庚(O) : 을경합을 이루어 木기운을 눌러주기 때문입니다.
- 戌(△) : 오술합을 이루어 불기운을 일으키므로 용신은 힘을 얻지만, 불기운을 설기시키지 못하고 용신에 기운이 머물러 있어 약간 답답할 것 같습니다.
- 己(O) : 음토로 불기운을 흡수할 수 있을 듯합니다.
- 酉(X) : 묘유충을 일으켜 용신의 뿌리를 잘라내고 기운의 흐름을 방해하기 때문입니다.

전체적으로 볼 때 용신은 힘이 있지만 운의 흐름이 별로이므로 8급 정도라고 생각합니다.

 해석 점수는 70점입니다

궁리 많이 하셨네요. 처음에는 난해하지만 시간이 지나면서 점차 안개가 옅어지고 밝아 보이는 기분을 느끼시리라고 봅니다. 다만 운의 대입은 아직 서둘지 말라고 권해야겠네요. 원국의 간지 배합에 대해 더 깊이 궁리해보시기 바랍니다. 그것이 정확하게 이해가 된 다음에 운으로 시선을 돌리면 운의 대입이 자연스럽게 이해될 것입니다. 운의 대입은 그야말로 종합예술이라고 해야 할지도 모르겠습니다. 고려해야 할 것이 한두 가지가 아니거든요. 해석에 대해서는 70점 정도 드리겠습니다.

849 접신자입니다

```
時 日 月 年
癸 戊 乙 癸
亥 午 卯 卯
```

신약용인격으로 인성을 용신으로 보고 감정했는데, 상담이 완전히 빗나가 어리둥절했습니다. 운로로 보면 나쁘지 않은데……. 혹시 접신자가 아닌가 물었더니 친정어머님이 신이 내렸지만 지금까지 거부하고 생활해왔는데, 이제 딸에게 와서 괴롭히고 있답니다. 정말 괴로워서 어찌할 바를 모르더군요. 아주 심했습니다. 절에 가서 열심히 기도하고 천도하라고 했더니 기도까지도 방해하여 못 한다더군요. 어찌하면 좋을지요?

 거부하지 못하면 인정하는 것이 좋겠습니다

영혼들의 장애로 자평의 법이 통하지 않을 수도 있다는 현실을 늘 인정해왔습니다만, 역시 그러한 현상이 나타나고 있었군요. 그 때문에 세상만사를 사주로만 풀려는 학자에게 갈등이 생긴다고 봅니다.

그나저나 답변이 참 난처한데, 낭월의 생각에는 신을 받는 것이 좋겠습니다. 신을 받아서 어느 정도 해소시키는 것이 때로는 현명한 방법이라고 생각합니다. 그 정도 거부감을 갖고 기도해도 방해를 받는다면 그 영혼들의 힘도 매우 크다고 하겠는데, 거부하지 못하면 인정하는 것이 오히려 간단한 해소법이라고 전해주세요. 또한 무당이 있다는 것을 인정하고, 분명히 그들이 할 일도 있다는 것을 인정하는 것이 함께 존재하는 세상을 인정하는 것도 되지요. 참고 되십시오.

 겁재+겁재의 심리

```
   時  日  月  年
   乙  壬  癸  癸
   巳  子  亥  丑
```

일간의 심리존에 십성이 겹치는 것은 아직도 그 작용이 매우 모호합니다. 위 사주는 월간과 일지에 겁재가 있는데 겁재가 중첩되는 것을 어떻게 해석해야 할까요? 너무 강한 주체성 때문에 오히려 자신을 자책하는 심리도 나타나지 않을까 싶기도 합니다만.

 겁재는 경쟁성입니다

낭월도 겹치는 부분에 대해서 늘 설명을 정리해보려고 시도하고 있습니다만 만만치 않네요. 이 사주는 겁재가 겹쳐 있는데, 겁재는 경쟁성입니다. 경쟁성 때문에 자신도 모르게 남과 비교하고 신경 쓰게 되는 것이 당연하다고 봅니다. 즉, 남과 비교하면서 스스로 만족할만한 상태가 되려고 하는 심리가 매우 강한데, 다른 한편으로는 그러한 강박관념에서 벗어나고 싶어하는 마음도 내재해 있습니다. 남들이 볼 때에는 고집덩어리에 우월감이 대단하고 실제로 그런 면이 강하지만, 그로부터 벗어나기 위해 보다 객관적(정관)으로 판단하려고 노력하는 심리가 생긴다는 것이지요. 보다 객관적이려고 노력하는 마음이 정관이라면 그러한 성분이 원국에는 없지만 겁재가 겹침으로 인해서 나타나는데, 이것이 정관과 같은 것은 아니라는 것이지요. 객관적으로 보았을 때 봉사하는 마음이 없다고 이해합니다.

851 관이 용신이 될 수 있습니까?

```
時 日 月 年
甲 乙 乙 癸
申 亥 丑 丑
```

겨울에 을목이 약하지 않고 불이 절대적으로 필요한데 없으므로 무식신용재격인지, 아니면 시지 정관을 용신, 土를 희신으로 해야 할지 갈등이 되어 질문 드립니다. 스님의 고견을 기다립니다.

 참 난감한 자료군요

답변이라고 하기도 어렵네요. 이런 사주라면 낭월도 말없이 상담 용지를 덮어야 할지 모르겠습니다. 그래도 답을 찾기는 찾아야 할 모양인데, 당령이 기토로군요. 그냥 편재를 용신으로 하고 식상을 기다리는 흐름으로 봐야 하지 않을까 싶습니다. 여하튼 火가 반드시 필요하다고 생각해서 희신의 역할을 하는 것으로 보겠습니다. 별로 도움이 될 것 같지 않네요.

 선입관 때문에 판단하기 어렵습니다

1948년 2월 22일(음력) 남자

```
 時  日  月  年
 壬  丙  乙  戊
 辰  辰  卯  子

 51 41 31 21 11  1
 辛  庚  己  戊  丁  丙
 酉  申  未  午  巳  辰
```

 1) 병화가 목왕절에 태어나 월지는 얻었으나 일지를 얻지 못하였고, 세력 또한 약하다고 보겠습니다. 그래서 인성인 을목을 용신으로, 火를 희신, 金·水를 기·구신으로 보았습니다. 그런데 잘 풀리지 않는 것이 있어 여쭙니다. 신약 사주는 세운의 영향을 많이 받는데, 그런대로 잘 지내오다가 작년 무인년(1998년)에 퇴직 당할 위기를 겪느라 마음고생이 많았으며, 올해 기묘년(1999년)에는 갑술월에 명예퇴직을 당했습니다. 이해가 잘 되지 않는데 제가 용신을 잘못 잡은 것인지, 아니면 해석이 잘못된 것인지요?

 2) 무인년이 힘들었던 것은 경신대운 중 신금대운에 인신충이 되었기 때문이고, 마찬가지로 신유대운에 들어오면서 기묘년도 묘유충으로 힘을 못 쓰는데 갑술월에 진술충으로 앉은 자리가 흔들리게 된 것인가요? 그렇다면 앞으로 신유대운도 기본적으로는 별 재미가 없다는 것이고, 흘러가는 세운도 별 재미가 없어 보이는데 맞나요?

신약이라도 대운을 함께 살펴봐야 합니다

1) 해석하신 방법에는 문제가 없다고 봅니다. 신약한 사람이 세운의 영향을 많이 받는 것은 사실입니다만, 그렇다고 대운이 아무렇거나 상관이 없다는 것은 전혀 아닙니다. 그러므로 우선 신강약을 떠나서 대운에 문제가 있다면 역시 부담이 되는 것으로 보시면 되겠습니다. 대운이 좋아도 세운이 불리하면 세운의 영향을 많이 받는다고 보시는 것이 더 정확하지 않을까 싶습니다.

2) 을묘 용신에 신유대운이라면 근심은 많아도 즐거움은 적을 것으로 해석할 수 있지요. 그리고 무인·기묘년의 혼란은 개인적인 운도 작용하였겠지만 국가적인 운이 더 강하게 작용했다고 이해할 수도 있습니다. 그런 관점에서 본다면 크게 문제될 것이 없지 않나 싶군요. 그대로 연구하시면 될 것으로 생각됩니다.

853 재중용인격에서의 희신은?

```
時 日 月 年
甲 丙 甲 庚
午 辰 申 申
```

이 사주는 신약하여 시간(時干)의 인성을 용신으로 하므로 재중용인격이라고 하셨습니다. 희신을 정할 때 희신의 개념을 용신의 용신이라고 한다면, 이 경우에 갑목의 뿌리가 약한 것으로 보아 水가 희신이 되어야 할 것으로 보입니다. 그러나 水는 일간에게 나쁘게 작용할 텐데 과연 희신을 용신의 용신이라고만 생각할 수 있을까요? 또한, 만약에 갑목을 보호하기 위해 시지의 오화를 희신으로 한다면, 갑목의 보호 측면에서는 유리하겠지만 뿌리가 약한 용신의 기운이 빠질 것 같습니다. 이런 경우에는 희신을 무엇으로 잡는 것이 좋습니까?

 갑목에게는 水운이 반갑습니다

갑목에게는 水운이 무엇보다도 반갑다고 해야지요. 다만 이 경우에는 金이 워낙 많으므로 火를 희신으로 해도 되겠습니다. 운에서 水가 들어올 경우를 상상해보건대, 용신은 살아나고 일간은 부담이 되겠네요. 다만 지지로 들어오는 水운은 木이 지지에 없으니 도움이 되지 않겠습니다. 그래서 천간으로는 水가 좋고, 지지로는 木이 좋다고 해야겠습니다.

854 재자약살격이 가능한가요?

```
時 日 月 年
戊 戊 甲 辛
午 子 午 亥
```

재자약살격으로 木 용신에 水 희신인지, 아니면 金 용신에 水 희신인지요? 저는 재자약살격으로 보고 싶은데 오월(午月)이어서 갑목이 용신 역할을 할지 궁금하군요. 식신생재의 흐름이 되도록 하는 것이 좋을까요? 가까이 있는 관성을 버리고 멀리 있는 상관으로 용신을 잡기가 왠지 이상합니다. 水운은 어디로 흐르든 좋은 운이라고 생각합니다.

 인성이 필요한 구조 같습니다

오월(午月)이라고는 하지만 오화가 자수와 해수에게 극을 받고 있어서 무토가 약해 보입니다. 인성이 필요한 구조가 아닌가 싶습니다.

 희신과 운의 변화

```
時 日 月 年
壬 甲 甲 癸
申 戌 寅 丑
```

일지 술토와 연지 축토가 용신으로 보이는데 만약 대운에서 지지로 오화가 왔을 때 일지 술토는 뜨거워지지만 연지 축토는 오히려 힘을 받게 됩니다. 이럴 때는 어떻게 해석해야 하나요?

 용신은 土, 희신은 火가 되는 구조입니다

土가 용신일 경우에 火가 들어오면 희신이 됩니다. 그래서 좋다고 봐야겠네요. 합은 논할 필요가 없습니다. 용신이 土이고 희신은 火가 되는 구조입니다.

856 조후가 가능할까요?

```
時 日 月 年
丙 甲 辛 辛
寅 子 丑 丑
```

겨울 木의 특성상 다소 약하지만 병화를 용신, 희신을 木으로 감정하였습니다. 그런데 억부법으로 보면 신약용인격에 관인상생격으로 일지 자수가 용신, 木 희신, 土 기신, 金 구신, 火 한신으로 생각됩니다.

한신은 겨울 木이라 도움이 되는 한신으로도 생각되는데 이런 경우에 조후가 우선할까요, 억부가 우선할까요?

 과습이 병이어서 火를 용하지 않을까 싶습니다

다소 신약하다는 것은 틀림없습니다만, 이 정도의 상황이라면 인성을 용할 정도는 아니라고 봅니다. 오히려 과습이 병이어서 시간(時干)의 병화를 용신으로 하고, 희신으로 木을 써야 하지 않을까 싶습니다.

잘 보셨군요. 달리 염려하지 않으셔도 되겠습니다.

 **토다신약인데 조열한 土만 있으니 고민입니다**

```
時 日 月 年
丁 丁 戊 丙
未 未 戌 寅
```

술월의 정화로 토다신약에다 물도 없으니 억부가 먼저인지 조후가 먼저인지 고민입니다. 그러나 무술과 미토로 설기가 그리 많지 않은 조열한 土인 데다 관살인 水도 없으며, 연주 병인이 지원을 하고 있어서 그다지 약하지 않다고 볼 수도 있지 않을까 하는데 자신이 없습니다.

일단은 설기가 심하여 억부가 급한 것으로 보았습니다. 더군다나 술월에 무토당령이니 열기가 식어버린 土라고 보았습니다. 그래서 식상을 제어하는 인성 木을 용신으로 하고, 木의 뿌리가 되는 水를 희신으로 보며 운에서 기다린다고 보았습니다. 단, 水가 천간으로 오는 경우에 합이 되어 크게 기대할 것이 없고, 지지로 들어오는 水는 도움이 된다고 보며, 金·土를 기·구신으로 보고 火를 나쁘지 않은 한신으로 보았습니다.

 연구를 잘 하셨다고 봅니다

조후 측면에서 너무 건조하므로 습기가 있었으면 좋겠으나 여의치 못하고, 火의 입장에서는 조후가 크게 급하지 않다고 봐서 그냥 식상을 용신으로 해야 할까 싶네요. 재성이 없어서 결실을 맺지 못하는 것이 아쉽겠습니다. 미토와 술토는 火의 뿌리로 봐야 할 경우가 더 많기 때문에 일단 약하지 않은 것으로 보시면 무난할 듯싶습니다.

 **未 중 정화를 용신으로 해야 할까요?**

```
時  日  月  年
庚  辛  辛  癸
寅  未  酉  丑
```

1) 8월의 신금이 당령했고 사주에 金기운이 태과하여 임수가 있으면 기운을 설기하여 용신으로 삼겠으나, 임수는 없고 계수가 있으니 쓸 수도 있을 것 같은데 너무 멀고 계수로서는 감당하기 힘드나요? 다른 선배들은 未 중 정화를 용신으로 삼는다고 하더군요.

2) 시지에 인목이 있고, 또 사주 전체가 지나치게 차고 강해서 未 중 정화를 용신으로 삼을 수 있을 것 같기도 합니다. 그러나 이처럼 계수와 시지 인목을 두고도 지장간에 있는 용신을 쓰는 것이 맞는 풀이인가요?

3) 未 중 정화를 용신으로 보고 희신을 木으로 본다면, 위 사주의 여성이 甲운에 저를 만나고 子운에 들어 헤어지는 것이 맞는 풀이 같기도 합니다. 木·火를 희·용신으로 한다면 계수는 한신으로 풀어야 하나요?

 未 중 정화는 논하지 않는 것이 좋을 듯합니다

1) 극이 미약하면 설을 쓰면 되겠고, 이미 월지에 용신의 뿌리가

있으니 구태여 다른 걱정을 하지 않으셔도 되리라고 봅니다. 여하튼 용신은 水이고, 희신은 木이라고 보는 것이 좋을 것으로 생각됩니다.

  2) 글쎄요. 낭월의 소견으로는 미토의 정화는 논하지 않는 것이 좋을 것 같습니다. 용신을 정하는 입장에서 金이 강하니까 火에 의지해서 녹여보자는 생각도 할 수 있겠습니다만, 이런 경우에는 水 용신의 흐름에 따르는 것이 가장 자연스럽지 않을까 싶습니다.

  3) 그렇게 보셔도 되겠습니다. 다만 용신운인 子운에 헤어진 것이 이해되지 않는다는 말씀이시라면, 그것은 본인이 아니고서는 모르지요. 자신의 삶에서 희로애락이 어떻게 진행되었는지 살펴보는 것이 가장 정확하다고 봅니다.

  그리고 대입해서 확인하시는 것도 물론 중요합니다만 그것은 답이 확실하지 않은 경우이고, 이 사주에서처럼 이미 가을 물의 생동감을 느끼신다면 구태여 확인하지 않아도 될 것이라는 생각도 듭니다.

  참고하시고 계속 임상하시기 바랍니다.

859) 종아생재가 가능할까요?

```
時 日 月 年
己 乙 丙 丁
卯 巳 午 未
```

5월의 을목인데 종아생재가 가능할까요? 인성이 꼭 필요한 사주인데 땅 속에도 인성이 없으니 운에서 오기를 기다리나요, 아니면 종아생재로 봐야 할까요? 저는 정격으로 보고 운에서 인성이 빨리 오기를 기다리고 싶습니다.

 상관용겁격입니다

고민이 되실만한 사주군요. 일지에 火가 있는 것으로 보아 시지의 비견은 흐름을 탄다고 해도 되겠습니다. 그래도 기본은 신약용겁으로 대입하시는 것이 좋습니다.

교과서는 교과서이고 현실은 현실이니까 일단은 水의 운에서 어떻게 보냈는지 확인하신 다음에 종아로 결정을 내려도 늦지 않을 것으로 생각됩니다.

 **극신약인데 용신이 궁금합니다**

```
時 日 月 年
壬 庚 丁 丁
午 寅 未 巳
```

미월 경금이 극신약으로 보입니다. 또한 월지 미토는 불덩이라 용신이 되기 어려워 보입니다. 시간(時干) 임수를 용신으로, 희신은 운에서 오는 金으로 보고 싶습니다. 이 사람은 현재 발레를 하는 사람이라고 합니다. 그런데 대운을 보니 그래도 내년 경진년(2000년)에는 희망이 보이는 것 같습니다.

인성 위주로 합니다

잘 보셨습니다. 그래도 인성을 위주로 해야겠군요. 용신은 인성이 되고, 희신은 비겁이 되는 구조라고 생각합니다. 참고하시고요. 전반적으로 운의 흐름이 매우 아쉽네요. 식신과 편재·정관을 갖고 발레를 한다는 것이 좀 적성에 맞지 않을 것으로 생각됩니다. 다른 것으로 바꿔보라고 권하시는 것도 좋겠습니다.

 사유합이 부진한 이유가 궁금합니다

```
時 日 月 年
己 丁 甲 癸
酉 巳 寅 卯
```

위 사주는 『적천수』에 나온 명조입니다. 하지기인빈 재신반부진(何知其人貧 財神反不眞). 즉, 木이 왕하고 土가 허하며, 월령을 얻은 火여서 巳·酉가 회국하지 못해 재가 부진하다고 설명되어 있습니다. 제 안목으로는 시간(時干)의 기토가 화생토, 토생금하여 유정하게 보이는데 이해가 되지 않습니다. 사유합이 부진한 이유를 모르겠습니다. 아마추어 입장으로는 사유합이 충분히 성립돼 보이는데요.

 역시 합은 이해하기 어렵다고 봅니다

특히 사유축의 금국(金局)은 더욱 어렵게 생각되네요. 이 사주의 巳·酉 역시 생각을 좀 해보면 이해가 됩니다. 월지에 木이 있을 경

우에는 화극금이 되고, 월지에 土가 있을 때에는 사유합이 되는 것
으로 이해하신 것이 아닌가 싶습니다. 확대 해석하면 결국 주변에
있는 글자에 따라 가감을 해야 한다는 것으로 정리되는군요. 참고
되시기 바랍니다.

 종격으로 봐야 할까요?

```
時 日 月 年
辛 甲 丁 丁
未 午 未 未
```

미토는 갑목을 생조해줄 수 없다고 생각합니다. 운을 확인해보지
않고 종격으로 봐도 되는지 알고 싶습니다.

 종아로 흐르기 어렵겠습니다

종이 되기 위해서는 무엇보다도 식상과 관살이 대립하지 않아야
합니다. 이 사주의 경우에는 시간(時干)의 신금 때문에 순순히 종아
로 흐르기가 어려울 것이라는 생각이 듭니다. 그래서 미토 속의 木
을 의지하고 인성을 기다리는 것으로 보겠습니다. 물론 공식적인
생각입니다. 구체적으로는 대입을 시켜봐야 알겠습니다만, 식상이
관살과 대립하는데 종한 경우는 거의 보지 못한 것으로 생각됩니
다. 참고되시기 바랍니다.

863 식상생재가 가능할까요?

```
時 日 月 年
甲 乙 癸 壬
申 巳 卯 子
```

저의 사주인데 인비가 왕왕하여 일지 사화를 용신으로 보고 있습니다. 궁금한 것은 사화의 지장간 무토의 영향을 받아서 상관생재가 가능하냐는 것입니다. 안 된다면 상관격만 성립되나요?

그리고 재가 지장간에 묻혀 있기 때문에 결실을 보기 위해서는 남들보다 몇 배의 노력이 필요하고 재물과 인연이 없는지 알고 싶습니다.

 상관생재가 되겠군요

사화에는 무토가 살아 있다고 봐야겠습니다. 그래서 겉에 어설프게 나온 것에 비해 훨씬 좋다고 봅니다. 상관생재가 되겠군요. 그리고 자신의 사주가 베일에 싸인다면 점차 깊은 곳의 관찰이 이뤄지고 있다고 생각하시면 됩니다. 물론 공부를 하지 않고 있을 경우는 제외하고 말이지요. 열심히 하시는 것으로 봐서 명확한 답을 얻으시리라고 봅니다.

 대운을 산정할 때 나이를 만으로 계산하나요?

```
時 日 月 年
乙 丁 辛 甲
巳 亥 未 辰
```

1) 미월 정화가 신약하며 木 용신, 火 희신, 구신은 金, 기신은 水로 보입니다. 그래서 40세 목화대운부터 크게 발하고 결혼생활에도 문제가 없을 것 같습니다.

2) 어떤 명리학 책을 봐도 일지 정관이 충을 당하니 가장 나쁘다고 보는데, 제가 보기에 40세부터는 결혼생활에 지장이 없을 것으로 생각됩니다. 어떤가요?

3) 『궁통보감』에 "미월 정화가 갑목이 투간해 있고, 지지에 해미 목국(木局)을 이루어 亥 중 임수가 천간 갑목의 뿌리가 되어주며, 주체인 정화를 끌어안으면 반드시 부귀현달한다."고 되어 있습니다. 또한 제가 보기에도 시주의 木·火가 좋고 운이 동방 木운으로 흐르니 운이 활짝 트일 것으로 생각됩니다만, 여명으로 하나 있는 정관이 사해충하여 날아가니 결혼하기 힘든 운인가요? 아니면 40, 50에 정묘·병인의 卯·寅이 亥와 합하여 충을 완화시키므로 결혼생활에는 지장이 없을까요? 정묘·병인대운에 결혼이 가능해도 현재의 무진대운에는 결혼이 불가능하겠지요?

4) 위의 여명과는 무관하게 얼마 전 하건충 선생의 팔자 심리 추명학을 보면서 생각한 것인데, 대운의 나이는 만으로 보는 것인가요? 이에 대한 이론이 나뉘는 것 같습니다. 저는 지금까지 한국식

나이, 즉 출생하면 1세로 보고 풀이를 해왔는데 하건충 선생의 이론에서는 만으로 계산해놓았더군요. 대운을 산정하는 방법이 날짜와 절기를 계산한 것인 만큼 만으로 계산하는 것이 일리가 있다는 생각도 드는데 어떤 이론이 맞나요?

 이론적으로는 만으로 대운을 계산해야 합니다만……

1) 동감입니다.

2) 반드시 그렇기야 하겠습니까. 관살이 부담스럽다면 오히려 극을 해도 좋겠지요. 土운이 없어지면 관살이 안정되는 것은 사실입니다. 그렇습니다.

3) 날아갔는지 날아왔는지는 잘 봐야지요. 사해충이라면 사화가 죽어야 오행의 생극제화에 맞지요. 해수가 날아갈 일은 없다고 봅니다. 그보다는 그 동안의 식상운이 부담이 되어 결혼을 못 한(또는 안 한) 것으로 보입니다. 운이 좋은 것은 매우 바람직합니다. 스스로 결혼을 원한다면 가정을 이룰 것이고, 일을 원한다면 사회활동이 활발해지겠네요. 잘 보셨습니다.

4) 이론적으로야 당연히 만으로 해야지요. 그런데 만으로 해도 정확하게 맞지 않을 수 있기 때문에 문제가 되지요. 순운과 역운의 관계에서 그런 문제가 생기는데, 참 복잡합니다. 대체로는 대략 대입하리라고 생각됩니다. 낭월이 왜 그런 것에 대해 언급하지 않았느냐고 하실지 모르겠는데, 원래 복잡한 숫자에 대해서는 생각하기 싫어하는 천성 때문입니다. 어쨌든 원칙적으로는 대운이 몇 개월 며칠 만에 교체된다는 것을 정확하게 계산할 수 있으며, 이렇게 계산했을 때 만이라는 개념도 틀립니다. 따지려면 정확하게 따지고, 그렇지 않으면 일반적인 나이로 계산한 후에 앞뒤의 1년 정도를 더하거나 빼면 되리라고 봅니다. 그다지 중요한 문제는 아니니까요.

단, 꼭 필요하다면 만이 아닌 정확한 수치를 확인하시는 것이 좋겠습니다.

 강약이 헷갈리네요

```
時 日 月 年
癸 丙 丙 乙
巳 申 戌 卯
```

병신 일주가 술월에 태어나 월지도 얻지 못하고 일지도 얻지 못하였으며, 약하다고 보기에는 뭔가 석연치 않은 분위기입니다. 세력은 인성과 비겁으로 그리 약해 보이지 않고, 술토가 비록 신금당령이기는 하지만 열토로서 불의 고(庫)에 해당하며, 인성이 전혀 손상 받지 않고 원조를 하고 있어서 약하지 않다고 보았습니다. 그래서 억부가 급하지 않다고 보고 조후를 고려하여 水를 용신으로 金을 희신으로 보았습니다. 그리고 일단 묘술합이나 사신합은 고려하지 않았습니다. 스님께서는 육합은 인정하지 않으시는 것으로 알고 있는데 전혀 고려할 필요가 없나요?

A 약하지 않습니다

잘 보셨습니다. 약하지 않은 사주입니다. 그리고 육합은 고려할 필요가 전혀 없다고 보고 있습니다. 달리 설명이 필요 없어 이만 줄입니다.

866 아우생아격이 될까요?

```
時 日 月 年
乙 甲 甲 甲
丑 午 戌 寅
```

술월 갑목이 지지가 인오술 화국(火局)이 되면서 급한 상황입니다. 시지 축토에 계수가 있다지만 이미 조열한 土로 변한 것 같습니다. 천간에 떠 있는 3甲 1乙이 비록 木이라고는 하지만, 일간 갑목이 의지할 곳이 없으므로 신왕이라고 볼 수 없어 종아격에서 종아생재격으로 보는데 맞나요? 그렇다면 희·용신을 火·土로 봐야 하는지, 아니면 종아격으로 보아 木·火로 봐야 하는지요? 종아생재격일 경우에도 갑목이 水의 기운을 기뻐할까요?

 인성과 비겁이 전혀 없어야 식상을 따라 종합니다

종아는 인겁이 전혀 없어야 성립되는 것으로 보고 있습니다. 그래서 이 사주는 종아가 안 되겠군요. 그냥 약하지 않으니 상관을 의지하면 되리라고 봅니다. 인오술이라고는 해도 술월이기 때문에 화력이 무력하고, 木의 세력이 있어서 외롭지 않은 것은 다행이라고 하겠습니다. 특히, 축토의 설기로 인해 화세(火勢)가 그다지 대단하지 않다고 봐야겠네요. 木이 비록 뿌리는 없지만 약하지 않은 것은 사주에 金의 기운이 무력하기 때문입니다. 다시 살펴보시기 바랍니다. 참고로 종격은 없다고 봅니다.

 **풀이가 맞는지 궁금합니다**

```
時 日 月 年
辛 丙 丙 癸
卯 戌 辰 卯
```

　사업하는 후배를 만났는데 사업이 아주 잘 되고 있어서 사주를 풀어보았습니다. 전자공학과를 졸업하고 일찍부터 컴퓨터 프로그램 사업을 해왔는데, 최근 개발한 프로그램이 크게 성공했습니다.
　병술 일주가 진월에 태어나고 인겁이 중중하여 강한 사주로 보입니다. 연간 계수는 무력하여 사용이 불가능하고, 월지 진토가 천간 병화의 보호를 받고 있어서 시간(時干) 신금이 그나마 힘을 얻고 있어 보이므로 용신격에서 식신생재격으로 볼 수 있겠는데, 이 때 병신합수(丙辛合水)가 되는 것은 좋은 쪽으로 작용하겠지요? 이렇게 보면 재성이 용신이 되고, 또한 힘을 얻고 있으니 사업가로서의 기질(정재)과 돈벌이가 맞는다고 봅니다. 궁금한 것은 병화 일간이 술토에 암장되어 있는 신금과 합이 되는 것을 어떻게 해석하며, 이 사주에서 水가 왔을 때 어떻게 작용하는지요?

 생각대로 보시면 되겠네요

　일지와의 병신합은 고려하지 않아도 되겠습니다. 시간의 합으로도 이미 충분히 도움이 됩니다. 그리고 水운이 천간으로 올 경우에는 방어할만한 글자가 보이지 않아 부담이 되겠습니다. 단, 지지로 올 경우에는 술토가 있으므로 큰 문제가 없다고 생각합니다.

868 종격은 아니겠지요?

```
時 日 月 年
辛 乙 辛 癸
巳 丑 酉 丑
```

1) 신약용인격으로 계수를 용하고 운에서 들어오는 木을 희신으로 판단했는데 맞나요?

2) 계수를 용할 경우 무오대운에서 살아남을 수 있을까요? 세운의 영향력을 감안하더라도 무계합의 영향력이 걱정됩니다.

A 신약용인격입니다

1) 신약용인격으로 봅니다. 연간의 계수가 상당히 생왕하다고 봐서 의지하고 버틴다고 봅니다. 金운의 작용은 인성을 용한 경우에는 그런대로 넘어갈 수 있다고 봅니다. 희신은 木이지요. 잘 보셨습니다.

2) 무오대운의 경우에는 무토가 부담이 되겠네요. 다만 신금도 있으니까 무계합으로 화(化)하여 계수를 데려가지는 못할 것으로 봅니다. 그런대로 넘어갈 수 있다고 봅니다. 오화는 지지에서 金을 극하지만 별로 비중이 없을 것으로 보여 어렵지만 진행은 된다고 보겠습니다. 참고되시기 바랍니다.

 적천수의 가화(假化) 사주를 올려봅니다

```
時 日 月 年
戊 癸 辛 甲
午 亥 未 寅
```

가화를 논하기 전에 억부법이 우선이라고 생각합니다. 일지 해수를 얻고 월간인 신금 인수가 투간된 상황에서 약하지만 신금을 용신으로 보고 싶습니다. 이런 상황에서 가화가 성립될까요?

 사주 대입에서 확인이 필요합니다

적천수의 논리를 좋아하지만, 사주 대입에서는 여러 가지 다른 각도로 확인해봐야 합니다. 그러면 절대로 종격병에 걸리지 않을 것입니다. 가화격·화기격·가종격 등은 대체로 정격에 해당됩니다.

 술월 병인 일주의 용신이 궁금합니다

```
時 日 月 年
癸 丙 庚 丁
巳 寅 戌 巳
```

술월의 병인 일주이고 무토당령으로 태어났습니다. 병화가 일지의 생을 받고 있지만 연주의 정사가 월주에 막혀 도움을 주지 못한다고 봐야 할까요?

그렇다면 월주의 경술과 시간(時干)의 계수로 인해 약해진 구조라고 보면 될까요?

 용신 土, 희신 金으로 봅니다

시간의 계수가 워낙 무력해서 별로 힘이 없어 보이는군요. 식신생재로 흘러가면 좋겠습니다. 용신은 土에 있고, 희신은 金에 있다고 보면 되겠는데, 아쉽게도 金이 火에게 겁탈을 당하고 있군요. 참고하십시오.

 월주가 연주에게 충을 받았을 때의 용신은?

時	日	月	年
壬	丁	丙	壬
寅	酉	午	子

1) 처음에는 병오 월주가 연주 임자에게 충을 받아서 약해질 것이라고 생각했습니다. 그러나 용신을 찾기 위해 고심하다가 오월(午月)의 정화 일주가 충으로 약해지지 않을 것이라고 결론을 내렸습니다. 일지의 유금이 매우 허약한 상황으로 水를 생해주지 못하고, 시지의 인목이 불길에 가세하고 있는 상황으로 판단했습니다. 그래서 水가 용신이 되지 않을까 생각했습니다. 잘못 짚었나요?

2) 만약 水가 용신이라면 일간 정화가 시간(時干)의 임수에 마음

이 가 있는 것이 좋은 작용이겠지요? 그렇다면 겉으로 드러난 성격에 정관의 작용이 강하고, 시간의 편재 성격은 드러나지 않는다고 생각해도 될까요?

3) 사주 원국에서 용신이 기·구신을 충하면 실제 사회생활에 좋게 나타나는지, 아니면 충으로 그냥 바쁠 것이다 정도로 해석하는지요?

 약해 보이는 구조입니다

1) 생각 많이 하셨네요. 좋습니다. 그리고 보기에 따라서는 약하지 않다고 생각할 수도 있는 구조입니다.

그러나 이것 저것 따져보면 아무래도 약해 보이네요. 즉, 연주 임자와 월의 병오를 놓고 보면 아무래도 水의 힘이 다소 우세해 보이거든요.

그렇다면 주변의 상황을 살펴봐야겠는데, 병오를 생조할 木이 주변에 없고 멀리 있는 시지의 인목으로는 생조하기 어렵다고 보며, 水를 제어할 土의 성분도 없다고 봤을 때에 아무래도 이 사주의 정화는 다소 약한 것으로 봐야겠습니다.

결론은 용신이 水가 아니고 木이 될 가능성이 많습니다. 좀더 연구해보시기 바랍니다.

2) 성격은 용신과 무관합니다. 그러니까 정관적인 면은 용신이든 아니든 그대로 나타난다고 보고, 어쨌든 정관성이 강하게 나타나겠지요. 편재 성격은 무엇을 두고 하신 말씀인지 잘 이해가 되지 않으니 궁금하시면 추가로 질문 주시기 바랍니다.

3) 용신이 기·구신을 충하면 용신이 작용하는 데는 무리가 없겠으나 좋다고만 하기는 어렵습니다. 충을 받으면 동하기 때문이지요. 그래서 어쨌든 중요한 성분들은 충동을 하지 않는 것이 좋다고

합니다. 그러나 희·용신이 깨지는 것과는 비교할 수 없을 정도로 좋겠지요. 참고되십시오.

872 신강약 질문입니다

```
時 日 月 年
壬 壬 乙 己
寅 戌 亥 亥
```

임수가 월령을 장악하고 있고 시간(時干)이 임수, 연지가 해수로 약하지 않은 사주 같은데, 주변 상황을 보면 아닐 수도 있다는 생각이 듭니다. 시간 임수는 시지 인목에게 설기를 당하고, 월지 해수는 일지 술토에게 극을 받으며, 연지 해수는 연간 기토에게 견제를 받고 있습니다. 그러나 월간의 을목이 수성의 도움을 받아 강력한데 다시 기토를 극하고 있으니, 시지 인목과 일지 술토가 신강약 구분의 열쇠가 될 것 같습니다. 또한 시지 인목이 술토를 극하고 있고 해월이라 술토도 약할 것 같지만, 금성이 없다는 것도 마음에 걸립니다. 그러나 수성이라는 일간의 특성상 金이 없어도 강할 것 같은데, 주변 상황을 보니 만만치 않아서 신강약 질문을 드립니다.

 잘 판단하셨습니다

약간 아리송한 형태지요? 그래도 잘 판단하셨군요. 비록 해월이라고는 하지만 주변의 상황을 보면 일간이 의지할 곳이 월지뿐입니다. 임진 일주만 되었어도 또 다르겠지만 임술은 참으로 도움이 되

지 않네요. 신약하다고 하겠고, 인겁을 희·용신으로 보는 것이 좋지 않을까 싶습니다.

 신강약 구분이 어렵습니다

```
時 日 月 年
庚 丙 丁 戊
子 子 巳 午
```

병화가 사월(巳月)에 태어나 월간 정화와 연지 오화로부터 도움을 받고 있는데, 지지의 자수 2개와 시간(時干)의 경금 때문에 신약한 사주인 것 같아 질문 드립니다. 특히 목성이 없고 火기운이 연간의 무토로 쏠리는 것 같아 신약 사주로 보았습니다.

신약 사주가 맞다면 용신은 화성이 되겠지요? 제 생각대로 신약 사주가 맞나요?

 매우 강합니다

약해 보이지 않는 정도가 아니라 매우 강하다고 봅니다. 정사월 무오년의 병화는 당당하군요. 그리고 천간에 水도 없어서 水의 세력이 별로 위협적이지 않다고 봅니다. 물론 용신은 관성이 되어야겠고, 희신은 재성이 도와야겠다는 생각입니다. 이 정도면 좋은 사주네요.

874 신강인지, 신약인지……

```
時 日 月 年
庚 壬 己 癸
戌 子 未 亥
```
乾命

신강인지 신약인지 판단이 안 되는데 당령을 봐도 기토당령이라 신약인 것 같고, 또 연주의 비겁도 힘이 없다고 생각됩니다. 스님의 의견은 어떠신지요?

신약으로 봤을 때 시주 金이 용신인데, 그렇다면 水의 세력이 지나친 것 같습니다.

 과연 만만치 않은 사주를 만나셨군요

水도 약하지 않고 土도 강합니다. 이런 경우에는 신약이나 신강에 의미를 두기보다는 土와 水의 대립을 조절해주는 것을 용신으로 봅니다. 그래서 용신은 金이 되는데, 신약하다는 개념이 아니라 통관의 개념이지요.

흔하지 않은 자료라고 생각됩니다. 희신은 土나 水가 모두 무난합니다만 火는 곤란합니다. 참고하세요.

 남들이 이해 못 하는 성격의 사주입니다

```
   時 日 月 年
   戊 癸 甲 癸
   午 未 寅 丑
```

　인월의 계미 일주로 매우 신약하게 태어났습니다. 일간의 계수가 무토와 합을 하여 화(化)를 하고 싶었겠으나 火의 기운이 강하지 않은 것으로 보아 그렇게 되지 않을 것이라고 판단했습니다. 일간이 너무 약하면 존재가 흔들리게 된다는 공식(?)에 딱 부합되는 사주가 아닐까 생각해봤습니다. 제 관심의 초점은 항상 사람의 심리에 맞춰져 있었습니다.

　그러던 중 사부님의 책을 접하고 놀라운 적중력에 반하여 공부를 시작했습니다. 그런데 이 아이는 아무리 사주와 대입하려 해도 성격면에서 잘 되지 않습니다. 일간의 마음이 무토에 가 있는 것이 제일 눈에 들어옵니다. 무토가 정관이니 합리적인 사고방식에 남을 생각할 줄 알아야겠지요(일지의 편관도). 하지만 갑목 상관의 기운으로 항상 갈등을 일으키는 구조로 보입니다. 이러한 구조로 인해 산만한 성격이 될 수 있나요?

　실제로 나이가 들어서도 3살짜리 아이와 같이 항상 산만합니다. 그러다보니 남들은 전혀 고려하지 않습니다. 정관과 상관의 갈등은 저에게도 있지만 전 오히려 침착하다는 소리를 듣고 살았거든요. 산만함은 사주 내의 다른 작용으로 설명해야 할까요?

상관을 제어할 인성이 없어서 유감입니다

매우 신약한 계수가 상관을 봤는데, 인성이 있다면 생각이나 사물 등을 스스로 정리하는 능력이 발휘되고 수용성도 좋아져서 주변을 바르게 인식했을 것입니다. 그러나 인성이 전혀 없는 상태에서는 계수가 그대로 상관견관의 작용만 하며, 상관을 제어하는 역할이 없다는 것을 유감스럽게 생각해야겠네요.

또 한 가지, 상관이 너무 강하다는 것도 고려해야겠습니다. 상관의 작용이 강해지는데 제어할 인성이 없으니 그로 인해 산만해지지 않았을까 생각해봤습니다.

판단하신 것은 모두 이치적으로 타당하다고 봅니다. 정관은 남의 입장에서 생각하고, 상관은 자신의 입장에서 생각하므로 스트레스가 많이 생길 수 있습니다. 그리고 너무 산만했던 것은 신약한 계수를 대입시켜볼 때 혹시 영적인 장애가 있었기 때문인지도 모르겠다는 생각이 문득 드는군요.

876 신약일까요, 신강일까요?

```
時 日 月 年
丁 戊 丙 壬
巳 子 午 子
```

水·火가 서로 대립해 신강약 구분이 어렵습니다. 월령을 장악하고 세력도 얻었으나 水의 세력도 매우 커서 신약할 수 있으므로 질문 드립니다. 약하지 않아 관살이 용신이 될까요? 아니면 약하므로 인성을 용신으로 해야 할까요?

 참 묘한 사주를 찾아내셨네요

살펴보니 자오충의 작용이 만만치 않아 보입니다. 그래서 균형을 잡기 어렵다고 보는데, 천만다행인 것은 사주에 金이 없다는 점입니다. 다만 火는 월령을 잡고 있으므로 木이 있는 것에 비해 별로 약하지 않다고 해석됩니다. 결국 약하지 않은 것으로 보고, 기인취재격으로 해석해보고 싶습니다. 여기에 준해서 살펴보시기 바랍니다.

강하다고는 못 하겠고, 생각하신 대로 약하지 않다는 것이 정답이라고 생각합니다. 그렇게 되면 재가 용신, 식상이 희신이 되는 것으로 봅니다.

 관살혼잡에 관한 질문입니다

```
時 日 月 年
庚 丙 壬 丁
寅 辰 子 巳
```

위 사주는 정관과 편관이 있지만 천간 임수가 자수에 뿌리를 박고 있으므로 관살혼잡으로 봐야 될지, 아니면 한 기둥으로 봐서 관이 혼잡하지 않은 것으로 봐야 될지 궁금합니다.

```
時 日 月 年
庚 戊 甲 己
申 寅 戌 未
```

위 사주는 갑기합 때문에 관살혼잡인지 아닌지 헷갈립니다. 주변 土의 세력으로 보아 화(化)했을 가능성이 있다고 보는데요.

```
時 日 月 年
丙 乙 辛 辛
子 卯 卯 亥
```

위의 여명은 신금이 천간에 2개나 있으므로 관살혼잡으로 봐야 할까요?

 상대적으로 이해합니다

책에 따라서는 질문하신 분이 제시한 사주명식이 혼잡의 유형으로 나와 있는 것을 볼 수 있습니다. 그 중에서도 가장 혼잡한 것은 아무래도 사주에 정관과 편관이 모두 있는 경우겠지요. 어떤 책에서는 임자월의 경우에 임수가 당령했을 때와 계수가 당령했을 때를 구분해야 한다고도 합니다만, 뿌리로 봐서 무난할 것으로 생각됩니다. 구태여 혼잡까지 가지 않아도 되겠다는 생각입니다. 그리고 신약하면 위의 무인 일주의 사주와 같이 정관이 2개 있어도 혼잡으로 보기도 합니다. 위의 을묘 일주의 사주처럼 신왕한 사주에서는 혼잡을 꺼리지 않기도 합니다.

즉 혼잡이냐 아니냐가 중요한 것이 아니라, 관살을 감당할 수 있느냐 없느냐로 구분해서 생각해야 하지 않을까 싶네요. 감당을 하면 혼잡을 꺼리지 않고, 관살이 약하면 오히려 혼잡을 반긴다고 봅니다. 역시 상대적으로 이해해야겠지요. 다만, 글자 자체로만 본다면 정관과 편관이 있으면 혼잡하다고 합니다.

그러나 자평명리학은 능동적으로 관찰하는 데 그 묘가 있다고 봅니다. 고정관념을 갖지 말고 저울질을 잘 하여 그 핵심을 찾아야 하지 않을까 싶습니다.

878 희신에 대한 질문입니다

```
時 日 月 年
癸 丁 丙 丙
卯 未 申 辰
```

신월의 정미 일주입니다. 신약으로 판단하여 인성을 용신으로 보았습니다. 위 사주에서 희신을 관살로 봐야 할지 비겁으로 봐야 할지 확신이 서지 않습니다.

 木 용신이 약하므로 水가 희신이 됩니다

용신이 묘목일 경우에 옆이나 위에 金이 있으면 병약의 논리를 대입시켜서 용신이 병들었다고 전제하고, 비겁이 보호하도록 희신은 火가 됩니다. 그런데 이 경우에는 가을이기는 하지만 金이 바로 붙어 있지 않고, 또 용신도 약하다고 봐서 水가 희신이 되는 것이 확실합니다. 다만 약하지 않을 수도 있다고 생각해볼 필요가 있는데, 혹시 약하지 않다면 계수가 용신이 되겠고, 이 때에는 계수가 약하므로 월지의 金이 희신이 되겠습니다. 참고하시면 되겠습니다.

879 자식에 관한 질문

```
時 日 月 年
癸 辛 癸 辛
巳 亥 巳 丑
```

1) 이 사주에 대해 "자식은 만국식상(식상이 너무 많다는 뜻)이니 드물다. 자식이 남들처럼 쉽게 생기지 않고, 또 임신을 해도 유산이 잘 될 것이다." 하셨습니다. 여자에게 식상이 자식인데 만국식상을 자식이 많다고 보지 않고 자식이 쉽지 않다고 보는 연유는 무엇인가요?

2) 임신을 해도 유산이 잘 된다는 것은 왜 그런가요? 水기운이 너무 많아서 그렇다고 하셨는데, 예전에 여자에게 水기운이 너무 없어도 너무 메말라서 임신이 잘 안 된다고 하셨습니다. 水기운이 너무 없으면 임신이 안 되고, 水기운이 너무 많으면 유산이 잘 된다고 이해하면 될까요? 여기서는 식상과 水기운이 일치하는데, 水기운이 많아서인지 식상이 너무 많아서인지 잘 모르겠습니다.

3) 이 여자분 사주에서 식상 해수의 지장간은 양간(陽干)이라 아들로 볼 수도 있지 않나요? 충해서 없어졌는지, 그럴 수도 있는지요? 사부님은 양간은 아들, 음간은 딸 그렇게 구체적으로 나누시지

않는 것 같은데 어떠신지요?

 과유불급이며 부족한 것 역시 바람직하지 못합니다

1) 『적천수징의』에도 있습니다만, 너무 지나치면 모자멸자(母慈滅子)의 원리가 적용되어 오히려 생조가 되지 않는다고 생각하시면 되겠네요. 그러니까 식상이 너무 많으면 인성인 모태에서 자식이 안정을 취하지 못하고, 물결에 휩쓸려 유산이 되기 쉽다는 것으로 이해하면 어떨까 싶습니다.

2) 그렇습니다. 잘 이해하셨어요. 과유불급이지만 부족한 것 역시 바람직하지 못한 구조입니다. 균형을 이루는 것이 가장 아름답다고 생각하면 좋지 않을까 싶습니다.

3) 그렇습니다. 아들딸을 식신과 상관으로 구분하는 것은 이치에는 그럴듯하지만, 현실적으로는 전혀 부합이 되지 않네요. 그래서 그런 식으로는 대입하지 않습니다.

 무토가 마음고생이 심한 이유는?

```
   時 日 月 年
   丁 戊 己 庚
   巳 戌 丑 戌
```

1) "무토이니 중심을 잡느라고 마음고생이 많겠다."고 하신 것은 무슨 말씀이신지요? 무토의 고독함은 알고 있지만 중심을 잡느라 마음고생이 많다는 것은 잘 모르겠습니다.

2) "지전식상(支全食傷, 지지가 모두 식상인 것)이니 오죽 그렇겠는가. 자신을 남들에게 내세우고 싶은 마음이 많은데, 정말로 그렇다고 한다." 하셨습니다. 지지의 지장간에만 식상이 있는데, 말씀하신 식상은 그 지장간을 말씀하시는 건가요?

A 주체성이 강해서 주변과 어울리기 힘듭니다

1) 너무 신왕하다 보니 주체성이 강하고, 그래서 주변과 어울리려면 마음고생이 되지 않겠어요? 그런 의미로 이해하시면 되겠습니다. 좋은 질문 주셔서 고맙습니다.

2) 그렇습니다. 의식이 미래지향적이고 자신의 내면을 내보이려고 한다는 의미로 이해하시면 되겠습니다. 그리고 먼저도 말했듯이 상담에서 가장 중요한 것은 분위기를 음미하시면서 살펴보는 것입니다. 일지에 식상이 있는 것을 확대 해석해서 설명한 것으로 생각됩니다.

881 화(化)할 가능성이 있을까요?

時	日	月	年
丙	乙	丙	辛
戌	酉	申	亥

연간의 병신합과 지지의 구조를 보았을 때 화할 가능성이 높아 보입니다. 또한 수국(水局)으로 화한다면 신강 사주가 될 가능성이 높아 보입니다. 그러나 저는 일단 신약 사주로 보고 싶습니다. 따라

서 신약용인격이 될 것으로 보는데, 미천한 안목으로 본 제 판단이 맞는지 스님의 의견을 듣고 싶습니다.

 불가하다고 생각되네요

병신합은 되겠으나 지지의 사정이 신금당령이므로 마음대로 되지 않을 겁니다. 용신이 월지를 얻어 힘이 상당하다고 봐야겠네요. 그리고 일간이 화하지 않으면 다른 글자들은 비중이 떨어진다고 봐야겠습니다. 또 水로 화하려면 겨울이라야 제격이겠네요. 그래서 화하지 않는다고 보겠습니다.

882 식신생재로 볼 수 있을까요?

```
時 日 月 年
癸 丙 丙 乙
巳 申 戌 巳
```

월과 일을 얻지 못했지만 세력이 좋고 인성까지 있어서 신강으로 보는 데 무리가 없을 것 같습니다. 그러고 나니까 용신이 관인지 식신생재인지 헷갈립니다. 저는 후자로 보고 土와 金을 반긴다고 보았습니다. 용신이 월령에 있어서 좋은 사주로 보입니다. 동생이라 너무 잘 알고 있어서 꿰어맞추는 느낌입니다만, 이 친구가 회계사로 돈을 참 잘 법니다. 그런데 어려서 열병을 앓은 후유증으로 심장이 좋지 않습니다. 아마 을목대운이었던 것 같은데, 火의 기운이 태과하여 심장에 영향을 미친 것 같습니다. 제가 정보가 없었다면 관을 쓸 수도 있지 않았을까 싶네요.

 火기운이 강하므로 우선 관으로 제어하는 것이……

말씀하신 대로입니다. 다만 구조적으로 봐서는 火기운이 강하므로 土보다는 관으로 제어를 하는 것이 더 좋아 보입니다. 우선 대입은 관으로 하고 싶네요. 더 살펴보시면 또 좋은 정보가 나타나리라고 생각됩니다. 그나저나 내년(2000년)의 상황은 참 좋겠습니다.

883 축월의 임술 일주가 약할 것 같기는 한데……

```
時 日 月 年
癸 壬 辛 辛
卯 戌 丑 丑
```

월지 축토가 문제인데 이러한 습토가 오히려 신금을 생조하여 임수를 돕지 않을까 생각되고, 일지 술토는 시지 묘목의 견제를 받아 힘을 쓰지 못한다고 생각해서 약하지 않다고 보며, 신약은 급하지 않고 오히려 축월이라 조후가 필요하다고 생각해 木·火를 희·용신으로 보고자 합니다. 그래서 시지의 묘목을 용신으로 하고 火를 기다린다고 보았습니다. 월지뿐만 아니라 모든 土는 항상 고민입니다. 이것만 잘 해결하면 상당 부분의 어려움을 극복할 수 있을 것이라고 생각되는데 말이죠.

온기가 필요해 보입니다

 일단 水의 입장에서 억부가 별로 급하지 않은 상황이라고 봅니다. 그렇다고 조후가 직접 필요한 것도 아니라고 보겠습니다만, 전반적인 구조를 볼 때에 말씀하신 대로 온기가 필요해 보이네요. 그래서 일지의 지장간 정화를 용신으로 보고, 木이 돕도록 하는 구조로 이해해봤습니다. 그렇다고 해서 土도 바라는 바가 아니군요. 일지에 木이 있다면 木·火로 가고 싶은데, 木이 없어서 火·木으로 생각해봤습니다. 말씀은 이렇게 드리지만 정확한 것은 확인해보셔야겠습니다. 참고하시기 바랍니다. 그리고 잘 생각하고 계시네요. 土도 해결하실 수 있게 될 것 같습니다.

 선전작용이 나타날까요?

```
時 日 月 年
乙 壬 癸 甲
巳 戌 酉 寅
```

 유월(酉月)의 임수이지만 식상이 많아서 다소 신약해 보입니다. 그래서 월지의 유금을 용신으로 하고, 월간의 계수는 희신으로 보았습니다. 그렇다면 등급이 최소한 4~5급은 되어 보입니다.
 이 여성은 전문대를 졸업하고 회사를 다니다가 작년(1998년)인가 4년제 대학에 편입하였으며, 틈틈히 다니던 회사일을 거들고 있습니다. 이렇게 월지가 그대로 용신인 상황에서 현재 이 정도밖에 크지 못한 것은 무엇 때문일까요? 현재 대운도 경금대운으로 용신운입니다. 제가 용신을 잘못 보았을까요? 아니면 경오대운의 오화의 작용이 강한 까닭일까요? 그렇다고 해도 지금의 상황이 급수에는 못 미쳐 보입니다. 그리고 월·일 선전이 있는데 선전의 작용이 나타날까요? 1급이면 좀 심각한 상황인데······.

 잘 보셨습니다

낭월이 봐도 그 정도겠네요. 다만 신약한 사주는 주로 세운의 영향을 많이 받는다는 생각을 해봅니다. 그래서 작년이나 올해(1999년)가 무인·기묘년이라는 점을 감안했을 때 자신의 능력을 발휘하기가 어렵지 않았을까 하는 생각이 드는군요. 그리고 앞으로 남방운에서 운신하는 것이 만만치 않다고 봅니다. 그리고 선전현상은 주로 운이 나쁠 때에 나타나지만 대부분은 술에 취했을 때 더 강하게 나타나는 것을 많이 보았습니다. 그러니까 여성으로 술을 많이 먹지 않는다면 굳이 선전작용이 나타난다고 하기는 어렵겠네요. 참고하시기 바랍니다.

885 결혼이 가능할까요?

```
時 日 月 年
辛 戊 辛 戊
酉 戌 酉 午
```

유월(酉月)의 무술생으로 상관이 왕하여 다소 신약해 보입니다.

멀리 연지의 오화를 용신으로 하고 희신은 木으로 판단하였습니다. 용신이 일간에서 멀고 희신의 생조가 없어 무력함을 느끼게 합니다. 그래서 등급은 8급 정도로 보입니다.

그런데 사주에 관성이 없고 상관만 왕하므로 결혼할 수 있을지 생각해보았습니다. 결론은 가능하다고 생각됩니다. 이유는 木 관성이 희신이고, 대운이 火·木으로 흘러 나쁘지 않기 때문입니다. 다만 왕성한 상관으로 인해 주위에 남자는 많으나 마음에 드는 상대를 찾기가 쉽지는 않아 보입니다.

그런데 무술 일주의 구조는 조금 아리송합니다. 또, 木이 원국에 들어왔을 때 용신인 오화를 생조하기는 하나, 일간인 무토의 주위에서 土를 직접적으로 극하는 관살의 작용을 하기는 어려워 보입니다. 그래서 결혼을 하더라도 주말부부 등과 같이 떨어져 있지 않으면 안 되지 않을까 싶습니다.

 염려하지 않으셔도 될 것으로 생각됩니다

너무 걱정이 많으셨네요. 관살운에 결혼하게 될 것입니다. 용신이 남편이라고 한다면 오화가 대단한 힘으로 도움을 주고 있는 것으로 보이며, 남편궁에서 별 도움이 없더라도 상관이므로 아내가 남편에게 능히 희생할 수 있을 것입니다. 또한, 남편은 기본은 다소 부족하더라도 용신이므로 힘을 발휘해서 가정을 돌본다고 봅니다. 더구나 운도 남방을 달리고 있으니 나쁠 이유가 없겠습니다.

886) 용신과 등급은?

```
時 日 月 年
丙 辛 庚 辛
申 巳 子 亥
```

1) 자월의 신사 일주입니다. 자월이라 추운데 일간 신금은 크게 약해 보이지 않습니다. 금수상관희견관(金水傷官喜見官)으로 시(時)의 병화를 용신으로 하고 보니 뿌리인 일지의 사화가 신금과 합이 되어 용신기반으로 판단됩니다. 희신은 木으로 보았고 등급은 8급 정도로 생각됩니다. 맞게 보았나요?

2) 심리적인 부분을 보면 신사 일주로 관성을 깔고 있는데 다시 병화 정관과 합이 됩니다. 이 때는 상관의 심리가 작용하는데 정관의 심리는 아예 무시되는지, 아니면 정관의 심리가 있으나 상관이 더 강하게 작용하는지요?

3) 일간 신금이 시간의 병화와 합이 되고 일지 사(巳) 속의 병화와도 암합이 되는데, 이것은 어떤 의미로 볼 수 있을까요?

A 육합은 별로 고려하지 않습니다

1) 그렇습니다. 관살을 쓰면 되는데, 일지의 사화가 약하다고 보고 병화가 시간(時干)에서 일간과 합이 되어 있는 것은 기반이라고 하지 않습니다. 일간이 아닌 다른 것과 묶여 있을 때에만 기반이라고 합니다. 겨울이라는 점을 고려해서 조후가 되었으므로 7.5급 정도로 봐도 되지 않을까 싶습니다.

2) 정관성이 있으면서 과다한 것에서 벗어나려고 하다 보니 상관성 기운이 발생하는 것으로 보고 있습니다. 물론 정관의 성분은 그대로 존재한다고 봅니다.

3) 합은 하나로 충분합니다. 그리고 일지의 사화가 시지의 신금과 합하는 것은 별로 고려하지 않습니다. 육합은 효력이 없는 것으로 보고 싶어서이지요. 참고하세요.

 합리적이지 못한 정관

```
時 日 月 年
庚 丁 壬 丁
戌 巳 寅 未
```

위 사주는 정관의 상태가 반듯하지 못합니다. 기본적으로는 정관의 합리성을 갖고 있겠지만, 정관의 태도는 두 여자 사이에서 고민하는 여복이 많은(?) 사내의 형국이지요.

그래서 이 사주의 주인공은 합리적인 사고로 바른 논리를 펴나가다가도 순간순간 자존심이나 작은 이익 때문에 아주 비합리적인 행동을 할 것으로 보입니다. 아마도 정관이 투합을 이룬 상태에서는 정관의 특성인 합리성을 찾아보기 어려울 것이란 추측입니다. 어떻게 보시나요?

 일리가 있다고 봅니다

일간의 입장에서 좌우에 정관이 있다면 혹시 그러한 현상을 고려해야 할지도 모르겠습니다만, 월간의 정관이 다시 연간의 정화와 합이 되어 직접적으로 크게 영향을 미치지 않을 것으로 보고 싶습니다.

888 도움이 안 되는 용신을 써야 할까요?

```
時 日 月 年
丁 戊 己 甲
巳 寅 巳 辰
```

　용신을 살펴보면, 먼저 인성과다에 조후까지 고려해보았을 때 辰 중 계수가 보이는데, 지장간에 있고 주위 상황까지 나빠서 일단 보류하는 데 동감합니다. 다음으로는 당연히 인목보다 巳 중 경금을 먼저 봐야겠지요. 巳 중 경금은 그 자체로 너무나 무력하기 때문에 용신으로 쓸 수 없고, 다음 차례가 인목이군요. 그런데 인목 역시 합이 없으나 火를 생조할 뿐 거의 일간을 극하지 못하는 형국으로 보입니다. 더욱이 운에서 木운이 온다고 해도 사주에 도움이 될 것이 없어 보이고요. 과연 인목을 용신으로 볼 수 있는지 의문입니다. 상태는 좀 낫지만 사주에 도움이 안 되는 인목보다 무력하지만 辰 중 계수를 쓰는 게 옳지 않을까요? 희신은 金이 되면 좋고요.

 木을 쓸 수밖에 없겠네요

　水를 희망하므로 水운에서 발하게 될 것입니다. 다만, 원국에서 木을 쓸 수밖에 없어 보이기는 하네요. 혹시 말씀하신 대로 木운보다 金운에서 좋았다면, 역시 水를 용신으로 하고 金을 희신으로 해야겠습니다. 그러나 이것이 확인되기 전에는 우선 인성과다에 관살을 용하는 것으로 봐야 하지 않을까 싶군요.

 8급도 8급 나름

```
時 日 月 年
戊 己 辛 庚
辰 亥 巳 戌
```

위 사주가 8급밖에 안 되는 이유가 궁금합니다. 식신생재의 흐름이 좋지 않지만 사해충이 희신의 충이니 치명적이지 않을 뿐만 아니라 기신도 깨지므로 그다지 문제가 된다고 보기 어렵습니다. 물론 처의 상태가 조금 나빠지고 정신적으로 안정감이 적어지겠으나 8급은 야박한 점수로 보입니다.

 너무 야박했나 싶네요

급수에 의문이 있으셨군요. 일리가 있습니다. 당시에는 월지를 얻지 못했고 일지의 용신이라고는 해도 좌우에서 생조해주지 않는데다, 희신에 속할 것으로 보이는 金도 불 위에 앉아 있어서 용신이 고립되므로 8급 정도로 봤습니다. 질문하신 글을 읽어보니 너무 야박했나 싶기도 하네요. 7급으로 수정하시기 바랍니다.

조토도 金을 생할 수 있나요?

```
時 日 月 年
戊 庚 辛 辛
寅 戌 卯 亥
```

서리가 내리는 목왕절에 조토를 깔고 있는 경금 일주가 과연 강할지 궁금합니다. 서리(신금)가 내린다고 해도 역시 목왕절임이 분명하고, 서리가 지지에 뿌리를 내리지 못하는 점으로 봐서는 신금의 역량이 그다지 강하다고 볼 수 없지 않을까요? 묘목은 해수의 생을 받아 원기를 회복하는 모습이기도 합니다.

대운에서의 축토를 그냥 기토 정도로 본다면 월지 이외의 술토는 그냥 무토로 봐도 되겠습니까? 술토는 쉽게 木의 공격을 받지 않는 특징이 있다고 말씀하신 점으로 봐서는 월지 이외의 술토도 본연의 속성을 그대로 지닌 조토로 金을 생할 수 없는 경우에 해당하지 않을까 해서 질문 드립니다.

 아주 강하다고 하기는 어렵겠습니다

木과 金이 대립하고 있는 형상이라고도 할 수 있지 않을까 싶습니다. 그래서 金이 약하지 않다고 봤는데, 혹시 술토 옆에 사·오화가 있거나 천간에 병·정화가 있다면 약하다고 해야 할 형상이라고 생각됩니다. 아주 강하다고 하기는 어려운 형상이네요.

891 희신에 대한 질문입니다

```
時 日 月 年
癸 壬 辛 丁
卯 寅 亥 亥
```

해월의 임인 일주로 갑목당령으로 태어났습니다. 갑목당령이지만 水의 세력이 만만치 않아 보이고 비겁이 강하여 木 용신으로 생각했습니다. 다음에 희신을 살펴봐야 하는데 그게 만만치 않습니다. 水가 많아서 병이니 희신으로 볼 수 없고, 土로 잡자니 지나온 날들의 운에서 土는 영 아닙니다. 조후를 고려해서 火로 봐야 할까요? 인목 속의 병화와 연간의 정화로 이미 조후는 필요 없다고 봐야 하지 않나요? 34대운의 운을 살펴보니 돈은 벌었다고 하지만 그 밖에는 안 좋은데 火를 희신으로 봐야 합니까?

 조후가 필요합니다

火를 희신으로 한다고 해서 반드시 조후라고 할 수 없습니다만, 사실 용신의 입장에서는 조후가 필요하지요. 그래서 火가 희신이 됩니다. 갑목의 입장에서 희신을 정하면 큰 무리는 없다고 봅니다. 참고하시고요. 여름을 좋아하신다니 다행이네요.

892 천기를 받은 상관

```
時 日 月 年
壬 辛 甲 己
辰 酉 戌 酉
```

예전에 어느 선생님께서 강의하신 내용의 일부를 옮겨보겠습니다. 사부님께서도 기억이 나실지 모르겠습니다.

"신강하여 시간의 상관 임수를 용하고 재성인 木을 희신으로 합니다. 그러므로 상관이 재를 생하는 형태입니다. 상관이 월을 얻지 못하였으니 가상관격인데, 상관이 생과 극을 적절하게 받아 뿌리는 매우 튼튼한 형태가 됩니다. 그리고 천기는 월주와 시주에만 통하지 연주와 일주에는 오지 않습니다. 시주의 상관이 천기까지 받아서 세상에서 가장 뛰어난 능력을 가지고 있습니다. 만약 이렇게 좋은 상관을 쓰지 못하면 평생 두고두고 후회하게 될 텐데 천기를 받은 이 상관을 못 쓸 리 있겠습니까? 32세부터 남쪽과 동쪽으로 대운이 흐르니 상관이 관성과 재성을 만나 앞으로 자신이 가진 재주를 평생동안 마음껏 뽐낼 것입니다. 이런 상관이라면 아마 32세 이후에는 신기에 가까운 재주를 가지게 될 것입니다."

중간 부분은 별다른 내용이 없는 듯하여 생략하였습니다.

1) 위 사주는 상관생재격인데 상관과 재성의 사이에 일간이 있어서 조금 떨어져 있습니다. 이런 경우에도 생으로 봐야 하나요? 생은 되지만 바로 옆에서 생하는 것보다는 힘이 약할 것으로 생각되는데요.

2) 천기를 월주와 시주에서 받는다는 것이 무슨 의미인가요?

3) "32세 이후에 상관이 관성과 재성을 보고 앞으로 자신이 가진 재주를 마음껏 뽐낼 것입니다."는 것을 보면 대운이 火·木운이란 말인데, 木은 재성으로 희신이니 상관이 재성을 보아 좋지만 火운은 관살운으로 한신운입니다. 관살운이 좋다는 것은 어떤 의미에서인지요?

저는 사주의 다소 추운 기운을 몰아내고 온기를 가져와서 길한 것이 아닌가 생각하였습니다.

 그다지 추운 사주가 아닙니다

1) 옳은 생각입니다.

2) 모르겠네요. 월주와 시주는 지지가 중심이 된다는 의미에서 나온 이야기가 아닐까 싶은데, 다른 의미가 있는지는 모르겠습니다. 몰라도 되는 이야기라고 생각합니다.

3) 경금운이 오면서 상관이 빛을 낼 것으로 판단한 것 같습니다. 32세부터는 경오대운이지만 상반기에는 경금이 작용한다고 보기 때문이지요. 그렇지만 특별히 경금이어서 능력이 발휘된다고 보기는 어렵겠습니다. 실제로 재운이 오면 더욱 능력을 인정받을 것도 같습니다.

그리고 관살이 추위를 몰아내서 길한 것이 아닐까 하셨는데, 이 사주는 그다지 추운 사주가 아니라고 생각됩니다. 참고하시기 바랍니다.

893 식신을 용신으로 삼아야 할까요?

```
時 日 月 年
辛 乙 甲 甲
巳 酉 戌 寅
```

위 명식에서 을유 일주가 술월에 태어나 약해 보이긴 하지만 연주와 월간의 갑목이 술토를 제압하고 있고, 시지의 사화가 金을 극하고 있으므로 약하지 않다고 보고, 겨울에 태어난 을목이므로 불이 필요하다고 봐서 사화를 용신으로 삼는 것이 맞나요?

또한, 식신을 용신으로 보았을 때 희신은 재성이 된다고 보는 것이 맞는지요?

 신약용겁으로 생각됩니다

극도 약해지지만 설도 약해진다는 것을 고려하시면 답은 간단합니다. 결국 극·설이 교차된다는 것을 알게 되지요.

그래서 인성이 아니고는 불가능하다고 보지만, 인성도 약하다고 봐서 신약용겁격으로 봐야 하는 형상으로 생각됩니다.

참고되시기 바랍니다.

894  金 용신인가요, 水 용신인가요?

```
時 日 月 年
癸 乙 辛 庚
未 卯 巳 戌
```

사월(巳月)의 을묘 일주로 월령은 얻지 못했으나 일지를 얻었고, 시지의 미토가 합을 하고 시간(時干)에 인성이 있으니 약하지 않다고 봅니다. 金 용신으로 봐야 할까요, 아니면 그냥 조후를 사용하여 水 용신으로 봐야 할까요? 많이 생각해봤는데 분명하지 않습니다. 초년에 갑자기 집안이 나빠진 경우입니다. 20대운에는 아주 많이 힘들게 살았다고 합니다. 1997년 정축년에 아버지가 돌아가셨습니다. 축미충으로 편재가 충을 받아서 그럴까요? 자식의 사주에서도 부모의 운을 집어낼 수 있는지 궁금합니다. 시주에 있는 편재나 정인은 부모로 볼 수 없다고 하신 말씀을 들은 것 같은데, 아무리 생각해도 잘 납득이 가지 않습니다.

A 여름 나무로 水가 최고입니다

별로 왕하지 않은 구조에 여름에 태어난 나무라면 水가 최고입니다. 인성이 필요하며 조후의 의미도 있습니다. 편재가 년·월에 있다면 아버지로 볼 수 있습니다. 이 경우는 편재가 시지에 있으니까 별로 비중이 없지만, 대신 연지의 술토를 부친으로 볼 수 있지 않을까 싶네요. 따라서 부친의 상황을 고려할 수 있고, 어머니도 마찬가지입니다. 참고만 한다는 것이지 확신할 수는 없다고 이해하시면 되겠습니다. 발전하세요.

 신약, 신강 어느 쪽이 맞나요?

```
時 日 月 年
甲 丁 戊 乙
辰 卯 子 酉
```

신강으로 보면 전체적으로 사주가 더우니까 용신이 월지의 자수라고 생각되고, 신약이면 일지의 묘목이라고 생각됩니다. 이 분은 대학교를 졸업하고 이제까지 중견기업에 근무하고 있는데, 직급은 이사이며 대체로 평탄한 삶을 살아왔습니다. 이제 퇴직하여 새로운 인생(회사)을 개척하고 싶어서 이 왕초보에게 앞으로 좋을지 나쁠지 물어보는데 용신에서부터 헷갈립니다. 사주 자체는 오행이 중화되어 좋아 보이는데, 용신이 무엇이냐에 따라 대운이 달라지니 어렵습니다.

 더운 구조라기보다 썰렁한 구조입니다

자월이라는 상황을 고려해보면 더운 구조는 아니네요. 을유와 무자는 매우 썰렁한 구조라고 해야겠습니다. 그래서 일지에 묘목을 얻은 것이 천만다행이고, 갑목이 시간에 있는 것은 자랑이라고 하겠습니다. 결과적으로 앞으로 좋다고 할 수 있겠네요. 그 동안 남의 일만 하다가 앞으로 자신의 일을 해보실 수 있는 운이 아닌가 싶습니다. 용기를 드려도 되겠습니다.

다만, 내년(2000년)과 후년(2001년)은 주의를 해야겠습니다

 사주 작성 질문입니다

```
時 日 月 年
己 丁 甲 戊
酉 酉 寅 午
```

시간의 오차를 대입하면 사주는 위와 같이 인월에 태어난 정화 일주가 됩니다. 위 사주가 맞다면 정화 일주가 무토당령이라 木의 힘이 약하고 木의 뿌리가 없어서 더욱더 약해졌다고 봐서, 인성을 용신으로 水를 희신으로 보는데 어떤지요?

 잘 하셨습니다

오전에 태어났으면 입춘 전이기 때문에 월주와 연주가 바뀌지만, 저녁에 태어났으므로 그냥 갑인월이고 유시로 잡으면 되겠습니다. 용신도 그렇게 보면 무리가 없겠네요. 어린 나무를 의지하는 정화이므로 인성이 필요하다고 보는 것이 타당하며, 金을 두려워하고 木의 입장에서 조후도 필요하므로 火도 좋은데, 水는 아직 크게 필요하지 않다고 봅니다. 너무 이른 봄이어서 말이지요. 참고하시기 바랍니다.

897 희·용신 찾기가 자신없습니다

```
時 日 月 年
甲 辛 丙 辛
午 巳 申 卯
```

1) 신사 일주가 신월에 태어나긴 했어도 일지인 사화가 일간을 극하고 있고, 세력도 별로이므로 신약 사주로 보입니다. 월령에 들어 있는 무토를 용신으로, 火를 희신으로 보면 어떨까요?

2) 한 직장에 꾸준히 못 있고 자꾸 뛰쳐나오는 사람인데 현재도 놀고 있다는군요. 부인의 말에 의하면 火운이 괜찮았던 것 같다고 합니다. 어디 가서 물어보니 내년(2000년)에 죽을 우려가 있다고 했다는데 과연 그럴까요?

ⓐ 土가 필요합니다

1) 土가 필요한 것이 틀림없고, 월지에 있든 일지에 있든 큰 차이는 없다고 봅니다. 기왕이면 신사일은 金의 생지가 되기도 하므로 일지의 무토를 뿌리로 보면 좋겠습니다.

2) 火운이 좋았다면 구체적으로 확인해보시기 바랍니다. 어느 나이 대에 어떻게 좋았는지 확인해보시고, 세운이 어떻게 연관되었는지도 참고해야 합니다. 만약 병화운이라도 세운이 기축년이면 좋을 수 있기 때문이지요. 그리고 내년에는 발전할 것으로 보이는데, 죽는다는 말을 하는 것은 이해가 안 되네요. 내년에 꽤 재미가 있지 않을까 싶습니다. 마음 놓으시라고 말씀드리고 싶습니다.

 연애와 결혼

```
時 日 月 年
丙 己 戊 甲
寅 卯 辰 寅
```

1) 관운이 기신이라서 남자 때문에 스트레스를 받지만 일단 관운이 오면 결혼은 성사된다고 보면 됩니까?

2) 관운은 결혼이 아니라 연애를 의미하는 것이라고 생각합니다. 즉, 남자와의 인연이지 결실은 아닌 것 같거든요. 그래서 위 사주의 경우 관운에 연애가 지속되며, 올해(1999년) 결혼하지 않으면 내년 경진년(2000년)은 상관운이라 애인과 결혼 자체가 무산될 수도 있지 않을까 추측해봤습니다. 현재 두 사람은 결혼을 원하지만 남자 부모님 쪽에서 천천히 하라고 하신다는데, 제가 궁금한 것은 결혼 적령기에 관운이 와도 연애로만 끝날 수 있지 않을까 하는 겁니다.

A 의견이 타당하다고 봅니다

1) 의미심장한 말씀이시네요. 기신이라도 결혼하는 것이 자연의 법칙입니다. 결과는 어쨌든 결혼할 대상이 나타나는 것이 이성의 인연이지요.

2) 이성 인연이 와도 반드시 결혼한다고 보기는 어렵다는 의견에 동의합니다. 그렇다면 어떤 운에서는 연애로만 끝나고, 어떤 운에서는 결혼까지 가는 것인가가 숙제로 떠오르네요. 참 어려운 문제입니다.

899 희·용신이 어렵네요

```
時 日 月 年
戊 庚 丙 丙
寅 午 申 申
```

신월 경금당령의 경일 출생으로 金과 火가 양분되어 있습니다. 년·월의 신금은 천간 丙의 극을 받아서 힘을 쓸 수 없지만 그래도 월령을 얻었고, 또 시간(時干)의 편인 무토는 시지 인목의 상극으로 약한 것 같지만 일지와 시지의 인오합으로 제 역할은 할 수 있지 않을까 생각해봤습니다. 관성인 火의 역량이 강한 것 같지만 한편으로는 일간 경금의 모습도 그렇게 약한 것 같지 않아서 희·용신을 찾기가 쉽지 않습니다.

통관을 고려하여 土를 용할 경우 희신은 어떻게 적용하나요? 현재 사회적으로는 중간급 공무원이며 그런대로 안정된 생활을 유지하고 있는데, 신(辛)대운에서 관성과 합이 될 경우 어떤 영향이 있을까요?

특이한 것은 현재까지 노총각이고 신축대운에도 결혼은 쉽지 않을 것 같은데, 세운에서 재성운이 들어올 경우 결혼이 가능한지 궁금합니다.

 만만치 않은 배합이네요

살도 만만치 않고, 일간의 세력도 대항할만하다고 봅니다. 그래서 그냥 살을 용신으로 하고, 유통을 겸해 인성으로 일간을 보호해야겠습니다. 이 경우에 재성은 필요 없다고 봐야겠습니다. 희신을 정할 때 용신이 너무 왕하므로 희신으로는 설하는 것이 좋지 않을까 싶습니다. 현재의 신금대운은 평운입니다. 아직 결혼을 못 했다면 올해(1999년)라도 서둘러서 해야겠네요. 올해 좋은 인연을 기대해봐야겠습니다.

 목축업을 하고자 합니다만……

```
時 日 月 年
丙 乙 庚 辛
戌 未 寅 丑
```

　인월의 을미생으로 재·관이 강하므로 용신은 월지의 인목으로 보았습니다. 월간과 연간의 金이 병이라 水를 약신(藥神)으로 삼아야겠습니다. 맞게 보았는지요?
　이 사주의 주인공은 현재 직장을 그만두고 전원에서 가축을 기르는 목축업을 하고자 합니다. 水·木이 용신이라 괜찮아 보이는데 어떤가요? 다만 운로가 金운으로 가고 있는 것이 아쉽게 느껴집니다. 그리고 목불수수자혈병(木不受水者血病)이라 하였는데 이 사주의 경우에도 해당될까요?

 기본적으로는 하지 않는 것이 정답입니다

　사업을 하는 운으로는 맞지 않는다고 봐야겠습니다. 운이 약해서 뜻대로 되기 어렵기 때문이지요. 현재 운이 병화로 접어들고 있고 다음에 술토가 된다면 무리하지 않는 것이 좋겠습니다.
　목축을 하는 것도 운이 좋아야 합니다. 경험도 없이 시작해서 결과가 엉망이 될 가능성이 많지요. 아무리 급해도 임오년 이후에나 고려해봐야겠네요. 물론 그 동안에 길러서 임오년 이후에 수익이 된다면 가능성이 있겠는데, 그 때까지 버틸 수 있는지 물어봐야겠습니다.
　그렇지 않다면 애초에 시작을 말고, 혹시 견딜 수 있다면 한번 정밀검사를 해볼 필요가 있습니다.

 약화위강

```
時  日  月  年
丁  乙  壬  庚
丑  亥  午  子
```

　오월(午月)의 을해 일주입니다. 득지했으나 실령·실세이므로 신약할 것 같지만, 월령인 오화의 입장에서 3개의 水에 둘러싸이고 연간 경금은 오히려 水에 힘을 보태는 구조입니다. 또한 시간의 정화마저 축토에 설기당하고, 자오충은 약해진 火에 KO 펀치를 날리고 있어서 보기와는 달리 매우 신강한 사주로 화(化)했습니다. 용신은 火가 분명해 보이는데 희신을 잡기가 만만치 않군요. 土 중에서 화기(火氣)를 설하지 않는 미토와 술토가 희신이 되어야 할 것 같은데 맞나요?

A 맞습니다

굳이 설명드리지 않아도 되겠습니다.

902 충과 합의 교통정리

```
時 日 月 年
辛 丁 丁 乙
丑 卯 亥 巳
```

언뜻 신강으로 봤습니다만 사해충·정해암합·해묘반합이 있습니다. 그래서 연지의 사화와 월간의 정화는 도움이 되지 않는다고 판단하여 신약으로 보았습니다. 일지의 묘목에 의지한다고 보았는데 옳게 보았나요?

A 土·金으로 보겠습니다

정해합은 고려할 사항이 아니며, 亥·卯는 수생목으로 유력하니 水의 세력이 거의 삭감되어버렸다고 봅시다. 그래서 정화는 木·火의 세력을 등에 업고 아주 강하네요.

식신생재로 가는 것이 좋아 보입니다.

903 심리적 구조

```
時 日 月 年
乙 甲 己 壬
丑 辰 酉 子
```

위 사주의 심리적 구조에 의혹이 생겼습니다. 합이 없는 상황이라면 우선 순위가 일지겠지만, 갑기합이 있으니 당연히 정재의 성향이 두드러지리라 생각하고 여러 모로 관찰하였습니다. 그러나 결과적으로 위 사람은 편재의 성향이 아주 강하고 다음이 겁재이며, 마지막으로 월간 정재의 성향은 아주 약했습니다. 월령을 고려해봐도 아닌데, 이 사람은 왜 정재의 성향이 미약할까요? 합이 있든 없든 일지가 심리구조에서 절대적이라는 결론에 이르게 만드는 결정적인 사주입니다.

 정석대로 金을 용합니다

일반적으로는 일지가 우선한다고 보는 것이 타당하다고 생각합니다. 그러나 합이 되었을 경우에는 합의 작용이 우선한다는 것이 많은 사주를 관찰하고 얻은 결과입니다. 그런데 위 사주의 주인공을 관찰하시면서 정재의 성향을 느끼지 못하셨다니 낭월이 뭐라고 드릴 말씀이 없습니다만, 그래도 합이 우선하는 것으로 본 자료는 매우 많습니다. 다시 살펴보시라는 말씀을 드리고 싶네요. 그리고 합에 영향을 받지 않는 자료로 분류해두고 좀더 관찰해보시기 바랍니다. 다른 경우에도 또 그러한 현상이 있는지 확인해보시기 바랍니다. 참고 자료 고맙습니다.

 904 일간이 용신에 끌리나요, 합에 끌리나요?

```
 時 日 月 年
 丁 壬 戊 丙
 未 子 戌 戌
```

사주 시스템에 있는 명조입니다. 일지가 용신이라 좋하지 못해서 나빠진 사주입니다. 일지가 용신인데 정임합으로 일간의 마음이 정화로 향하니 불길합니다. 그럼에도 불구하고 스님께서 결국은 그 사람의 마음이 용신인 자수로 향한다고 말씀하셨는데, 그렇다면 정임합으로 일간의 마음이 정화로 가니 사주가 격이 떨어진다는 표현은 어떻게 받아들여야 할지 난감합니다. 어째서 그 사람 마음이 자수로 가는지요? 단지 용신이기 때문에 일간의 마음이 간다면 연지에 있더라도 심리에 영향을 미친다는 말씀 같아서 혼란스럽습니다.

Ⓐ 심리적으로는 합이 우선합니다

현재까지의 생각을 정리해보면 용신에 마음이 끌린다는 것이 일반적인 논리입니다. 그리고 이것이 전혀 근거가 없다고 볼 수는 없을 듯싶습니다. 그러나 일간이 합이 되어 있으면 합이 된 곳으로 마음이 향하는 것이 거의 불가항력으로, 합이 우선한다고 봅니다. 즉 일반 논리에 따르면 용신에 끌리는 것으로 보지만 심리적으로는 합이 우선하게 됩니다.

그런데 용신이 연지에 있다면 심리적인 영향이 다소 덜하지 않을까 싶네요. 또 일간 가까이에 있으면 바로 연결이 되어서 크게 영향을 미친다고 봅니다. 이런 관계에서 통일성을 찾으려고 노력하고 있습니다만 현재로서는 이 정도입니다. 참고하시기 바랍니다.

905 식신제살이 가능할 것 같습니다만……

```
時 日 月 年
庚 乙 丁 戊
辰 酉 巳 申
```

사월(巳月)의 을유 일주입니다. 아주 헷갈리는 사주입니다. 한마디로 극설교가(剋洩交加)의 사주인데 辰 중 계수와 申 중 임수가 일간에 전혀 도움을 주지 못하는 상황이니 정격으로 고집하기 어렵습니다. 을목의 특성을 고려하면 종하지 않고 식신제살격으로 볼 수 있지 않을까 생각하다가 왠지 사신합·사유반합·진유합 등으로 지지가 온통 합을 이루어 식신과 관살이 서로 대치하지 않는 것으로 보입니다. 물론 스님께서는 육합을 전혀 고려하지 않으시지만 이런 경우는 서로의 작용을 억제 내지는 돕는 정도의 작용은 한다고 보고 싶습니다. 그러나 대치만 된다면 관살이 강하니 식신제살이 가능할 것 같습니다. 심리적인 측면에서 보면 편관과 상관적인 기질이 섞여서 스스로를 힘들게 할 것으로 보입니다. 우선 용신을 알고 심리적인 상황을 다시 질문 드리려고 합니다.

식신제살은 어렵겠습니다

어려운 사주도 잘 골라내시네요. 이 역시 만만치 않은 구조임에 틀림없습니다. 극·설이 교차되므로 종하기는 어려울 것으로 보고, 사월(巳月)에 식신제살도 성립하기 어렵겠습니다. 그냥 신약용인격으로 봐야 할 것 같습니다. 그야말로 특이한 경우로 용신이 원국에 없는 상황이네요. 木운은 그런대로 지내왔을 것이고, 앞으로 水운에 안정이 되지 않을까 싶습니다.

906 자식이 없어서 걱정입니다

```
時 日 月 年
壬 丁 壬 丁
寅 未 寅 未
```

1) 정격으로 보면 임수를 써야 하는데 월간 임수는 묶여버리고 사주 내에 金이라고는 전혀 없으니, 비록 일간의 丁이 용신인 임수로 흐른다 하나 무력한 관이 용신이니 9급을 면하기 어렵다고 봅니다. 이렇게 원국이 나쁘면 金·水대운을 만나도 발하기 어려울 것이라고 추측하며 화격이 아닐까 판단했습니다. 현재 이 명조의 주인공은 결혼한 지 5년째로 자식이 없는 것 이외에는 전문가로 잘 살고 있으니까요. 화격이 맞다면 화(化)하는 기운이 부족하니 木을 용신으로 하면 되는데 희신은 어떻게 되나요? 水가 희신인가요?

2) 현재 피임을 안 하는데 5년째 자식이 없다면 일단 자식성이 의

심되는데 역시 관성이 무력하군요. 전에 답변에서 비록 종하거나 화하더라도 십성은 변하지 않는다 하셨으니 결국 관성 무력으로 자식을 보기가 어렵다고 보면 되겠습니까?

 정관의 작용으로 자식이 무력합니다

1) 생각을 많이 하셨군요. 일리가 있는 말씀입니다. 그러나 역시 신왕에 관성을 용신으로 하고 생각해봐야겠습니다. 교과서대로 봐서는 화목격에 해당하는 구조이지만, 시간(時干)의 임수를 관으로 보고 용신으로 삼을 수도 있겠다는 생각이 들어서요. 낭월도 외격으로 보다가 하도 많이 깨지다 보니 일종의 노이로제가 걸렸나 봅니다. 이 분의 경우는 30세 이전의 운을 좀 살펴봐주시기 바랍니다. 金·水운을 지나왔기 때문에 나름대로 무난했을 것으로 봅니다. 그렇다면 단연 용신은 관성, 희신은 재성으로 봐야겠지요. 온갖 고통을 겪었다면 역시 화목격으로 봐야겠습니다. 그렇게 되면 용신은 木이고 희신은 火가 되겠지요.

2) 자식이 무력한 것은 말씀대로 정관의 작용으로 봅니다.

 용신에 대한 질문입니다

```
時 日 月 年
己 壬 丙 己
酉 午 子 酉
```

자월의 임오 일주로 월지와 세력을 얻어서 신강하게 보입니다.

연간과 시간(時干)의 기토가 金을 생하고 있어서 인성이 강해 보입니다. 그래서 火를 용신으로 보고 희신인 木을 운에서 기다리는 구조라고 생각했습니다.

친구의 사주인데, 객관적으로 보기에는 아주 좋은 환경이지만 스스로는 항상 불만이 많습니다. 용신인 火가 충을 당한 작용으로 봐야 할까요(충은 어떤 작용을 하나요)? 아니면 식상이 없어서 흐름이 단절되어 그렇다고 봐야 할까요? 정인의 작용이 직관력이라고 하셨는데 정인이 용신이라면 투출된 경우에 당연히 직관력이 좋다고 하겠죠? 그런데 이렇게 정인이 기신이나 구신에 속하면 직관력이 좋다 해도 그 직관력이 도움이 안 되는 쪽으로 해석해야 하나요?

현재 31세인데 아직 결혼을 못 했습니다. 몹시 하고 싶어하는데 못한 경우입니다. 21세 기토대운이 있었는데 왜 그 기운이 도움이 되지 못했을까요?

 잘 보신 것으로 판단됩니다

초운의 지지 木운은 용신의 입장에서 상당히 활약하는 운이네요. 좋다고 봐야지요. 스스로 만족을 못 한다면 식상이 원국에 없기 때문이라고 할 수 있겠습니다. 정인이 기신이든 용신이든 상관 없이 성격존에 있으면 직관력이 뛰어납니다. 이 경우에는 재성에게 극제를 당하고 일간으로부터 멀리 있어서 직관력이 뛰어나다고 하기는 어렵겠네요. 결혼은 기토가 적절했습니다만, 결혼을 못 한 이유는 세운의 작용도 살펴봐야겠습니다. 올해(1999년)나 내년(2000년)도 결혼을 하기에 적절한 운이라고 보기 어렵습니다. 두고 봐야겠네요. 참고하세요.

908 신약용인격인가요?

```
時 日 月 年
戊 癸 乙 癸
午 未 卯 巳
```

신약용인격으로 보고 연지에 들어 있는 경금을 용신으로 생각했는데, 아니라면 종세격으로 봐야 하나요?

 그렇게 봐야겠습니다

이런 구조는 앞으로 계속 봐야 할지도 모르겠습니다. 우선 보기에는 무계합으로 火기운을 만들고 있고 木의 세력이 상당해서 종아를 할 수도 있겠다는 생각이 듭니다. 연세가 있으므로 무오·기미대운을 어떻게 보냈는지 확인해봅니다. 무난하게 잘 보냈다면 종아생재격으로 해석할 수 있습니다. 기본은 종격은 없다는 것입니다.

909 식상이 있어도 종왕격이 될 수 있나요?

```
時 日 月 年
辛 己 甲 己
未 丑 戌 丑
```

처음에는 종왕격으로 보고 용신을 土, 희신을 火, 기신을 木, 구신을 水, 한신을 金으로 생각했습니다.

그런데 식상이 없어야 종왕이 된다고 해서서 다시 들여다보았습니다만, 그렇다고 신왕식상격이 되기에는 실제의 운과 잘 안 맞습니다.

경오대운 초반의 세운에서 木운이 들어왔을 때 아주 좋지 않았고, 그 후로는 현재까지 사업도 아주 잘 되고 있답니다. 제가 사주 공부를 한다니까 내년(2000년)에 대확장을 할 계획이라면서 괜찮을지 물어보는데(테스트를 하는지 몰라도) 저는 아직 그런 대답할 실력이 안 되어 영 자신이 없습니다.

그리고 이 사주에서 갑기합이 어떻게 작용하는지 책을 찾다가 보니, 화토격이 되는 전제 조건으로 土를 극하는 木이 있어야 한다는데 이 경우에는 가화격이 될 수 있나요? 더욱이 축미충까지 있으니까요.

 구조로 봐서는 종왕격이 불가능합니다

그대로 식신을 쓰고 재운을 기다리는 형상입니다. 세운과의 관계도 고려해서 대입해보시기 바랍니다. 金운이 좋고 水는 희신으로 보고 싶네요. 즉, 목기(木氣)는 약하고 土기운으로 끌려가는 갑목이라고 이해하면 되겠습니다.

연구 잘 하고 계시네요. 발전하시기 바랍니다.

 당령하지 않은 월을 용할 수 있나요?

```
時 日 月 年
己 乙 丁 甲
卯 卯 丑 寅
```

강해 보여서 식신생재격으로 생각했는데 당령이 土가 아닙니다. 이 경우에 흐름이 생기는지 궁금합니다.

A 충분히 가능합니다

월을 용할 수 있으며, 흐름도 생기네요.

 사령을 반드시 참고하시나요?

```
時 日 月 年
戊 戊 甲 甲
午 寅 戌 戌
```

1) 술월의 무인 일주입니다. 사주를 보면 우선 약간 살벌한 기운이 느껴집니다. 신강 사주인데 戌 중 신금은 설기가 부족해서 쓸 수 없습니다. 부득이 갑목을 용신으로 보면 인오술 화국(火局)으로 화기(火氣)가 강해져서 갑목을 쓰기가 부담됩니다. 水를 기다리는 사

주가 아닐까 생각합니다. 이런 사주의 등급은 9급으로 봐야 할까요? 도무지 水·木운이 와도 발복할 것 같지 않아서 말입니다.

2) 만약 월령이 신금사령이었다면 戌 중 신금을 쓸 수 있을까요? 저는 사령을 적용해본 적이 없는데 스님께선 사주를 감정할 때 월령을 그냥 적용하시는지, 사령을 반드시 참고하시는지 궁금합니다.

 경술월이 아니라면 크게 비중을 두지 않습니다

1) 운의 발복은 발복이고 원국의 구조는 구조지요. 술월의 木을 쓴 구조여서 8급 정도로 봐야겠습니다. 기본적으로는 土가 많아서 木을 쓰는 것이 맞거든요. 진월이었다면 7급도 가능할 듯하네요.

2) 신금이라고 해도 갑술이라면 그대로 갑목을 써야 한다고 봅니다. 경술월이 아니라면 사령은 크게 비중을 두지 않습니다. 참고 정도이지요. 그래서 월령을 그냥 적용하는 편이고, 만약 무토당령에 경술월이라면 경금에 비중을 두겠습니다. 그러니까 투출된 성분에 우선 비중을 둔다고 보면 적절할지 모르겠네요.

912 신강으로 보기에 좀 꺼림칙해서요

```
時 日 月 年
丙 壬 癸 丁
午 辰 丑 酉
```

임수가 강하다고 보고(사실 신강, 신약이 좀 어렵습니다) 용신을 찾는데, 젖은 진토밖에 없어서 하는 수 없이 오화에 의지한다고 보고 진토를 용신으로 생각해봤습니다. 이런 경우도 있는지 자신이 없습니다. 젖은 土를 불로 말리려니 연기가 풀풀 나지만 별다른 대안이 없어 보입니다. 어려서 아주 어렵게 지냈고(여기서 힌트를 얻어 신강으로 보았습니다), 힘들게 대학을 졸업해서 대기업에 들어가 잘 살다가 무슨 바람이 불었는지 내년(2000년)에 사업을 하겠다고 합니다. 이제 막 무토대운에 들어서 당장은 괜찮아 보이는데 5년 후 신금을 오화가 잘 막아낼까요? 그 후에는 좋아 보입니다만. 신강 사주에 재성이 여럿이니 부자 사주가 아닌지 모르겠습니다.

 잘 하셨습니다

그렇게 운을 봐서 용신에 참고한다면 많은 도움이 될 것입니다. 그리고 진토를 용하는 임수는 없습니다. 더욱이 일지의 진토는 불가능합니다. 그냥 재성을 쓰고 木을 기다리는 것으로 보고 싶네요. 나중에 발하게 되는 사주입니다. 지금은 사업을 해서는 곤란하지요. 정미대운 전에는 무리하면 실패하기 쉽습니다. 기묘년(1999년)인 올해 묘목의 운을 받아서 자신이 있다고 해도 내년(2001년)에는 다시 부담이 된다고 해석하고 싶습니다.

913 붕충(朋沖)

時	日	月	年
壬	丙	乙	癸
辰	申	丑	未

이 사주로 축미충을 연구하다가 문득 '신약해서 관·인을 용신으로 본다'는 분의 견해에 이견이 생겼습니다. 물론 이 분의 경우는 질문의 초점을 직업에 맞추서서 별 문제는 없겠지만요. 축월의 병신 일주가 신약하므로 木을 용신으로 보는 데는 이견이 없습니다만, 희신을 水로 보시는 것은 공감하기 힘듭니다. 木 용신이 약해서 水를 희신으로 보신 듯한데, 이 사주는 축월이라 수기(水氣)가 강하니 당연히 未 중의 火가 희신이 되며, 아울러 축미충의 영향은 더욱 커질 것이라는 생각입니다. 축월에 나무만 있다고 불이 살아날 리 없을 것 같습니다.

따라서 연지 未 중의 을목과 정화가 희·용신인데 충을 만나서 등급이 두 계단 하락할 것 같습니다.

 타당성이 있다고 봅니다

을목의 입장에서는 겨울인 상황을 고려하여 희신으로 水보다는 火가 낫다고 보는 것이 합당합니다. 잘 생각하신 것 같습니다.

 심리적 문제

```
時 日 月 年
壬 丙 甲 丁
辰 辰 辰 未
```

심리적으로 볼 때 식신이 과다하면 상관의 양상을 띤다는데, 이렇게 식신이 지지에만 있는 경우에도 적용됩니까? 아니면 식신의 힘이 강하다고 봐야 합니까? 지금까지는 천간에 2개 이상의 식신이 노출되어 있는 경우에 상관의 경향을 띠며, 지지의 식신은 그저 투출한 식신의 뿌리로 작용할 뿐이라고 생각했는데, 이 친구의 사주를 보니 그렇지 않더군요. 식신이 과다하여 상관적 성격을 나타내는 경우의 수를 말씀해주시면 다른 심리 관찰에 아주 유용할 것 같습니다.

참고로 위 사주의 친구는 꾀가 많아서 궁리하는 머리도 좋으며, 문제는 별명이 '까불이'라고 불릴 정도로 상관적 기질이 많이 나타나고 상관적 성격이 드러나 보인다는 것입니다.

 상관의 특성이 보입니다

좋은 말씀입니다. 항상 주변의 생생한 자료를 놓고 임상하는 것은 아주 좋습니다. 병진 일주의 특성 때문에 상관이 보인다고 생각합니다. 설기가 너무 잘 되어 속도감이 있다 보니까 상관으로 보이는 것이 아닌지 모르겠습니다.

구체적으로 관찰하실 때에 상관인지(밖으로 자신의 이미지 관리에 관심이 더 많음), 신속한 식신인지(자신의 의견을 표현하는 것, 특히 연구 궁리한 것에 대해서)를 구분하여 접근해보시기 바랍니다. 뭔가 상관과는 다른 차이점을 느낄 수 있지 않을까 싶네요.

그리고 지지에 깔려 있는 것으로는 심리적으로 큰 영향을 받는다고 보지 않습니다.

915 합과 충의 영향

```
時 日 月 年
戊 丙 丙 乙
子 午 戌 卯
```

火의 기운이 뻗쳤습니다. 시지 자수를 용하고 싶은데 영 불편해 보입니다. 용신이 무력하고 충까지 있네요. 오술합과 자오충을 어떻게 해석할까요? 혹시 자오충 때문에 종격으로 가지는 않겠지요?

A 자오충은 분주함입니다

식신을 쓴다면 자수는 한신이지요. 식신으로 용하고 재성을 기다리는 것이 좋겠습니다. 자오충은 분주하다는 정도로 해석할 수 있습니다. 좀더 임상해보시기 바랍니다.

916 정신적 문제

```
時 日 月 年
辛 丙 丙 庚
卯 寅 戌 戌
```

1) 술월의 병인 일주입니다. 득세를 못 했으나 술토라서 병화의

설기가 심하지 않은 걸로 보면 신강으로 볼 수도 있을 것 같습니다만, 가을의 木·火는 무력하므로 신약으로 판단하였습니다.

등급은 일지가 용신이고 용신이 그다지 무력해 보이지 않으므로 7급으로 보려다가, 일간의 마음이 신금에 가 있어서 8급으로 보았습니다.

2) 용신의 상태나 운로로 봐서 이 명조의 주인공이 어려서부터 정신지체자라는 것이 잘 납득이 안 됩니다.

요리조리 궁리하고 갖다 붙여서 결국 초년의 유대운은 묘유충이고 신대운은 인신충이니 그럴 수도 있겠다고 생각하다가도, 유대운의 세운이 火운이니 그렇게 심각한 문제가 있을 리 없다고 생각했습니다.

과연 이 사주의 문제점은 무엇입니까?

 정신 장애는 사주로 알 수 없습니다

1) 상당히 강한 사주로 봐야겠네요. 인성이 있어서 생조를 해준다면 강한 것이 왕한 것에 비해 힘이 있다고 봅니다. 재성을 용하고 식상으로 희신을 삼는 구조로 보입니다.

2) 정신지체라면 질병으로 봐야겠네요. 저능아의 모습을 보인다는 말씀인 듯싶은데, 그렇게 간단한 문제가 아닙니다. 정신 장애라는 것은 원인이 사주에 있다기보다는 선천적입니다. 그리고 임신 중의 음주나 약물 복용 때문에 생기는 경우가 아주 많다고 들었습니다. 가끔은 묘지 문제를 이야기하기도 합니다. 어쨌든 사주보다는 유전적이거나 산모에게 원인이 있다고 생각해야 하지 않을까 싶습니다. 재성이 용신이라면 정신이 없다고 할 수도 있겠습니다. 용신이 생기를 받지 못하고 있기 때문이지요. 정신 장애는 사주로 알 수 없으며, 용신이 무력해서 사회 적응에 애로가 많겠다는 정도로

판단하는 것이 명리학자의 몫이 아닌가 싶습니다.

 관살혼잡

```
時 日 月 年
甲 己 乙 辛
戌 亥 未 酉
```

1) 이 명조의 주인공이 미대를 목표로 해서 그림공부를 한다는데, 사주 구조와 기해 일주의 특성으로 봐서 자신이 원하고 재능이 있어서라기보다는 다른 사람의 조언에 따라 결정한 것으로 보입니다. 공무원이나 경리직이 어울릴 것 같은데 스님의 조언을 듣고 싶습니다.

2) 관살의 형태로 봐서 이 명조는 남자와 인연이 아주 많을 것 같은데 어떤 형태로 작용할지가 문제입니다. 일단 관살 자체가 기신이니 남자로 인한 즐거움은 아닐 것 같은데, 그나마 정·편관이 혼잡된 사주에서 일간이 정관과 합을 하니 남편에게 충실할 것으로 보이네요. 대운에서 관운이 전혀 없으니 그다지 남자문제가 생길 것 같지 않은 느낌도 들고, 아무튼 이 명조에서 남자나 남편과 관련된 상황을 정리하고 싶은 마음에 질문을 드립니다.

Ⓐ 관살운을 꺼려야겠습니다

1) 우선 미대를 타의로 선택하지 않았을까 판단하신 것이 재미있고 그럴 수 있다고 봅니다.

그리고 남자문제에 있어서는 제살류관(制殺留官)으로 하나는 제어가 되어 있기 때문에 다행이라고 하겠습니다.

2) 크게 문제될 것은 없습니다. 그러나 다시 관살운이 들어오는 것은 꺼려야겠네요.

이미 매우 깊은 안목을 갖고 계셔서 별로 도움이 될 것 같지 않습니다. 정진하십시오.

 충의 작용이 궁금합니다

```
時 日 月 年
癸 己 己 癸
酉 丑 未 巳
```

이 사주에서 축미충이 일어나고 있는데, 축미충 작용의 비중이 얼마나 클까요?

 이 사주에서 충은 별로 문제될 게 없네요

土의 기운이 유금을 생해주는 과정에서 별로 문제를 일으키고 있지 않아 보입니다. 그대로 식신생재격으로 보면 되겠습니다.

낭월의 사주를 많이 닮았네요. 뭐 하는 사람인지 궁금합니다.

 조후가 필요 없지 않나요?

```
時 日 月 年
壬 戊 乙 戊
戌 午 丑 子
```

축월의 무토 일주가 월령과 일지의 세력을 모두 얻어서 매우 신왕해 보입니다. 월간의 을목이 무력하여 도움이 될지는 모르겠습니다.

어떤 분은 조후 용신을 사용하여 火 용신에 木 희신으로 보았습니다. 일지에 이미 오화를 얻어 굳이 조후가 필요하지 않다고 생각했습니다.

 그냥 억부로 보면 되겠습니다

조후는 고려할 필요가 없겠습니다. 그렇겠네요. 그냥 억부로 본다면 정관을 써야 하는데 정관이 무력하군요. 그래서 재성으로 돕도록 하고 재관격이 되는 형상입니다.

도움이 되지 않더라도 용신이 정해지면 그대로 써야 합니다. 그런데 문제는 운이 후반부에 가서 도움이 되지 않는 형상이네요. 참고하세요.

920 용신이 무엇인가요?

```
時 日 月 年
丁 辛 癸 辛
酉 未 巳 巳
```

사월(巳月)의 신금으로 관살이 많아서 신약한데 일지의 미토는 이미 인성의 작용을 잃은 듯합니다. 조후가 급하지만 신약하여 金을 먼저 쓰고 水를 희신으로 쓸까 합니다. 해대운은 기신인 년·월의 사화와 모두 충이 되고, 거기에다 일지의 미토에 극을 받아서 희신이긴 하지만 불미스러워 보이는데 어떨는지요?

A 약하지 않아 조후로 봅니다

사월의 병화당령이라고 해도 약하지 않고 다소 조열하다고 봐야 겠습니다. 조열이 병이므로 월간 계수를 쓰고 희신은 金이 됩니다.

921 火 용신으로 볼 수 없나요?

```
時 日 月 年
甲 甲 己 庚
戌 寅 丑 戌
```

기축월에 갑인일입니다. 재가 너무 강해서 木을 용신으로 생각했습니다. 또 한편으로는 축월의 갑인 일주가 통관 용신인 火를 쓰는 것은 어떨까도 생각해봅니다. 이 사람의 과거지사를 보면, 형제는 3남매이고 어머니가 가정을 꾸려왔다고 합니다. 아버지가 계시긴 하지만 돈을 벌지 않아서 가정형편이 매우 어려웠던 것 같습니다. 올해 (1999년) 집에서 벗어나려고 사랑 없는 결혼을 했습니다. 갑인 일주가 순종하는 성격은 아니므로 결혼생활도 말이 아닌가 봅니다. 그렇다면 火 용신으로 보기도 힘들까요?

 운이 마땅치 않군요

용신이 木이어야겠습니다만 축월의 木이어서 매우 탁하다는 생각을 해봅니다. 경금이 병이지요. 겁재를 용하고 木운을 기다려야 하는 형상으로 보입니다. 水운은 도움이 못 되어 유감이네요.

 종격이 가능할까요?

	時	日	月	年
	辛	壬	庚	戊
	丑	申	申	午

정격이면 연지 오화를 용하고 버틴다고 할까요? 운은 좋게 듭니다만 오화의 뿌리라고는 없으니 급이 형편없어지겠네요. 이 명식의 주인공은 좋은 부모님 아래서 어려움 없이 자랐으나 손에 장애가 있어서 마음 고생을 많이 했다고 합니다. 사주가 좀 차게 느껴집니다.

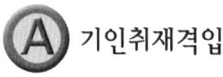 기인취재격입니다

金이 많으므로 火가 용신입니다. 기인취재격에 용신 무력이라고 해야겠네요. 앞으로 木운에서 발하면 좋겠는데 金이 워낙 강해서 유감입니다.

 공부하는 운

```
時 日 月 年
乙 甲 己 壬
丑 辰 酉 子
```

1) 유월(酉月)의 갑진 일주입니다. 일지에 뿌리를 내리고 인겁이 3개이지만, 갑목의 입장에서 사주의 배치가 극은 가깝고 생은 멀어서 왠지 신약해 보입니다. 신약이 맞다면 인성을 써야 하는데, 전체적으로 사주에 온기가 부족해 보이지만 그다지 신약하지 않으니 조후를 고려해서 火가 필요하지 않을까 싶습니다.

2) 해대운(24세)부터 인수대운이 이어지는데 실제로 이 명조의 주인공은 25세부터 갈등을 끝내고 사법고시를 준비하고 있습니다. 인수대운이라 학업에 몰두한다고 봐야겠는데, 문제는 길운인 기묘년(1999년) 시험에서 고배를 마셔서 만년 사시 준비생이 되는 것이 아닌지 걱정이 됩니다. 만약에 신강 사주라면 20년 정도 헛되이 공부하게 될 것으로 봐야겠지요? 조언을 부탁드립니다.

식상이 약해 공무원 시험이 좋을 듯합니다

1) 만약 신약하다면 인성을 써야겠지요. 말씀대로 약하지 않습니다. 조후는 겨울이나 한여름에 해당될 뿐이지 가을에도 조후를 고려해야 하는 것은 아닙니다. 그냥 억부로 봐서 월지의 유금을 용하고 재성은 희신으로 삼도록 하지요. 그러면 재관격이 되고 좋은 사주라고 하겠습니다.

2) 북방운은 해롭습니다. 사시도 좋습니다만 식상이 약하므로 그만두고 공무원 시험을 준비하는 것이 좋겠는데, 천하의 갑진이 그 말을 듣겠어요. 내년(2000년)과 후년(2001년) 정도의 운세를 의지하여 한번 더 해보고 나서 스스로 결정하지 않을까 싶습니다.

 무술 일주를 약하다고 보려니 자신이 없습니다

```
時 日 月 年
乙 戊 戊 壬
卯 戌 申 辰
```

무술 일주에 세력도 좀 있어서 약하지 않은 것 같은데 문제는 시주에 있는 을묘인 것 같습니다. 금왕절이라 木이 힘을 쓸까 싶은데 그래도 을묘이고, 연지의 진토는 임수의 뿌리가 되면서 金을 생하고 있고, 월간의 무토도 지지의 신금을 보고 있으므로 의지할 것은 술토밖에 없는데 막상 술토도 묘목의 극을 받고 있습니다.

그렇다면 결론은 약하고 火가 절대적으로 필요하며 土는 별로 필요가 없다는 것인데, 처음에 본 것이 약하지 않았기 때문에 자신이 없어 여쭙니다.

 신약합니다

연지의 진토는 임수 묘이라고 하겠고, 신월의 무신도 무력하기는 마찬가지입니다. 더욱이 무술 옆의 을묘가 만만치 않아서 아무래도 버티기 힘들어 보이네요. 인성이 와야겠고, 신약용인격으로 봅니다.

 비겁이 많은데 동업은 안 좋을까요?

```
    時 日 月 年
    庚 己 戊 丁
    午 未 申 未
```

1) 신강으로 보고 金·水를 용·희신으로 하고 싶습니다. 동업을 하게 될 경우에 어떻게 해석합니까?

2) 월지가 용신이 되는데 급수는 어떻게 되나요? 水가 없으므로 6급 정도로 보면 될까요?

3) 水가 오면 결과를 얻을 수 있다고 보면 되나요? 상관생재로 인해서 재성의 결과를 얻을 수 있을까요?

 일의 분담을 잘 하면 가능합니다

1) 분담을 잘 하면 동업도 가능합니다. 단, 남의 말에 귀를 기울이는 성분이 부족해서 간섭을 받으면 마찰이 생길 수 있으므로 분

담이 잘 이루어져야겠습니다.

2) 6급 정도 되겠습니다. 재성이 없어서 유감이네요. 잘 보셨습니다.

3) 水가 와야겠지만 원국의 土들이 있으므로 다소 감안해야겠습니다.

 월지를 사용할 수 있습니까?

```
時 日 月 年
壬 丁 癸 丁
寅 酉 卯 未
```

1) 목왕절에 정화이고, 정화의 특성상 신약하다고 봐서 월지·시지인 木·火를 희·용신으로 보고 싶습니다.

급수는 어느 정도로 보면 될까요? 월지를 사용할 수 있다면 6급 정도인가요?

2) 올해(1999년) 5월에 인터넷 관련 사업을 시작했습니다. 언제쯤 재운이 있을까요? 土운이 와야 재운이 살아날 것 같은데 어떻게 보면 될까요?

3) 저는 아이디어를 투자하고, 이 사주의 주인공은 인적 자원을 투자하여 잠시 동업하려고 합니다.

 시지의 인목이 좋겠습니다

1) 충을 맞은 월지보다는 시지의 인목이 더 좋겠습니다. 물론 인시가 아니라면 월지 묘목을 용신으로 삼습니다. 급수는 8급 정도로

봅니다. 충이 부담이군요.

2) 木·火운이라야 재물이 모이겠는데 운이 약하군요. 土운은 설기가 되어 돈이 되지 않을 암시로 봅니다.

3) 성실하게 책임을 완수할 것으로 봐서 무난하다고 봅니다.

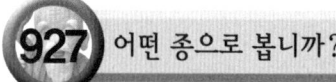 어떤 종으로 봅니까?

```
時 日 月 年
丙 丙 丁 甲
申 寅 卯 寅
```

종으로 봐야 하지 않을까 싶습니다. 아니면 그냥 火 용신으로 보면 될까요? 대운이 水·金으로 흐르는데 어떻게 보면 되겠습니까? 확실한 직업이 없고 아르바이트(촉탁)로 근무하다 퇴사하였으며, 이번에 유럽여행을 간다고 합니다.

 시지의 신금이 좋겠습니다

木이 왕하면 金이 용신인데 마침 시(時)에 있으니 용신 역할을 해야겠습니다. 용신이 무력하기는 하지만 그래도 종하지는 못하겠습니다. 土운이 좋겠지만 木의 세력을 보니 또한 부담이네요. 나중에 오는 20년간의 金운을 기대해야겠습니다. 지금의 여행은 삶에 좋은 약이 되겠습니다.

 약하지 않은 사주일까요?

```
    時 日 月 年
    丁 壬 壬 壬
    未 辰 寅 子
```

월이 불리하긴 한데 수세(水勢)가 상당합니다. 그렇지만 인성은 없고요. 진토를 어떻게 보느냐에 따라 강약이 달라질 것 같은데, 인목과 미토 사이에 낀 진토라도 임수의 뿌리로 봐야 하나요? 처음에 조금 신약하지 않을까 했는데 다른 분들이 신강으로 보셨다고 해서 자신이 없습니다. 진토를 뿌리로 보면 신강할 것 같기는 한데, 인월에 미토를 옆에 두고 있는 진토가 얼마나 임수를 받쳐줄지 조금 의심스럽습니다.

한편으로는 아직 나이가 많지는 않지만 신강하게 살아온 듯해서 제가 잘못 생각한 것 같기는 합니다.

 약하지 않습니다

진토 옆에 火가 있으면 뿌리의 기능이 조금 떨어진다고 하겠습니다. 미토는 그다지 부담이 되지 않는다고 봅니다. 정화의 뿌리로 봐도 되겠네요. 비록 인성이 없지만 천간에 土의 극제도 없으니 약하지 않은 것으로 보고 대입해보시기 바랍니다.

사주에서 용신 한 글자의 동태가 가장 중요한가요?

```
時 日 月 年
癸 壬 辛 丙
卯 辰 丑 辰
```

다시 운 대입입니다. 해수대운에서 갑신년이 되었을 경우의 해석이 아리송합니다. '길흉은 용신 한 글자에 달려 있다' 는 말대로 운대입은 이 사주의 용신인 신금(辛金)의 동태만 가지고 파악해야 하나요? 즉, 지지로 용신의 아군인 신금(申金)이 들어오거나 말거나 병화와 합이 되어 있는 용신 신금은 오로지 천간의 水만 필요한 상황이니 갑신년 운이 좋은 운이 못 되는 것인가요?

사주에서 용신이 천간에 있을 때 지지로 용신운이 들어오는 경우와, 용신이 지지에 있는데 천간으로 용신운이 들어오는 경우에 대해 생각해보았습니다. 아무래도 원국의 용신을 살려줘야 하지 않을까 해서요. 결국 용신이 원국과 운에서 모두 멀쩡하면 좋다는 것인가요?

이 사주는 용신이 천간에 있으면서 병화와 합을 하고 있고, 또 병화에게 극을 당하고 있는 상황입니다. 갑신운이라면 천간의 갑목은 무력하고 지지 신금이 힘을 얻고는 있지만, 천간에서 병화 관성에게 붙들려 있는 신금(辛金)에게 지지 신금은 도움될 것이 없을 것입니다. 더욱이 신금(辛金)은 습토 인성들이 지지에 깔려 있어서 더 이상 생조나 의지처는 필요 없고 오로지 필요한 것은 약일 텐데, 무력하지만 천간의 갑목은 병화일 때 불을 지펴 신금(辛金)이 더욱 깨지는 상황이니 원국의 용신은 거의 사망으로 봐야 될 것 같습니다.

일간에게는 원국의 용신이 깨져도 대타인 용신이 들어와주면 본전치기는 되는 셈이니 좋은 운이라고 해석해야 하는지가 알고자 하는 내용이었습니다.

 용신을 기준으로 이해합니다

용신 한 글자에 달렸다는 것은 용신이 기준이라고 이해하시면 되겠습니다. 용신을 잘못 잡으면 엉뚱한 답이 나온다는 의미로 이해하시고, 실제 대입에서 이미 용신을 염두에 두고 생각하였기 때문에 갑신의 신금대운은 신금(辛金)에게 도움이 된다고 해석합니다. 결국 용신이 멀쩡하면 운에서도 힘을 받게 되니 좋다고 해야겠습니다.

 병술운은 아무래도 부담이겠지요?

```
時  日  月  年
庚  壬  癸  丁
子  寅  丑  酉
```

무대운 병술년의 운 대입을 생각해봤습니다. 천간으로 희신 병화가 들어오지만, 용신인 인목에게 술토가 버거운 대상이니 힘든 운이 될까요? 희신보다는 당연히 용신이 중요하므로 인목 입장에서 운을 바라봐야 하고, 인목이 土를 감당하려면 아무래도 기운이 소모되므로 쉽지는 않을 운이라고 생각됩니다.

도움은 되는 것으로 봅니다

무토는 인목이 천간에 크게 관여하지 않고 무계합으로 작용할 것으로 봐서 부담이 없겠습니다. 술토는 金이 설기하고 그 나머지는 인목이 제어도 할 것이므로 병화가 희신 작용을 하겠습니다. 용신의 목적은 보물단지처럼 떠받들어지는 것이 아니고, 일간이 살아가는 데 최선의 보호를 하는 것이라고 보면 좋겠습니다. 용신이 부담을 느끼는 것은 그래도 괜찮지만 손상을 받는 것은 부담이 된다고 생각합니다.

 내면이나 거부 심리도 드러난 글자만큼 작용하나요?

```
時 日 月 年
己 辛 乙 戊
丑 卯 卯 申
```

십성이 겹치면 겹치는 십성을 극제하는 성분이 나타난다고 하셨는데, 이 사주에서는 편재가 겹치니 이를 극제하는 비견 성향이 나타나겠지요? 또한 신금(辛金)의 내면 심리에 겁재가 존재하니(『마음을 읽는 사주학』 p.344의 표 참조) 비견과 겁재가 다 있는 셈입니다. 이것은 사주의 여덟 글자에 겉으로 드러나지 않은 심리인데, 여덟 글자에 비겁이 드러난 경우와 비교하면 그 강약을 어느 정도로 잡으면 됩니까?

표면적인 구조만 봅니다

실제로 임상할 경우에는 거의 고려하지 않습니다. 다만 그럴 가능성이 있으며, 좀더 미세하게 연구할 때에 하나의 실마리가 될 것이라고 봅니다. 현재까지는 표면적인 구조에 대해서만 이해하여 답을 구합니다. 너무 복잡하게 생각하지 말라는 의견입니다.

 상관은커녕 식신의 역할도 못 할 것 같은데……

```
時 日 月 年
辛 壬 乙 丙
亥 申 未 辰
```

1) 월이 건토이지만 일주와 시주가 일간의 세력이라 능히 극·설을 감당할 수 있다고 보아 을목 상관을 용한다고 생각하였습니다.

2) 심리 분석에서 이 사람의 을목 상관의 정체를 밝히는 것이 질문의 요지입니다.

일간이 힘도 있고 기운이 을목 → 병화 → 진토로 유통되어 흘러가기는 하는데, 성격 영역에 천간의 신금 정인과 일지의 신금 편인이 함께 있어서 을목이 상관 구실을 얼마나 할지 궁금합니다. 두 신금이 강하게 견제하고 있으니 을목이 상관은커녕 식신의 역할도 제대로 못 할 것 같은데 맞나요?

3) 성격 분석에서 을목이 기가 죽어 움츠러든 상황이라고 본다면 을목 → 병화 → 진토로 이어지는 흐름도 가상(假像)이 아닌가 싶습

니다. 겉보기에는 일간을 포함하여 한바퀴 휘감아 돌지만 미토→신금의 흐름이 미약하고, 그보다도 을목에서부터 유통이 원활하지 못한 형상이라는 생각입니다.

 상관생재만 봐줍니다

1) 년·월과 일·시가 세력이 다를 경우에 신약으로 봅니다. 용신은 일지와 시간의 金으로 보고 살펴보시기 바랍니다.

2) 틀렸다고는 못 하겠습니다. 신경이 쓰이는 것은 시간(時干)의 신금이 을목을 극하는 것으로, 일지는 음양이 다르기 때문에 관여하지 않을 것으로 봅니다. 그리고 상관이 재성을 봤으니 진로를 잡을 것으로 보이네요.

3) 土는 고려하지 말고 그냥 상관생재만 봐주도록 합니다.

933 충이지만 임수가 유통하니 약하지 않겠지요?

```
時 日 月 年
壬 甲 戊 乙
申 申 寅 卯
```

인월이지만 두 신금이 충으로 대적하므로 木과 金의 세력 다툼이 만만치 않을 것 같은데, 시지의 신금이 임수로 유통하여 일간을 외면하지 않으므로 약하지 않은 쪽으로 결론을 내렸습니다.

 맞습니다

약하지 않아 보입니다.

934 당선이 가능할까요?

```
 時  日  月  年
 己  己  丙  甲
 巳  酉  寅  辰
```

용·희신을 金·水로 보고 싶습니다. 내년(2000년)에 선거에 나가려고 하는데 좋은 결과가 나올까요? 미토대운에 임오년이라면 좋은 결과를 보기 힘들어 보입니다. 답답함이 더하고 재물의 손실이 있을 것으로 보입니다.

 개인적인 운이 차지하는 비중은 적습니다

용신은 병화로 봐야겠습니다. 내년의 선거가 미토대운이라면 흉하지는 않겠습니다. 그러나 임수가 병화에게 어느 정도의 변수인지 봐야 하고, 경쟁자의 운이 어떤지도 봐야 하며, 소속해 있는 당이 어떤 평가를 받고 있는지도 고려해서 결정해야 한다고 보면, 개인적인 운이 차지하는 비중은 적다고 하겠습니다. 물론 우리나라 선거에 대한 해석 방법입니다. 그런데 선거에 관심을 갖지 않았으면 더 좋겠네요.

935. 인성을 쓸까요?

```
時 日 月 年
己 己 丙 甲
巳 酉 寅 辰
```

관인상생으로 관이 일간을 직접 해하지는 않지만 인월이고 월·일지를 다 놓쳐서 약할 듯합니다.

 용신은 인성으로 합니다

조금 모호하기는 하지만, 인겁이 세력을 형성하고 있어서 약하지 않다고 볼 수 있습니다.

936. 상관이 겹치면 식신의 성격이 나타나나요?

```
時 日 月 年
壬 辛 甲 癸
辰 亥 子 丑
```

지난번에 상관이 겹쳐 있는 구조에 대해 여쭈었을 때 이렇게 상관이 겹쳐 있으면 이를 억제하는 정인 심리가 나타난다고 하셨습니다. 그렇다면 이 사람에게 상관 기질은 나타나나요? 아니면 정인

성분이 생겨서 상관이 약화되므로 식신 성향(식신화된 상관)이 나타나나요?

 상관은 상관입니다

여하튼 상관이 5개라도 상관은 상관이라고 이해하시기 바랍니다. 겹쳐서 거부 심리가 작용하겠으므로 식신과 같다고 할 수는 없지요. 그냥 상관이면서 하나만 있는 사람에 비해 다소 부정적인 성향을 보인다고 이해하시면 무난하겠습니다.

 지지 해수운은 흉운일까요?

```
時 日 月 年
癸 壬 辛 丙
卯 辰 丑 辰
```

지지 해수운은 흉으로 봅니까? 土가 왕하긴 한데 습토들이라서 영 헷갈리네요.

 해롭지 않겠습니다

습토들이고, 묘목이 어느 정도는 막아준다고 봐서 해롭지 않겠습니다. 용신은 木으로 보겠습니다.

938 丑·未 중 누가 이길까요?

```
時 日 月 年
丁 丁 丁 乙
未 丑 亥 未
```

1) 정화 일간이며 불면증에 시달리고 있는 사람의 명조로 기타 연구에 올라와 있는 사주입니다. 불면증의 원인은 쌓여가는 화기(火氣)를 흘릴 방법이 없기 때문으로 보이는데, 용·희신을 木·火로 두면 축토가 한신이 되며, 흐름을 위해서는 축토가 비록 한신이지만 약으로 써야 하지 않을까 싶습니다. 미토는 전혀 도움이 안 되네요. 진토 정도의 土가 좋아 보입니다. 억부로 보면 정화의 특성상 신약이라고 볼 수도 있지만 기세가 그다지 밀린다고 보이지는 않습니다. 제 생각대로라면 흐름을 생각해서 火·土로 보고 싶습니다.

2) 내면에는 음성적인 욕구나 변칙적인 생각을 갖고 있을지 모르지만 나름대로 매우 품위를 지키려고 노력하고 남의 이목에 신경을 많이 씁니다. 또한 겁이 많아서 자신을 함부로 하지 못하고 인생을 알아서 즐길 줄 아는 사람이지만 주위 사람의 영향을 많이 받을 것으로 보입니다. 한편으로는 좀 게으르지 않을까 하는데, 쉬운 일을 하면서도 스트레스를 받는 타입으로 보입니다. 정화의 특성 중 내성적인 면이 많아 보이며, 자신의 욕구를 쉽게 표출하지 않고 품위를 지키려는 특성이 있어 보입니다. 다른 간지의 영향도 있겠지만 정화의 기본적인 특성이라고 생각되는데 지금까지의 임상은 어떤지 궁금합니다. 최소한 제가 봐온 바로는 그렇습니다.

도토리 키 재기지요

1) 결국 '천간의 삼붕이라도 지지 일록만 못하다' 즉, 천간에 비견이 셋이라도 지지의 비견 하나만 못하다고 하겠습니다. 보신 대로 신약해서 인성과 비겁을 의지하는 것으로 봐야겠습니다.

2) 불면증은 선천적인 사주보다 주변 환경 때문일 가능성이 더 많습니다. 정화의 특성은 일리가 있습니다. 가능하다고 봅니다.

 종아생재의 가능성

```
時 日 月 年
庚 戊 癸 癸
申 辰 亥 卯
```

무진 일주라서 처음에 보자마자 비겁을 용하고 火를 기다리는 명으로 해석하여 다가올 운이 참 좋은 것 같다고 얘기했는데, 얼마 전 다시 보고 종한 것으로 결론을 내렸습니다. 아무리 습토지만 지지가 비겁인데 종을 할 수 있을까요? 지나온 운의 대입을 보면 기토대운인 정축년(1997년) 35세에 하던 사업이 완전히 파산해서 무인·기묘·경진년에 그 여파로 크게 고통을 겪었으며, 신금대운(甲金大運, 세운 임신·계유·갑술·을해·병자)은 아주 좋은 운으로 사업이 잘 되고 치부도 하였다고 합니다. 지나온 대운 중 신유·경신운은 좋았고, 기미대운으로 바뀌면서 극과 극의 상황으로 반전되었다고 합니다. 물론 당시 IMF라는 국가적 변수가 있긴 합니다만.

확인이 필요합니다

여하튼 뿌리가 있다고 봐야 하는 것이 사실입니다. 다만 현실이 그렇다면 너무 무력한 무토가 계수를 따라 종할 수 있다고 보겠습니다. 그렇지만 공식적으로는 신약용겁으로 土를 용신으로 삼아야 겠습니다.

940 약하지 않은가요?

```
時 日 月 年
癸 壬 辛 丙
卯 辰 丑 辰
```

水의 계절에 지지 土가 모두 습토라서 갈등이 됩니다. 월지 축토를 당연히 일간의 세력이라고 생각했는데, 언뜻 亥·子·丑월이 水의 계절이라고 해서 월지 축토를 일간의 세력으로 포함시키기는 어려울 것이라는 생각이 듭니다. 일간이 병화일 경우에 寅·卯·辰월이 木의 계절이라고 해서 진월을 병화에게 유리하다고 보기 어렵다는 생각과 마찬가지입니다. 축토는 신금에게만 도움이 될 뿐이라는 생각이 듭니다.

일지 진토는 주변에 습기가 많아서 임수에게 안식처가 되어줄 수 있을 것 같고 묘목으로 설하는 구조로 보이는데, 약하지 않다고 봐야 하나요?

만일 신약해서 인성을 쓸 경우에 지지의 해수운은 흉으로 봅니까? 土가 왕하긴 한데 습토들이라서 영 헷갈리네요.

 고민이 될만도 하겠습니다

신축은 金의 뿌리이고 임진은 水의 뿌리입니다. 뿌리에도 비율이 있다면 임진은 60% 정도의 뿌리가 되지만, 신축월을 감안하면 약하지 않다고 볼 수 있습니다. 다소 미세하므로 확인을 더 하면 좋겠습니다. 木으로 봅니다.

 水가 오면 어떻게 됩니까?

```
時 日 月 年
己 丙 丁 戊
丑 午 巳 申
```

1) 사월(巳月)의 병화로 비겁이 많아서 신강으로 보고, 土·金을 용·희신으로 하고 싶습니다. 土 역시 火가 많아서 신강한데 반드시 金으로 기운을 빼줘야 할 것으로 보입니다.

지금 조그마한 인터넷 사업을 하고 있는 사람인데 리더십이 있고 좋아 보입니다.

2) 水가 오면 쟁재가 일어날까요? 우선은 土가 있어서 쟁재를 면할 것으로 보입니다. 水 역시 좋아 보이긴 하는데 어떤지요?

3) 제가 원하는 병오 일주입니다. 매달려볼 필요가 있을까요?

水가 들어오면 나쁘지 않습니다

1) 잘 보셨습니다. 火가 보이면 사주의 열기에 부채질을 하겠습니다. 부담이 되네요.

2) 水가 들어와서 火를 쟁탈해가기를 바라는 형상이니 나쁘지 않습니다.

3) 나쁘지 않겠네요. 운도 무난한 것으로 봐서 앞으로 능력을 발휘한다고 봅니다. 해보시기를 권하겠습니다.

 뭐 하는 사람입니까?

```
時 日 月 年
壬 戊 己 癸
戌 寅 未 卯
```

1) 잘못 보면 신강으로 보는 경우가 많겠습니다. 억부로 보면 계수의 지원을 받는 묘목이 미토를 공격하고, 물 먹은 월간 기토도 월지 미토에게는 도움이 안 됩니다. 또한, 시지의 술토 역시 인목을 견제하고 임수를 쫓느라 정신없어 보이므로 기세가 밀린다고 생각합니다.

묘미반합이 있으므로 월지는 土가 아니라고 볼 수도 있지 않을까 싶습니다. 이럴 땐 寅 중 병화를 용신으로 하고, 물 잡는 土를 희신으로 보고 싶습니다.

38세에 와서 사주를 본다는 것은 뭔가 안 풀린다는 것으로 해석하였으며, 결론적으로 억부 용신으로 火·土를 용신으로 보고 싶습니다. 좋은 세월 다 가고 고생길이 훤하게 보입니다.

2) 대운 해석은 갑목은 기토가 잡아주니 좋아 보이고, 인목은 오화가 들어올 때까지는 부담이 될 것으로 보입니다.

계수는 土가 막아주니 무난하고, 축토가 월지를 공격할 것으로 보입니다.

3) 경진년(2000년)은 별로 좋아 보이지 않습니다. 형제나 자식 중에 누가 다치지 않았을까 의심이 됩니다. 명식을 보면 대체로 형제들에게 문제가 많아 보입니다. 재물 또한 경금이 계수를 너무 강하게 하므로 넘치는 것(손해)으로 봐야 할지 버는 것으로 봐야 할지 궁금합니다.

4) 사업가 체질로 보이지만 지금까지의 운으로 볼 때는 부유한 집안이고 머리가 명석하여 관직에 있을 것으로 보입니다.

5) 아니겠지만 어쩌다가 조후로 보면 水·金이 되는데 그렇다면 지난 세월에 고생했겠죠? 과거에 대해 한번만 물어보면 결론이 쉽게 나올 것으로 보입니다.

 관리직이 어울립니다

1) 잘못 보면 신약으로 볼 가능성이 많겠습니다. 기미월의 기토 사령에 무인은 인목에게 절반의 뿌리를 얻었다고 보고, 임수는 무력하니 약하지 않은 것으로 결론을 내렸습니다. 낭월도 이 사주의 강약은 물어서 확인했으니 틀렸다고 해도 무리가 아닙니다. 참으로 모호한 균형입니다.

묘미합은 묘월이라면 木기운으로 흐르겠지만 미월이어서 합의 비중이 적습니다.

2) 火·土 용신으로 보았을 경우에 그렇게 되겠습니다. 참고로 건

설회사에서 일을 하다가 기묘년(1999년)에 횟집과 불고기집을 함께 벌였다고 합니다.

그런데 경진년을 지나면서 고통이 많았던 것은 木이 용신이라고 해도 결론은 역시 마찬가지입니다.

3) 잘 보셨습니다. 火가 용신이라면 경진년은 부담이 되는 木을 제어라도 하므로 생각보다 나쁘지 않다고 해도 되겠습니다. 단, 木이 용신일 경우에는 부담이 매우 크겠습니다. 12억을 빌려서 일을 벌여 결국 이자만 물어주며 세월을 보낸 셈이 되었습니다. 가게는 대지 400평에 2층 건물을 지었답니다. 무토대운에 참 대단하게 일을 벌이셨네요.

4) 사업가 체질이라기보다는 직장에서 맡은 일을 성실하게 잘 처리하는 것이 적성에 어울린다고 봅니다. 사업을 하려면 상관이나 식신 하나쯤은 있어야 하는데, 전혀 보이지 않으므로 사업가로 마땅치 않다고 봅니다.

그리고 심리 분석을 확인해본 결과 스스로 사업을 벌인 것이 잘못이라고 판단하여, 정리한 뒤 다시 직장으로 돌아가는 문제를 생각하고 있었습니다.

기억력이 좋고 통솔력도 발휘할 수 있다고 보므로 직장에서 관리직을 하면 좋겠다는 생각을 해봅니다.

5) 조후도 필요하지만 우선 억부로 木을 봤습니다. 희신 겸 조후 겸 水를 보면 되겠습니다.

또 생각할 것이 있다면 해보시고요. 참고되셨기 바랍니다. 만만치 않은 자료입니다.

 의지할 곳이 없어 보이는데······

```
時 日 月 年
壬 癸 戊 辛
子 亥 戌 酉
```

네 기둥 모두 다 간지동입니다. 이런 구조를 보면 뭔가 특별한 것은 없는지 괜히 요리조리 뜯어보고 망상을 해봅니다만 뭐가 있는지는 모르겠습니다.

무토가 월령을 얻고 일간과 합을 하고 있으니 일지 장간의 갑목보다는 좋을 것 같다고 생각하는데, 시대가 상관을 폭넓게 쓸 수 있는 시대라서 혹시 드러난 관을 제껴두고 장간의 상관이 쓰이지 않을까 의심이 듭니다.

만일 상관을 쓴다면 직업도 상관을 살리는 직업을 선택하는 것이 유리한가요?

 교과서적으로 보면 그렇습니다

교과서적으로 보는 것과 달리 현실적으로는 신약용인격으로 볼 수밖에 없습니다. 현실과 책의 차이가 아닌가 싶습니다.

944 종하지 않을 수 없겠지요?

```
時 日 月 年
丙 壬 丙 丁
午 寅 午 巳
```

이런 사주라면 종하지 않을 수 없겠지요?

 달리 방법이 없겠습니다

종아생재격으로 상격입니다. 운의 흐름이 노후에는 다소 약하겠지만 종아생재격으로 봐야 할 형상입니다.

945 火 용신에 土 희신인가요?

```
時 日 月 年
壬 癸 戊 乙
子 卯 子 卯
```

겨울 물에 무토는 힘을 못 쓸 것 같아 신강으로 보았습니다. 火 용신에 土 희신인가요?

水·金으로 봅니다

구조에서 본다면 자월이라고는 하지만 좌우의 묘목이 적지 않은 힘을 유지하고 있습니다. 비록 시(時)에서 임자를 얻었다고는 하지만 金이라고는 한 점도 없는 상황이므로 다시 고려해봐야겠습니다. 언뜻 봐서 강하지 않아 보여 水·金으로 용신과 희신을 삼았으면 좋겠다는 생각이 드네요.

참고하시기 바랍니다.

 火가 병인가요?

```
時 日 月 年
丁 己 己 己
卯 亥 巳 酉
```

1) 水·金을 용하고 싶습니다. 쟁재의 염려는 없습니까?

2) 용신이 시원찮아서 10급 정도로 보고 싶은데 金이 용신이라면 火가 병이 아닐까요?

3) 사유축 금국(金局)에 해수까지 보호하므로 을목이나 축토운에 발할 것으로 예상됩니다. 을목으로 시간(時干)의 불을 끄고 기토를 누를 수 있을까요?

 생각보다 왕하지 않다고 봅니다

1) 그렇기도 하겠습니다만 사월(巳月)이라는 것을 고려하더라도

일간 기토는 생각보다 왕하지 않다고 봅니다. 火가 용신 역할을 할 수 있다는 것을 고려하시는 것이 좋겠습니다.

2) 火가 용신이라면 7급은 되겠지만, 만약 水가 용신이라면 7.5급 정도로 보겠습니다. 해수가 사화를 제어하므로 水가 용신이라면 그래도 시원하겠습니다.

3) 일리가 있습니다. 단, 신약하다면 오히려 반대가 되겠지요.

 임수의 역할은 무엇인가요?

```
時 日 月 年
甲 甲 壬 丁
戌 寅 寅 巳
```

1) 火·土를 용·희신으로 하고 싶습니다. 정화는 합이 되어 못 쓰고 사화를 사용하고 싶습니다. 그런데 임수가 끼어서 보기가 너무 어렵습니다. 土운에 발할 것으로 보이는데 어떤가요?

2) 지지로는 火·土가 좋은데, 천간으로 기토가 오면 쟁재가 염려됩니다.

3) 천하의 고집쟁이이며 9급 정도로 보고 싶습니다.

 임수가 크게 부담이 되지는 않을 것 같습니다

1) 잘 보셨습니다. 임수는 도움이 되지 않겠는데, 木이 강해서 크게 흉해 보이지는 않습니다. 火운이라도 이미 합이 되어 있으므로 임수가 크게 부담으로 작용할 것 같지는 않습니다. 土운도 좋을 것

으로 보입니다.

2) 기토가 천간으로 와서 쟁재가 생길 정도는 아닙니다. 일간 외에 천간에 비겁이 2개 정도 있으면 부담스러운 것으로 봅니다. 물론 정도 문제이지 좋다는 것은 아닙니다.

3) 용신인 火가 워낙 강해서 7급 정도는 되겠습니다. 일지의 지장간 병화도 도움이 된다고 보겠습니다.

 강하게 볼 수는 없나요?

```
時 日 月 年
甲 丁 甲 辛
辰 丑 午 亥
```

1) 예전에 올렸던 질문인데 약하게 보고 갑목 용신으로 잡았습니다. 오화가 월령을 잡았고 정화 일간의 양 옆에 갑목이 버티고 있어 4개의 火로 봐도 될 듯합니다. 아무리 축토가 불 먹는 하마라고 해도 시주의 진토는 갑목의 뿌리가 되어 있고 지지에서 설하는 金이 없으므로 강하게도 보고 싶은데, 연주의 신금에게 월간이 눌리고 있고 오화 역시 해수에게 극을 당하고 있어 저울질하기가 무척이나 어렵습니다. 木 용신으로 잡으면 희신은 월지 火가 됩니까, 연지 水가 됩니까? 저는 오화로 보고 싶습니다.

2) 지금이 유금대운인데 식상생재로 봐서 재물을 모으는 형국으로 해석해도 될까요?

3) 오화가 희신으로 남편궁에 있고, 해수 관성이 구신으로 남편

이니 도움은 되나 돕는 힘이 미약하다고 봐야 하나요?

4) 올해가 신사년(2001년)으로 일지의 축토, 대운 유금과 함께 사유축 금국(金局)이니 설기가 너무 심한 게 아닌가요? 이런 경우에 어떤 일이 일어나나요? 여기서 金은 재성이고 한신이므로 게을러지는 것인지, 설하는 축토가 사라져서 열기로 인해 답답해지는 것인지요? 또는 식신이 사라져서 깊은 생각을 못 하는 것인지, 金이 갑목에게 영향을 미쳐 운이 나쁘게 흐르는 것인지요?

5) 이 사람과 이성적인 대화를 하다 보면 제가 답답함을 많이 느낍니다. 초지일관 자기 주장밖에 없어서 이성적으로 대화가 어렵더군요. 어린아이 대하듯이 대화를 하면 대화가 잘 됩니다. 너무 이기적이라 이해해주면 더 심해집니다. 어떻게 대하는 것이 좋을까요?

희신은 火가 좋겠습니다

1) 다시 봐도 약하다고 해야겠습니다. 비중이 있어야 하는 월지의 오화는 해수와 축토에게 극·설을 당해서 생각보다 무력하다고 보고, 갑목도 신금이 부담이 되므로 일간 정축은 시간의 갑목을 반가워한다고 보겠습니다. 金에게 극을 받으므로 희신은 그냥 火가 좋다고 보면 되겠습니다. 오화는 희신 역할을 못 하고 있네요.

2) 재운이면 돈 때문에 스트레스를 많이 받는다고 해석합니다.

3) 가능합니다.

4) 사화가 들어와서 재성과 합을 하면 동료나 친구·동기간이 도움을 주려고 왔다가 해만 끼친다고 봐야겠고, 그래서 동료나 형제를 주의해야겠습니다.

5) 관살보다 식신이 우선하므로 이기적이라고 봅니다. 그리고 인성은 받아먹는 것으로 작용하겠습니다. 궁합으로 보면 여성에게 유리합니다. 본인의 사주에서는 火가 필요한가요? 그렇다면 상부상조

가 가능하다고 봅니다. 좀더 깊이 있게 해석한다면, 어느 한쪽이 욕심이 많으면 다른 한쪽은 희생하는 마음이 있어야 원만하지 않을까 싶습니다. 이런 것은 사주보다도 성격적인 궁합이라고 해야 할지 모르겠네요. 이기적인 사람에게 객관적인 합리성을 요구하지 않으면 되겠습니다.

 土·木으로 봐야 하나요?

```
時  日  月  年
丙  壬  辛  甲
午  子  未  寅
```

1) 약하게 보여 신금 용신에 土 희신으로 하였습니다.

2) 본인과 같이 검증해보면 작년 경진년(2000년)과 병자년(1996년)이 별로 안 좋았고, 정축년(1997년)과 무인년(1998년)이 좋았다고 합니다. 경진년이 왜 좋지 않았는지 해석이 안 됩니다. 신강으로 보고 土·木으로 봐야 하나요?

 신약이 확실합니다

1) 잘 보셨습니다.

2) 비록 검증에서 난제가 등장했다 해도 이 사주의 경우는 분명히 신약이므로 팔자 이외의 다른 원인을 찾아보는 것이 좋겠습니다. 생일을 정확하게 모를 나이는 아니겠지만 이 사주만으로 木을 용하게 되면 학문의 기준이 흐트러집니다. 좀더 임상해보시기 바랍니다.

950 木이 용신 역할을 할까요?

```
時 日 月 年
辛 丙 甲 丁
卯 辰 辰 巳
```

　1) 진월의 병진 일주로 월·일지의 진토 때문에 조금 약하다고 보고 갑목 용신, 水 희신으로 하면 됩니까? 이 사주는 제가 보기엔 좀 어려워 보입니다. 3火 2木으로 木이 土를 견제하고 있어 약하지 않은 것으로도 보고 싶은데, 지난번에 축토나 진토가 火를 설기하는 기운을 워낙 강하게 보시는 것 같아서 밀린다고 보았습니다. 진토나 축토의 설기하는 힘이 얼마나 강한지 궁금합니다.

　2) 월간의 갑목이 일간을 보지 않고 연간을 보고 있다는 생각이 듭니다. 이 때문에 편인이 겁재로 향해서 자신에게 오는 도움을 남(겁재)이 가로채간다고 보고 싶은데 맞나요? 이런 경우에 사업을 말린다, 고독해진다, 형제간에 분쟁의 소지가 있다 등에서 어떤 부분으로 해석해야 할까요?

　3) 식신(일지·월지) 생재(시간)가 가능한가요?

　4) 무신·기유대운의 신금대운과 유금대운은 어떻게 해석하면 될까요? 재성이 들어와서 식신생재하여 재물을 많이 모은다고 해석할 수 있을까요?

　5) 기묘세운에는 기토가 용신인 갑목(남편)과 합이 되고, 상관이 들어오면 어떤 일이 일어날까요? 남편에 대한 도덕적 해이로 방탕한 생활을 할 수 있다고 해석할 수 있나요?

6) 인터넷 사업의 직원으로 채용하려고 하는데 맡은 바 책임을 다할 수 있을까요? 현재는 동생의 진로문제로 심각하게 고민 중인 모양입니다.

 이 정도는 약하지 않다고 생각합니다

1) 좀 어려운 구조입니다. 신약으로 볼 수도 있는데, 사주에 관살의 부담이 적은 것으로 봐서 그다지 약하다고 하지 않아도 되겠습니다. 일지의 식신을 용하고 희신은 金으로 보는 데 무리가 없어 보입니다. 이 정도는 약하지 않다고 생각하면 되겠습니다.

2) 그 정도까지는 아닙니다. 더군다나 약하지 않기 때문에 별로 부담스럽게 보지 않습니다. 만약 신약하다고 해도 자신의 것을 가로채일 정도로 보이지는 않습니다. 갑기합이라면 부담스러운 것으로 봐도 되겠지요. 연간의 정화가 기토가 될 경우에 해당되겠습니다.

3) 원칙적으로 생재로 보지 않습니다. 각자의 성분이 작용하는 것으로 볼 수는 있습니다.

4) 좋은 운으로 봅니다. 단, 신약하다면 일만 많고 수입은 적다고 봐야겠습니다.

5) 갑목이 남편이 아니라 辰 중 계수가 남편이지요. 관살이 전혀 없을 경우에만 용신을 남편으로 봅니다. 사주에서 水의 힘이 약하므로 남편에 대한 비중은 적겠네요. 그리고 식신과 정재의 작용을 보면 삶을 자기 위주로 꾸리려고 하겠습니다.

6) 식신과 정재가 있으니 맡은 일은 잘 할 것으로 봅니다. 그러나 커피를 타는 등의 맡은 일 이외의 것에 대해서는 반발할 수도 있겠습니다.

951 시지 미토가 용신으로 보이는데요

```
    時  日  月  年
    癸  乙  壬  壬
    未  亥  子  子
69  59  49  39  29  19   9
 己  戊  丁  丙  乙  甲  癸
 未  午  巳  辰  卯  寅  丑
```

1) 사주의 형국을 보면 인성이 6개이고 재성이 1개입니다. 볼 것도 없이 시지의 미토를 용신, 火를 희신으로 보고 싶습니다.

2) 그렇지만 천간으로 오는 火는 쟁재의 요인이 될 것으로 보이므로 운의 흐름상 천간으로는 木이 희신이고, 지지로는 火가 희신일 것 같습니다. 이렇게 희신을 천간과 지지로 나누어 봐야 하나요?

3) 인성이 많은 것을 과대망상 기운으로 봐야 하나요? 그리고 火가 희신이라면 水가 구신이 되는데 남의 말을 듣지 말라고 해야 하나요?

4) 후배인데 제가 조그마한 인터넷 벤처사업을 시작하며 직원으로 채용하려고 생각하고 있습니다. 중책을 맡기려고 하는데 일을 제대로 잘 해낼까요?

5) 천간으로 火가 들어오는 39세 때에 쟁재가 의심되는데 어떤 충고를 해줘야 할까요? 사업 같은 것은 하지 말고 직장에서 묵묵히 최선을 다하라고 해야 할까요?

6) 천간에 火가 오는 경우에도 木과 같이 온다면 쟁재는 면할 수

있을까요?

7) 火가 木과 같이 오면 쟁재를 면할 수 있다고 할 경우에 木이 운에서 오지 않고 木 일주를 가진 주변 사람으로도 쟁재를 면할 수 있나요?

 간지로 각자의 작용을 고려해서 대입합니다

1) 그렇습니다.

2) 그렇습니다. 각자의 작용을 고려해서 간지로 각각 대입하는 것이 원칙입니다. 천간으로 木을 동반한 火가 들어오는 것보다는 土를 동반한 火가 와야 원칙이라고 하겠습니다. 그러나 木·火가 함께 들어오는 경우에도 쟁재는 없는 것으로 보겠습니다.

3) 남의 말이라기보다는 윗사람의 말을 조심해서 수용하라고 하는 것이 좋겠고, 스스로 망상을 줄이라고 조언해주는 것이 좋겠습니다.

4) 권하지 못하겠습니다. 시키는 대로만 할 수도 없는 상황인데, 사회 적응성분이라고 할 수 있는 식상이나 관살의 작용이 부족한 경우에는 권하기 어렵겠네요. 더군다나 중책이라면 어렵겠습니다.

5) 그렇습니다. 그리고 건강에도 주의하는 것이 좋겠습니다.

6) 그렇게 봐도 되겠습니다.

7) 그렇지는 않습니다. 참고는 될지 모르겠지만 확실하지 않은 이야기는 실험용으로 보류합니다.

952 용·희신은 무엇인가요?

```
時 日 月 年
癸 丙 丁 甲
巳 午 卯 寅
```

위의 사주는 강하기 때문에 午 중 기토를 용신으로 삼고 金을 희신으로 정하였습니다. 정관을 용신으로 쓰고 싶지만 한 점의 물이 증발하여 부득이 상관을 용신으로 하였습니다. 용·희신이 맞습니까?

이렇게 강한 화세(火勢)에 밀려서 고등학교를 잘 다니고 수산대학교를 졸업한 뒤에 외항선을 탔습니다만, 정신 이상으로 인해 중도 하차하고 방황하였습니다. 지금은 취직하여 직장에 다니고 있습니다.

 기토 용신이 약하지만 그대로 사용합니다

용신이 약해도 다른 방법이 없다면 그대로 사용합니다. 이 사주의 경우에 다른 방법이 없겠습니다. 희신은 金으로 하지만, 운에서 金이 온다고 해도 기대하기는 어렵겠습니다.

 조후를 생각했는데 金·水가 좋을까요?

```
時 日 月 年
戊 己 丙 己
辰 酉 子 未
```

세력만 얻었지만 관이 없어서 세력만으로도 충분히 약하지 않을 것 같습니다. 그렇지만 계절이 겨울이므로 우선 조후 용신을 염두에 두고 본인에게 몇 가지 질문했더니, 어머니와 불화가 있어서 을목대운을 안 좋게 생각하고 있고, 해수대운 역시 좋다고 생각하지 않으나 을목대운보다는 나은 것 같다고 합니다. 어머니와 갈등이 있고 감정적으로 아버지와 더 가깝다는 말도 하고요. 현재의 갑목대운은 잘 모르겠지만 을목대운보다는 좋은 것 같다고 합니다. 조후가 필요하지 않고, 金·水를 용신으로 하는 사주인가요?

 근황을 물어서 확인하면 좋겠습니다

이런 사주를 만나면 결정을 내리기가 망설여지는 것이 정상입니다. 낭월도 선뜻 답변을 드리기가 어렵군요. 그래도 답은 해야겠기에 다시 살펴봅니다. 그리고 결론은 동짓달이라고는 해도 미토가 막고 있으므로 식신생재로 본다고 말씀을 드립니다. 그리고는 도망가는 것이지요. 하하.

그래도 미련이 남아서 말씀을 드리자면 부모에 대한 감정을 용신에 참고하기는 매우 어렵다는 것입니다. 그리고 어려서의 운으로 대입하는 것도 어렵기는 마찬가지지요. 근황을 물어서 확인하면 좋겠는데, 작년 경진년(2000년)의 상황이 기묘년(1999년)에 비해 즐거운 일이 많았다면 어쨌든 金·水로 방향을 잡겠습니다. 그 밖에는 그냥 火 용신으로 보도록 하지요.

954 약해 보이기도 합니다

```
時 日 月 年
壬 辛 庚 丁
辰 亥 戌 巳
```

이런 사주를 쳐다보면 시름만 생깁니다. 하염없이 쳐다보다가 문득 "강약이 거의 균형을 이루면 극·설을 쓸 수 있다."는 스님의 말씀을 떠올리고는 눈 딱 감고 약하지 않다로 돌아섭니다. 관이 조금 멀고 술토는 水를 옆에 두고 있어 생금할 수 있다고 보며, 술월이라는 이유로 일지가 허한 것을 모른체하기로 했습니다. 설할 수 있습니까?

 약하지 않다고 볼 수 있습니다

술월을 고려해서 약하지 않은 것으로 볼 수 있겠습니다. 단, 나이가 조금 더 들어서 그 운이 지난 뒤에 확인해보는 것이 분명하겠군요. 이러한 형상만 봐서는 상관을 사용하겠습니다. 다행인 것은 상관이 재를 보지 않았으므로 마구 설기가 되지 않고, 상관이 진토나 술토에게 제어를 당하고 있다는 것이 아닌가 싶습니다.

955 언제가 기회일까요?

```
時 日 月 年
己 甲 甲 戊
巳 寅 寅 申
57 47 37 27 17 7
庚 己 戊 丁 丙 乙
申 未 午 巳 辰 卯
```

1) 용·희신은 火·土이며 식신생재의 흐름으로 보입니다. 寅 중 병화는 운에서 火가 와야만 쓸 수 있나요? 용신으로 쓸 수 있습니까?

2) 용신이 火라고는 하나 인목이 2개나 있어서 인오화국이 이중으로 나타날 때는 온통 불바다로 보이는데 좋은 일로 봐야 할까요?

3) 올해가 신사년(2001년)이라 연지의 신금과 시지의 사화가 합이 되어 물을 만드는데 어떤 영향을 미치나요? 이 때 인성의 성분으로 봐야 할지, 아니면 편관(일하는 성분, 인내)이 깨져서 게을러지는 것인지요?

4) 인오화국, 무오대운 등 용신이기는 하나 편관이 깨지고 木도 덩달아 불로 본다면 온통 불바다인데, 사업 시기를 언제로 보는 게 좋을까요?

5) 연지의 편관 역할이 매우 궁금합니다. 월지의 사회성을 충하는 역할 외에 다른 기능이 있을 것으로 보이는데, 올해는 합이 되고 내년에는 불 때문에 얌전히 있는 형국이라 궁금합니다. 인오화국이면 연지 편관이 힘을 못 쓰게 되는데 어떤 일이 일어날까요?

6) 어떤 사람은 기토 정재를 직장생활로 보고 식신생재가 제대로 이루어졌으니 직장생활이 좋다고 하며, 무토가 사업성인데 비겁에 의해 깨지는 형상이므로 사업을 하면 손실이 있을 것이라고 합니다. 일리가 있는 말인가요?

 올해의 운도 무난합니다

1) 용신으로 사용할 수 있으며 식신생재로 보겠습니다. 火가 들어오기를 기다립니다.

2) 오화가 들어오면 발하게 됩니다. 원국에서의 상황을 뒤집을 정도로 운에서 변화하지는 않는 것으로 보고 있습니다. 기다리는 발화점이 도래했다고 해도 좋겠습니다. 오화 정도는 되어야 뭔가 기대할 수 있지 않을까 싶습니다.

3) 육합은 고려하지 않습니다. 세운은 무난하며 대운도 좋다고 보는데, 이런 정도라면 올해의 운이 무난하다고 해석해야겠습니다.

4) 화한 것과 합한 것은 반드시 구분을 해야 합니다. 너무 화(化)의 작용에 비중을 두지 않아도 좋겠습니다. 대체로 합을 하기는 쉬워도 화하기는 어렵습니다. 삼합은 크게 고려하지 않는 것이 좋다고 봅니다. 친구가 있어서 자신의 목숨과 바꿀 정도라면 화한 것이고, 그냥 만나서 술을 마시면서 즐거운 정도라면 합으로 볼 수 있습니다. 사업 시기는 지금도 좋습니다. 그러나 적성도 고려해봐야지요. 생산업 분야는 괜찮지만 유통업은 상관이 보이지 않으니 어렵겠습니다.

5) 아마도 연지의 신금은 부담이 될 것입니다. 친구들과 놀러가고 싶은데 동생이 따라붙는 것과 같다고 할까요? 그렇지만 결정적으로 비중이 있는 것은 아니므로 부담이 되는 정도로 이해합니다. 화국(火局)보다는 화(火)의 세력이 강화되면 그냥 무시할 것으로

보입니다. 그래도 무리는 없겠지만 중요한 일을 결정하고 추진해야 한다면 조심해야겠습니다.

6) 이러한 것은 식신생정재격이라고 구체적으로 이름을 붙일 필요가 있겠습니다. 사업 성분도 되겠지만 연구하여 전문분야에서 자신의 일을 하는 것으로 이해할 수도 있겠습니다.

 기토대운을 좋다고 볼 수 있을까요?

```
       時 日 月 年
       乙 乙 甲 戊
       酉 丑 寅 戌

    65  55  45  35  25  15  5
    辛  庚  己  戊  丁  丙  乙
    酉  申  未  午  巳  辰  卯
```

1) 강해 보입니다. 용·희신으로 金·土를 쓸까요?

2) 재산을 전부 담보로 해서 사업을 시작하려고 합니다. 그런데 겁재가 월주를 장악하고 있고, 대운에는 기미 재운이 들어오고 있습니다. 쟁재가 일어나지 않을까요? 아니면 경쟁심 때문에 자꾸 기미 편재로 향하지만, 土가 희신이니 재산이 들어온다고 봐야 할까요?

 앞으로 기토까지는 어렵겠습니다

1) 잘 보셨습니다.

2) 올해는 오화가 작용하고 기신운입니다. 조금 시기를 늦춰야겠

습니다. 앞으로 기토까지는 어렵고, 보신 대로 쟁탈전이 염려됩니다. 비겁이 많은 사주에서 관살을 용신으로 삼은 경우에는 가능하면 사업을 권하지 않습니다. 운이 金으로 가면 비로소 운영할 수 있겠는데 55세가 되어야겠습니다. 성급하게 서두르면 실패할 가능성이 매우 많습니다. 권하지 않겠습니다.

 종할 수 있을까요?

```
時 日 月 年
乙 己 乙 乙
亥 卯 酉 卯
```

일간에 도움을 줄만한 것이 아무것도 없는 사면초가입니다. 오로지 편관만 득세를 했으니 종살을 할 듯도 한데 유금 식신과의 갈등이 문제입니다. 이로 인해 기본적으로 종은 어렵다고 보지만, 그래도 종할 가능성을 말한다면 가능성이 얼마나 될까요?

 종할 가능성이 없습니다

그만큼 종할 가능성이 없다고 생각하시는 것이 좋겠습니다. 인성의 운이 오지 않고서는 답이 없습니다.

958 강하지 않아 보입니다

```
時 日 月 年
甲 己 丙 戊
戌 卯 辰 寅
```

1) 얼핏 보아 신강 같았는데 갑목과 묘목에 둘러싸여 있고 진토나 술토는 木 때문에 힘을 못 쓸 것 같아 강하지 않은 것으로 판단하려고 합니다. 용·희신으로 火·土를 잡아도 될까요?

2) 성격은 합리성과 절제력이 강하며 직관력이 뛰어나지만, 2차존에 있는 겁재의 영향으로 경쟁심이 강하고 다른 사람과의 사이가 원만하지 못할 수 있다고 판단해도 될까요?

A 확인이 필요합니다

1) 일지의 묘목은 매우 힘이 있어서 일간에게는 큰 부담이 되겠습니다. 그래서 신약용인격으로 볼 수도 있겠습니다. 그런데 다시 살펴보면 전체적으로 4土 1火로 인성까지 동반한 기토에게 꼭 약한 것만은 아니겠습니다. 그래서 우선 용신을 木으로 보면 좋겠습니다.

이런 경우에는 늘 확인하시라고 권해드립니다. 木은 점점 약해지지만 土는 점점 강해진다는 의미를 생각해보시기 바랍니다.

2) 보신 대로 이해하시면 되겠습니다.

외국으로 가면 돈을 벌어올까요?

```
        時  日  月  年
        壬  丁  乙  戊
        子  未  卯  戌
    52  42  32  22  12   2
    辛  庚  己  戊  丁  丙
    酉  申  未  午  巳  辰
```

신왕이면 金·水가 용·희신일 텐데, 살아온 과정을 보면 42세 경 신대운에 잘 다니던 공직에서 갑자기 쫓겨나 2년째 백수로 지내며 궁리만 무성하고 괴로움이 많은 듯합니다. 제 형부인데 생각이 많아서인지 한참 일을 시작하지 못하고 있다가 하필이면 돈을 벌러 말레이시아로 간다는데 말려야 할까요? 운에서 보면 火운에서 집도 사고 재물도 모았는데 金운에서 있던 집마저 팔아야 할 상황이 되었습니다. 초보라 그런지 잘 모르겠습니다.

 앞으로의 운으로는 돈을 벌기 어렵겠습니다

언뜻 봐서는 약하지 않은 형상이지만 연주가 도움이 되지 않으며, 시지에서 정화를 억압하는 바람에 일지 미토도 도움을 주지 못하는 형상이고, 의지할 것이 월주뿐이라면 일단 신약하다고 볼 수도 있다는 점을 고려해야겠습니다. 그리고 현실적으로 木·火운에서 발전이 있고 金·水운에서 힘들었다고 하시니까 그렇게 해석해야겠습니다. 그렇다면 앞으로의 운으로는 돈을 벌기 어렵겠습니다. 돈을 벌지 못하는 것은 말레이시아나 일본이나 한국이나 같습니다. 새로운 경험을 하고 고생을 많이 하겠습니다. 재물운이 들어오면 말려도 듣지 않겠네요.

 정화와 무토를 어떻게 해석해야 할까요?

```
時 日 月 年
癸 壬 壬 乙
卯 寅 午 未
```

1) 정화 정재대운이 시작됩니다. 생각(임수)은 자꾸 현실적인 금전문제로 가는데 경쟁심(계수)이 막는 운세로, 술토보다는 나은 시기라고 볼 수 있을까요?

2) 정재대운의 시기라면 주로 금전적인 문제가 부각된다고 볼 수 있을까요?

3) 무토대운은 편관인데 정관이 남편이라면 편관은 애인이라고 봐서 애인문제로 조금 막히는 시기라고도 볼 수 있을까요? 무토가 어려운 시기라는 것은 알겠는데 어디에서 나타날지 판단하기 어렵네요.

 욕심을 조심해야 합니다

1) 정화가 들어오면 믿고 의지하던 동료를 의심하여 마찰이 생길 수 있다는 암시도 고려해봐야겠습니다. 다만 그러면서도 水는 용신에 해당하니까 자신의 몫을 다하게 될 것으로 봅니다. 욕심을 조심

하지 않으면 소중한 동료를 잃을 수도 있다고 조언해주는 것이 좋겠습니다.

2) 인생사에 여러 가지 문제가 일어나지만 특히 금전과 관련된 문제가 일어나기 쉽습니다. 그 우선 순위는 본인의 의식구조에 따라 차이가 있겠습니다.

3) 그렇게 볼 수는 없습니다. 편관이 남편일 수도 직장일 수도 있고 여러 가지 의미가 있는데, 단지 편관이라는 이유만으로 애인 운운 하는 것은 경솔합니다. 그렇게 생각할 필요는 없다고 봅니다.

961 재혼이 가능할까요?

서로 가정이 있는데 이혼한 뒤 재혼하려고 한답니다. 무도장에서 만났다고 하네요. ①의 남자 사주에 火가 필요할 것 같은데, 운이 남방으로 흐르고 있는데도 고생을 아주 많이 했답니다. 형제간의 재물 다툼으로 감옥에도 다녀오고, 어머니와의 사이도 무척 나쁘다고 합니다. 저는 자수와 金을 용·희신으로 하고 木·火를 기·구신으로 보았는데 맞나요? 건축업에서 숙박업(여관)으로 업종을 바꾸는 것은 어떤가요? ②의 여자 사주에서는 희·용·기·구·한을 木·火·水·金·土로 보면 될까요?

권할 상황이 아닙니다

남자 사주에서 인성이 필요한데 없으므로, 土를 용하고 火운을 기다리는 것으로 봐야겠습니다. 달리 해석할 방법은 없습니다. 火운에 고생했다고 해도 공부할 때에는 원칙적으로 답이 나온 경우에 용신을 그대로 놓고 관찰하시는 것이 좋습니다. 그렇지 않으면 기본적인 논리조차도 혼동된다는 점을 참고하시기 바랍니다.

남자의 경우 어차피 여자가 기신으로 어느 여성을 만나거나 도움이 되지 않으므로, 기왕에 만난 부인과 백년해로 하시라고 권하겠습니다. 더구나 상대 여성은 상관견관의 사주로 권할 상황이 아닙니다. 모두 번뇌의 씨앗일 뿐이지요. 정재가 합이 되어 있는 무토이므로 모략도 당하겠지만 스스로도 욕심을 많이 부리지 않나 싶습니다. 좋은 운을 만나려고 하기보다 분수를 지키는 것이 현명합니다.

962 세운 해석에 대해 질문 드립니다

```
時 日 月 年
甲 丁 己 辛
辰 卯 亥 卯
```

1) 신사년은 사화에 비중을 두어 희신이 들어와서 무난할 듯한데, 사해충을 어떻게 해석해야 할지 모르겠습니다. 제 생각에는 원국의 묘목과 대운의 오화가 巳·亥를 도와서 오히려 해수가 불기운을 더 높일 것 같습니다. 해수 정관이 깨지면 관운에는 어떤 영향을

미칠까요?

2) 임오년은 간지의 비중을 각각 50:50으로 보며, 천간에서는 일간 丁과 세운 壬이 합(이 경우에 화목(化木)이 가능한가요?)을 하고, 지지에서는 대운 오화와 세운 오화가 가세하여 좋을 듯합니다.

3) 계미년은 미토에 비중을 두어 지지가 목기(木氣)로 흐르고, 대운 오화가 가세하여 좋을 듯합니다.

 임오년은 나쁘지 않습니다

1) 신사년의 사해충은 무난하겠습니다. 원국에서 묘목이 중간에서 유통시켜주기 때문입니다. 그러나 충을 받아서 불기운이 더욱 강해진다는 의미로 보지 않습니다.

2) 운에서 화하는 경우는 거의 없습니다. 그냥 임수는 갑목이 막아주고, 오화는 묘목이 생조해서 나쁘지 않다고 해석하는 것이 좋겠습니다.

3) 계미년은 木의 기운이 강화되므로 정화 일간이 편해지겠습니다. 보신 대로 좋겠습니다.

963 운로에 대한 질문입니다

時	日	月	年
庚	壬	丙	庚
戌	寅	戌	寅

신약에 인성을 용하는 명식으로 보입니다. 시(時)는 혹시 기유시

가 될 수도 있다고 하는데, 그래도 신약용인격이 될 것 같습니다. 재작년 정축년(1997년)까지 대기업의 중역이었으며, 본인의 일에 매우 보람을 갖고 일했다고 합니다. 그런데 작년 무인년(1998년)부터 일이 조금씩 어긋나기 시작하면서 결국 연말에 타의에 의해 그만두게 되었다고 하네요.

지금까지 하고자 하는 일을 모두 자신의 뜻대로 해오고, 또 다른 사람들로부터 상당한 신뢰도 얻고 있었기 때문에 회사를 그만둔 일이 현재까지도 큰 충격이라고 합니다.

작년은 용신이 아주 강한 해인데 이런 일을 당했다니 이해가 되지 않습니다. 오히려 같은 묘목대운의 무인년에는 승진을 하고, 기묘년에도 역시 좋은 실적을 올렸다고 하니 이해가 되지 않습니다.

 답변을 할 수 없는 사주입니다

현실을 놓고 대입하는 과정에서 간혹 설명이 난감한 경우가 있습니다. 사주 논리로는 용신에 아무런 문제가 없는데 대운의 대입은 전혀 납득이 되지 않는 방향으로 진행되는 경우지요.

이 사주는 낭월이 봐도 달리 해석할 방법이 없습니다. 그런 경우에는 다른 각도에서 생각해봅니다.

이 경우에는 '타의'라는 부분에 비중을 두고 생각해봅니다. 그러니까 자신의 운으로는 오히려 진급을 해야 하는데, 정해진 좁은 공간에서 상대성 때문에 희생될 수 있다는 것입니다. 다시 말해, 정해진 범위 안에서 먹을 것이 하나뿐이고 나눠 먹을 사람은 셋이라면, 아마도 우선은 힘이 가장 약한 사람이 희생될 것이고, 그 다음에는 다음으로 힘이 약한 사람이 희생될 수 있습니다. 그럼에도 불구하고 무인년과 기묘년의 승승장구는 또 납득이 되지 않는군요.

이 사주만 놓고서는 그 이유를 찾기가 불가능해 보입니다. 대화를 통해서 무인·기묘년을 어떻게 보냈는지 확인해보고 연결점이 있는지 살펴보시는 것이 좋겠습니다.

964 겨울 木인데 火를 찾을까요?

```
時 日 月 年
乙 甲 己 庚
亥 辰 丑 申
```

축월에 갑진이며 시(時)까지 얻었으니 약하지는 않고 火가 있으면 좋겠는데 어디를 둘러봐도 火는 없고, 관살인 金을 쓰자니 화기(火氣) 하나 없는 겨울 木에 한기를 더하는 것 같아 金을 쓰기가 찜찜합니다. 운에서 火를 기다릴 수밖에 없다고 생각되는데 그래도 그냥 金을 써야 하나요?

 아쉽지만 그냥 金을 써야 합니다

火를 찾는 마음이야 어찌 모르겠습니까만 현실은 그럴 형편이 아니군요. 그냥 金을 써야 할 모양입니다. 그래서 아쉬움이 많습니다. 알아도 도움을 주지 못하고 도움을 받지 못하는 경우도 세상에는 허다하지요. 아마 팔자도 그런 모양입니다.

 설마 지장간의 水나 木을 쓰지는 않겠지요?

```
時 日 月 年
丙 戊 戊 戊
辰 辰 午 午
```

이렇게 생긴 사주라면 종할 것 같기도 합니다. 설마 일지 장간의 을목이나 계수를 쓰는 불상사는 없겠지요? 종할 경우 운 대입에서는 火·土운이 좋고 金운은 보통이며 水·木운은 나쁘지만, 지지 木운은 火가 통관시켜주니 흉이 반감된다고 보면 될까요?

 확인이 필요합니다

교과서적으로는 종강으로 봅니다. 그런데 자꾸 진토 속의 을목을 보게 되네요. 확인이 필요한 것으로 여운을 남깁니다. 단, 정격이라고 해도 木운이 와서는 별 도움이 되지 못할 형상이며, 水운이 좋고 천간으로는 水를 낀 金이 와야 발합니다. 앞으로 木운이 흐르니 火의 설기만 고려한다면 나름대로 무난한 운이 되겠고, 비록 나이는 많지 않지만 그 동안 잘 지내왔다면 아무래도 종강을 한 것으로 이야기해야겠습니다.

만약 종을 했다고 본다면 水·木운만 빼고는 다 좋습니다. 간지에 土가 있어서 金운도 흉하지 않을 것으로 봅니다. 지지의 木운은 보신 대로 크게 흉하진 않습니다.

다만 임상에서는 木을 용신으로 봐야겠습니다. 종격은 나타나지 않고 있기 때문입니다.

966 희신은 火가 됩니까?

```
時 日 月 年
戊 丁 癸 乙
申 酉 未 未
```

1) 신약용인으로 연간 을목이 용신인데, 월간 계수의 역할이 궁금합니다.

2) 희신은 火입니까, 아니면 용신 을목을 생하는 水입니까?

A 희신은 水가 됩니다

1) 계수는 용신과 일간의 사이를 멀게 만드니 무정하다고 하겠습니다. 그래도 용신의 입장에서는 절실히 필요합니다. 그래서 용신의 입장에서는 좋고, 일간의 입장에서는 부담이 된다고 이해합니다.

2) 희신은 약한 을목을 도와야 하므로 水가 되겠습니다.

967 사업을 벌였습니다

```
時 日 月 年
辛 己 乙 癸
未 巳 丑 卯
```

사화 용신에 희신은 土, 기·구신은 水·木이고, 金을 한신으로 잡았습니다.

새로 광고와 관련된 사무실을 열었다고 합니다. 현재 39세이며, 내년(2000년)이면 유금대운으로 사유축합금이 되어 이익보다 손실이 더 많다고 봅니다. 열심히 일하는 사람인데 사무실 인원을 더 늘리려고 한답니다. 걱정이 되어서 아직은 시작 단계이니 좀더 두고 보자고 말해주었는데, 과연 사화 용신이 잘 견뎌줄까요? 직접 운영하는 것보다 그냥 회사에 다니는 편이 더 좋지 않을까요?

 자중하는 것이 좋겠습니다

이 사주에서 유금대운을 보면 부담이 되는 운입니다. 그래서 보신 대로 자중하는 것이 좋은데, 식신은 의욕적으로 추진하려는 마음이 생긴다고 보면 아무래도 남의 말을 듣지 않을 듯싶습니다. 그 이유는 정인이 수용성인데, 합이 되어서 수용성을 거부하는 성분이 된다고 해석할 수 있기 때문입니다. 따라서 수용하지 않더라도 너무 마음쓰지 말고 권유만 하시는 것이 좋겠습니다.

 土를 용할 수 있을까요?

時	日	月	年
丁	戊	辛	壬
巳	午	亥	子

강약과 조후는 균형이 이루어졌다고 보고, 흐름으로 봐야 하지

않을까 싶습니다. 土·金을 용·희신으로 보고 싶은데, 亥 중 무토를 용신으로 잡을 수 있습니까?

 균형을 잃었습니다

강약을 볼 때 겨울이라는 것도 고려하고, 水는 계속 늘어나는데 火는 자꾸 약해지는 형상으로 봐서 균형을 잃었다고 하겠습니다.

용신은 木에 있습니다.

 많이 약해 보입니다

```
時 日 月 年
乙 戊 丙 己
卯 申 寅 酉
```

1) 인월의 무토지만 극·설이 있어서 신약으로 보며, 인성을 용하고 비겁을 희신으로 보고 싶습니다.

2) 인신충이 있는데 어떻게 해석할까요? 경진년(2000년)에 결혼하였고 아내나 집안일 모두 무난합니다.

 지지가 혼란스럽군요

1) 용신이 월령을 잡은 것은 좋은데, 일간이 많이 약하니 인성을 용신으로 보는 것이 좋겠습니다.

2) 용신의 뿌리가 극을 받는 것은 아쉽습니다만, 용신이 극을 받는 것은 아니므로 괜찮다고 봅니다.

970. 경금을 용할 수 있을까요?

```
時 日 月 年
戊 戊 己 甲
午 辰 巳 寅
```

인목이 갑목의 뿌리로 합은 안 돼도 화(化)하지는 않겠지만, 월지 사화 속에 들어 있는 경금을 용하고 희·용신은 水·木으로 하여 운을 기다릴 수도 있나요?

 木을 용합니다

그냥 연주의 木을 용하는 것이 옳습니다. 金을 용할 수 없는 형상으로 보입니다.

971. 결혼해도 될까요?

```
時 日 月 年
甲 己 辛 辛
戌 酉 丑 亥
```

술토 속의 정화가 용신이고 정화를 보호하고 있는 술토가 희신이면, 정관인 갑목은 구신이고 남편궁에 있는 축토는 습토이므로 별 도움이 되지 않는다고 봅니다. 갑기합을 하고 있어서 서로 정은 있지만 구신의 역할로 남편복이 없다고 봐야 하나요? 서른 살로 혼기가 꽉 차서 여기저기 선을 봐도 내켜 하지 않다가 6개월 전부터 사귀는 사람에게 마음을 주고 진지하게 결혼을 추진하고 있는데 저희 쪽에서 어머니가 내켜 하시지 않습니다.

혹시 스님께서 저와 제 남편 사주를 기억하실지 모르겠지만, 저희 부부의 궁핍한 결혼생활에 화병이 나신 친정어머니께서 둘째딸만은 어떻게든 잘 보내려고 하시는데, 어머니가 소개하는 신랑감들을 모두 마다하고 결혼하고 싶어하는 사람의 사주가 다음과 같습니다.

```
時  日  月  年
丁  壬  丙  戊
未  子  辰  申
```

역시 신약용인격으로 金·水를 희·용신으로 해야 할 것 같은데 다행히 38세부터 대운이 金·水운으로 흘러 좋아 보입니다. 그런데 임수 일간으로 동생의 일간과 맞지 않고, 동생은 火가 필요한 사주인데 남자는 水 일간에 金·水가 희·용신이니 궁합이 좋지 않아 보입니다. 정임합이 되어 있으니 부부간의 정은 있다고 봐야 하나요? 남자쪽은 재성이 구신이지만 합이 되어 있고, 처궁이 용신이니 그럭저럭 괜찮다고 봐야 하나요?

하여튼 어머니도 여동생도 남자운과 궁합이 어떠냐고 계속 물어오는데, 남자운은 몇 년 후부터 괜찮아지지만 궁합은 좋다고 할 수 없어서 고민입니다. 한편으로는 그것도 다 전생의 인연이며 타고난 자기 팔자인데 어떻게 인력으로 막겠나 싶은 생각도 들고요.

궁합은 일간의 배합에 큰 비중을 둡니다

사정은 이해가 되지만, 일단 일간이 첨예한 대립까지는 아니라도 상당히 부담이 되는 것으로 봐서 말릴 분위기입니다. 남자의 재물운이 좋다고 해서 그 재물이 아내의 소유가 된다는 것은 타당하지 않다고 봅니다. 돈을 벌어서 바람을 피우는 남편도 있다는 것을 생각해보시기 바랍니다. 그래서 궁합을 볼 때에는 남자의 그러한 상황들은 비중을 두지 않습니다. 오로지 일간의 배합에 큰 비중을 두지요. 다만 본인이 원한다니 말릴 수는 없겠습니다. 인연인가 보다 하시는 것이 좋겠습니다.

972 용신합이 기신이면 어떤 일이 벌어지나요?

```
時 日 月 年
丁 丁 戊 己
未 巳 辰 酉
```

1) 신약용겁격 사주인데 임신대운 때 어떤 일이 생길지 궁금합니다. 일지의 사화에 의지하고 있는 사주로 용신 사화와 대운 신금이 합이 이루어지고, 시간(時干)의 정화가 대운 임수와 합이 되는데 어떤 일이 생길까요? 좋은 일이 아닐 것 같은데 혹시 사고가 나지 않을까요?
2) 온통 상관투성이로 결혼은 무리인 듯싶은데 혼자 사는 게 나을까요?

사회적으로 부담이 됩니다

1) 사주의 상황으로 봐서는 운이 매우 불리합니다. 水의 부담은 원국에서 土가 막아줄 수 있으므로 약이 됩니다. 용신이 억압을 받게 되므로 개인적인 일보다는 사회적으로 부담이 된다고 보는 것이 좋겠습니다.

2) 그렇게 보입니다. 남편은 부담이 됩니다.

 언제쯤 결혼할까요?

```
時 日 月 年
甲 乙 辛 戊
申 亥 酉 申
```

1) 가을 나무에 관이 많아 신약으로 보고, 일지의 해수를 용신, 비견을 희신으로 보면 될까요?

2) 그렇다면 火는 기신이 되는데, 사화의 경우 해수 용신과 충이 되고 신금(辛金)과 합이 됩니다. 이런 경우 신금(辛金)이 잡아주기 때문에 무난하다고 보면 되나요?

3) 정재가 편관 너머 멀리 있어서 혼사가 어려울 듯한데 언제쯤 가능하다고 보시나요? 천간에 병화가 올 때 신금과 합이 되어 정재를 얻을 수 있나요?

계미년으로 봅니다

1) 잘 보셨습니다.
2) 火는 한신인데, 여기서는 金이 과다해서 나쁘지 않다고 봅니다.
3) 원국과 무관하게 대운이나 세운이 재성운이 되면 혼담이 진행된다고 봅니다. 그런데 대운에서 재성이 오지 않으므로 세운을 봐서 계미년에 혼사가 있다고 봅니다.

 이 사주의 용신은 무엇일까요?

```
時 日 月 年
戊 辛 己 甲
子 丑 巳 戌
```

득지하고 세력을 얻어서 신강이며 사화가 용신, 土가 희신이라고 봅니다. 그렇다면 월령에 용신이 있으므로 6급 정도 되지 않을까요? 아니면 식신을 용신으로 하는 것이 나을까요?

젊어서는 우체국 집배원으로 일한 적도 있답니다. 용·희신은 어떤 것이 나을까요?

 水 용신, 木 희신으로 봅니다

기본적으로는 火를 용신으로 할 수도 있지만, 이 상황은 사화가 土에 둘러싸여서 작용을 못 한다고 봅니다. 그래서 시지의 水를 용신으로 하고 희신으로 木을 봤으면 좋겠네요. 다만 水를 쓰거나 火

를 쓰거나 또는 木을 쓴다고 해도 하나같이 멍들어 있는 용신입니다. 품격이 떨어지는 사주라고 하겠습니다. 월지 사화를 용한다고 해도 급수는 약 8급 정도라고 봅니다.

975 희신을 찾는 기준을 알고 싶습니다

```
時 日 月 年
甲 己 辛 辛
戌 酉 丑 亥
```

미술교사이며 미혼입니다. 식신이 많아서 약간 신약으로 보여 인성을 용해야 할 것 같고, 조후로도 축월의 기토이니 너무 춥고 습하여 술토 속의 정화를 용신으로 삼아야 할 것 같습니다. 맞나요? 그런데 이렇게 용신이 지장간에 있으면 꺼내 쓰기 어렵다고 봐야 하나요? 또, 용신이 火이면 희신은 木인가요? 아니면 정화를 보호하면서 일간을 강하게 하는 비겁 土인가요? 일반적으로 신약해서 인성을 용했을 경우에 희신이 관이 되는지 비겁이 되는지 잘 모르겠습니다.

 희신은 경우에 따라 변수가 있습니다

이 사주는 일단 인성이 필요한 것으로 봐서 신약용인격으로 보면 됩니다. 그리고 암장된 火는 木의 생조를 받을 수 없으므로, 희신은 일단 土로 합니다.

만약 필요한 火가 천간이나 지지에 나와 있고 신약하다면 관살이 희신이 될 수 있습니다. 다만 이 경우에는 어렵다고 봅니다. 그러니까 희신은 용신의 상황에 따라 달라지며, 이러한 부분이 이해되지 않으면 혼동이 되실 수 있습니다.

976 신강으로 볼까요?

```
時 日 月 年
甲 丙 己 丁
午 子 酉 巳
```

월지와 일지를 모두 얻지 못했으나 연지와 시지의 세력이 강해서 신강으로도 보입니다. 만약 신강이라면 火의 기운을 설하는 기토를 용해야 할지, 아니면 자수를 용해야 할지 잘 모르겠습니다. 가르침을 부탁드립니다.

 신약입니다

만약 신강이라면 흐름을 따라 상관생재로 보고 싶습니다. 그러나 연주의 정사는 일간에게 도움을 주기에는 너무 멀다고 봐서 신약하다고 하겠습니다. 일지의 자수가 시지의 오화를 극하는 것도 감안하여, 신약용인격으로 시간(時干)의 갑목을 용하면 좋을 것으로 생각됩니다.

 결혼을 두 번 하게 되나요?

```
時 日 月 年
癸 己 甲 辛
酉 巳 午 亥
```

1) 기세가 미약하게 밀린다고 봐서 火·土를 용하고 싶은 생각이 듭니다.

2) 결혼운은 어떨까요? 연지의 정재와 시간의 편재로 보고 있는데, 이런 경우에 결혼을 두 번 한다고 봐도 될까요? 해석을 부탁드립니다.

 결혼 횟수는 일치하지 않습니다

1) 신약용인격으로 봅니다.

2) 내년(2000년)이면 대운이 경금이 되니 결혼 대운이라고 할 수 있습니다.

다만 결혼 횟수는 일치하는 것이 아니므로 결혼을 두 번 할 수도 있다는 가능성에 대해서만 생각하는 것이 좋습니다. 참고하시기 바랍니다.

용·희신을 水·木으로 보았습니다

```
時 日 月 年
己 甲 丁 丁
巳 申 未 未
```

1) 정미월의 갑목이라서 미토가 그나마 약한 뿌리가 될 수 있다고 보는데 맞나요?

2) 신약으로 보고 인성을 용하고 싶은데, 신금에 암장된 水를 사용할 수 있을까요?

3) 갑목이 의지할 곳은 물을 머금은 기토인데 어느 정도 합이 이루어질까요?

4) 용·희신은 水·木으로 보고 싶습니다.

 정답입니다

1) 미토를 갑목의 뿌리라고 하기는 어렵습니다. 뿌리가 없다고 하겠습니다.

2) 잘 보셨습니다. 일지에 있는 신금이므로 그나마 가능합니다. 『적천수』에서 말하는 "갑신무인 진위살인상생(甲申戊寅 眞爲殺印相生, 살인상생 중에서도 갑신과 무인은 더욱 잘 어울리는 살인상생의 구조라는 뜻)"의 의미를 생각합니다. 그래서 갑목의 뿌리는 된다고 봅니다.

3) 기토의 습기는 갑목에게 도움이 되지 않는다고 봅니다. 오히려 기신으로 봅니다.

4) 용신은 水, 희신은 木이 됩니다.

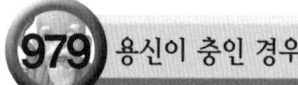 용신이 충인 경우

```
時 日 月 年
戊 甲 甲 癸
辰 午 子 丑
```

자월 갑목이 약하지 않으므로 '한목향양'에 따라 용신을 오화에서 찾았는데, 충을 맞아서 용신으로 쓰기에 부족한 듯합니다. 그렇더라도 상관생재의 흐름을 좇아서 무토 용신에 관성이 희신이 되는지, 아니면 火를 용신으로 하고 식상이 희신이 되는 구조인지가 분명하지 않습니다. 결국 火·土가 희·용신이기 때문에 희·용신의 구별이 크게 의미가 없는 것입니까? 그렇지만 용신을 정확하게 찾아야 희신을 정할 수 있을 것 같으므로 희·용신을 정확하게 구별해주시면 감사하겠습니다. 설마 자수가 충으로 약해지고 어느 정도 축토의 극을 받기 때문에 신약 구조이며, 용신을 인성에서 찾아야 하는 것은 아니겠지요?

용신이 손상된 것으로 이해합니다

이 경우에는 반드시 火의 존재가 필요하다는 것을 일단 고려해야 합니다. 용신이 극을 받는 것은 아쉽습니다. 상관생재격으로 잡고, 용신은 손상된 것으로 이해하시면 됩니다.

 金은 火를 좋아하는 게 맞나요?

```
時  日  月  年
己  庚  壬  甲
卯  申  申  午
```

신강으로 판단하고 극과 설 중에서 용신을 찾았는데, 水가 힘이 있어서 좋아 보이나 비겁이 많은 상황이고, 金은 火를 좋아하는 것 같아서 火를 용신으로 보았습니다. 또한 확인 결과 자수대운에서 고통이 많았다고 하여 火 용신으로 결론을 지었습니다. 이 경우 임수가 힘도 있고 흐름상으로도 좋아 보이는데 火가 용신이 된 이유는 무엇입니까? 또, 혹시 월지의 신금이 연지 오화에게 제어당하고 있으므로 신약으로 볼 수 있지 않나요?

 겨울 金은 火를 좋아합니다

주로 겨울 金일 경우에 무슨 연유인지 명확하지는 않지만 火를 선호하는 것으로 나타나고 있습니다. 그러나 이 경우에는 신월로 아직 추운 것과는 무관하므로 여기에 해당된다고 할 수 없습니다. 그보다도 의심스럽지만 다소 약한 형상으로 봐도 되지 않을까 싶습니다. 시간(時干) 기토의 무력함과 월지 신금이 극을 받는 상황, 임수의 설기를 고려한다면 왕하지 않다고 봐도 무리가 없겠습니다. 신약으로 놓고 살펴보시는 것이 좋겠습니다.

용신이 상관이 맞습니까?

```
時  日  月  年
庚  癸  甲  癸
申  未  寅  丑
```

인월의 계미 일주가 경신 시주에서 힘을 주고 있으나 득령·득지하지 못하여 약하게 보았습니다. 그러나 살아온 과정을 대입해보면 상관으로 봐야 맞습니다.

지금은 우체국에서 일하고 있는데 이 사주의 용신과 신약, 신강이 모호합니다.

 인성이 필요합니다

실제의 삶을 대입해서 용신을 판단하는 것은, 보기에 따라 용신이 달라질 수 있는 경우로만 한정됩니다. 어떤 경우나 삶을 대입해서 해석하는 것은 아닙니다.

이 경우에는 누가 봐도 신약용인격으로 인성이 필요하다고 보기 때문에, 상관운에 발하고 인성운에 깨지더라도 사주 이외의 작용은 없었는지 다시 살펴보고 확인하는 것이 좋겠습니다.

 극을 할지, 설을 할지……

```
時 日 月 年
癸 辛 辛 辛
巳 丑 卯 酉
```

비겁이 왕해서 극하는 것이 좋을 것 같으나 사화가 축토를 보고 있어서 용신으로 자격미달이라고 생각합니다. 더군다나 천간의 계수한테 극을 받고 있으니 용신으로 쓰기 어려워 보입니다. 그래서 설하는 水를 용신으로 하고 木을 기다리는 것으로 보았습니다.

 설하는 것으로 충분합니다

이 경우에는 그냥 설하는 것으로 충분하다고 봅니다. 변수가 있어서 어렵지만 늘 그 변수의 오묘함으로 인해 자꾸만 빠져드는군요.

 신강인가요?

```
時 日 月 年
丁 乙 辛 丙
丑 亥 丑 辰
```

일간 을목이 지지에는 어느 정도 뿌리를 얻고 있어 보이지만, 천간에는 식상과 편관밖에 없어서 조금 약해 보이기도 하고 잘 모르겠습니다.

 조후로 정화에 의지합니다

축토와 진토라도 을목에게 크게 왕하다고 보지 않습니다. 다만 뿌리는 충분하므로 조후의 차원에서 정화를 의지합니다. 신강한 것과 비교해서 무엇이 다르냐고 할 수 있는데, 신강해서 火를 쓰면 희신이 土가 되지만, 신강하지 않은 상황에서 조후를 의지하면 土운의 작용을 기대하지 않는다는 차이가 있습니다.

 태왕은 설기요, 태강은 의억(宜抑)이다

```
時 日 月 年
庚 丙 己 戊
寅 子 未 戌
```

未 중 기토가 투출하여 토기(土氣)가 강하니 金으로 설기시켜야 할까요? 아니면 木은 경금이 누르고(의억), 자수는 土에 의해 망가지고 있지만 木을 용하고 水를 희신으로 봐야 할까요?

 경금의 극을 받아 아쉽지만 木을 의지합니다

일간이 병화인데 土가 왕하므로 병화를 신약으로 보고, 전체적으로 土의 기운이 너무 강하므로 土의 기운을 누르고 병화를 보호하기 위해서는 木이 절대적으로 필요한 것으로 봅니다. 신약한 병화가 인성 인목을 의지해야 하는데 경금에게 제어당하고 있으니 아쉬움이 많은 것으로 해석합니다.

 신약인가요?

```
時 日 月 年
丁 丁 庚 丙
未 酉 寅 子
```

1) 정유 일주가 인월의 갑당령에 태어나서 시간에 비견이 있고 연간에 겁재가 있어 약하지 않다고 봤으나, 인성은 재성에게 치이고 시지의 미토는 비견의 기운를 빼내 유금에게 바치고 있는 것으로 보여 약하다고 판단했습니다.

앞으로 목왕절이고 비겁도 있는데 재성에게 굴복당할지 의문스럽습니다.

2) 년·월·일의 간지가 서로 극하고 있습니다. 이런 경우에 성격적으로 과격하고, 무슨 일을 하든 굴곡이 많지 않을까 생각됩니다. 그 밖에 어떤 현상이 있을까요?

 보신 대로입니다

1) 인성을 용신으로 하고 비겁은 희신으로 봅니다.

2) 서로 극하는 것은 무정한 형상으로 봐서 무리가 없습니다. 재성이 인성을 극하고 비겁은 재성을 극하니, 순탄하다기보다는 늘 곡절을 겪으면서 운의 길흉에 따라 진행된다고 봅니다. 인내심이

적어서 수시로 계획이 바뀔 가능성도 고려해볼 수 있습니다.

 임수 용신이 맞나요?

```
時 日 月 年
辛 乙 壬 辛
巳 丑 辰 巳
```

을축이 진월에 태어났지만 사화가 양 옆에서 조후하므로 그리 춥다고만 볼 수 없다는 생각입니다. 천간 임수를 용신으로 보는데 맞나요?

만약 火가 용신이라면 해자축 水운에서는 어떻게 해석해야 할까요? 많은 가르침 부탁드립니다.

 용신은 인성입니다

질문하신 사주를 보고 작명을 부탁받은 다음의 사주와 같다고 생각했습니다.

```
時 日 月 年
庚 乙 壬 辛
辰 丑 辰 巳
```

자세히 보니 진시와 사시의 차이가 있고 딸이로군요. 진시나 사시나 용신은 인성입니다. 조후는 해당이 안 되지요. 그래서 북방의 水운은 좋다고 봅니다.

 축미충과 진술충에 대하여

```
時 日 月 年
癸 辛 癸 庚
巳 卯 未 戌
```

지지로 들어오는 土의 작용이 궁금해서 여쭤봅니다. 지지로 들어오는 축토는 미토와 충을 하고 진토는 술토와 충을 하는데, 충하면 좋지 않나요? 그리고 미월에 태어났지만 정화가 당령이면 미토를 정화로 봐야 하나요? 궁금합니다.

 충은 고려하지 않습니다

우선 용신을 土로 잡아야 할 모양이네요. 그리고 나서 운에서 들어오는 土에 대해 생각해보도록 합니다. 축토의 충은 합을 깨고 일간을 돕는다고 봐서 좋습니다. 진토의 충은 술토와 충하니 흉하다고 하지는 않습니다. 정화당령이라도 계미월이라면 기토로 보는 것이 무난합니다.

충도 하나의 극으로 간주합니다.

988 처궁이 도움을 주지 않는데요……

```
時 日 月 年
戊 乙 癸 甲
寅 卯 酉 寅
```

신강 사주로 용신은 金으로 생각됩니다. 월·일지가 충이고 일지 묘목은 구신에 해당하는데, 부부관계는 어떻게 판단해야 하나요?

 재성이 부담이지요

부부의 인연은 부담입니다. 그러나 흉할 정도는 아닙니다.

989 어떻게 판단할까요?

```
時 日 月 年
甲 甲 己 癸
戌 寅 未 卯
```

3세 무토대운인 을사년에 아버지께서 돌아가시고, 11세 정화대운인 계축년에 어머니께서 돌아가셨습니다. 형님 슬하에서 자라 고등학교를 졸업한 뒤 박스 제작 회사에 근무하다가 26세 진토대운 때 박스회사를 설립하여 직접 운영하였으나 고전하였고, 29세 진토대운인 신미년에 저의 여동생과 결혼했습니다. 을묘대운에 들어와서 사업이 잘 되어 확장하여 직원도 늘어났으며, 개인적으로는 부동산도 늘고 그 동안 소식이 없던 아이까지 임신(쌍둥이)하여 올해(1999년) 8월경에 출산 예정입니다.

이 사주를 임상해보면 신약에 水·木이 용·희신이 되어야 어느 정도 설명이 될 것 같은데, 한편으로는 신약이 될 상황이 아니라고도 보입니다. 이럴 경우에는 어떻게 판단해야 할까요?

Ⓐ 水·木을 용·희신으로 봅니다

기본적으로는 강하다고 보는데, 水·木운에서 발하고 火·土운에서 고통을 겪었다면 확실히 水·木을 용·희신으로 봐야 합니다. 그렇다면 과연 인성이 용신 역할을 해야 할 구조인지 다시 살피게 되는데, 미월의 갑목이 목이 마르다면 인성이 필요한 것이고, 인성이 土에게 견제를 받으면 희신은 木이 될 수 있습니다. 그래서 여름 나무가 물을 떠날 수 있겠느냐는 생각을 하게 되는 자료입니다. 참고는 되겠네요. 신약용인이라기보다는 조후로 水를 용해야 할 모양입니다.

990 쟁재에 관하여

```
時  日  月  年
戊  乙  乙  癸
寅  卯  丑  丑
```

1) 축월의 을묘 일주가 신강한데 재관이 없으므로 축토를 용신으

로 하는 '군겁쟁재'인 듯합니다. 아직 미혼으로 열심히 공부하며 잘 생활하고 있습니다.

2) 쟁재는 나쁘므로 암장된 상관이나 편관을 용신으로 해야 합니까? 그렇지만 지장간에 든 글자로 막기는 어려우니 그럴 수 없고, 쟁재가 맞다면 어떻게 이해해야 합니까? 쟁재의 과정과 결과가 정리가 안 됩니다. 쟁재가 되는 것은 운에서 재성이 들어올 때입니까, 아니면 비겁이 들어올 때입니까?

Ⓐ 쟁재를 해소할 火가 없어서 아쉽습니다

1) 쟁재의 구조입니다. 해소하려면 식상인 火가 필요한데 없어서 아쉽습니다. 따라서 火운이 오면 해소가 되며, 金을 용하거나 火를 용하거나 원국의 상황은 달라지는 것이 없습니다.

2) 현재 29세라면 무토대운이고, 쟁재의 부담을 해소할 수도 있는 운입니다. 용신의 운이라도 크게 발전한다고 보지는 않습니다. 다만 올해(2001년) 사화가 들어오니까 통관의 개념으로 좋아진다는 해석이 가능합니다. 이런 식으로 이해하시면 됩니다.

991 조후인지, 억부인지……

時	日	月	年
甲	甲	己	癸
戌	寅	未	卯

목기(木氣)가 너무 왕성하고, 그에 반해 土는 너무 약한 것 같습

니다. 그리고 여름의 木이 갈증도 날 것 같고요. 제가 보기에는 조후보다 억부로 암장된 火를 용할 것 같은데 아리송합니다. 火가 용신이 된다면 희신은 土가 되겠으나 별로 효용가치가 없어 보이기도 하는데 어떨까요?

 치우친 사주입니다

강해서 火를 사용하는 것은 좋지만, 水가 무력하다는 단점이 있습니다. 다시 말해서 치우친 사주라고 하겠네요. 조후에 비중을 두어 水로 봅니다.

 인성을 용할까요?

```
時 日 月 年
乙 乙 己 庚
酉 巳 丑 子
```

축월의 을사 일주가 약하므로 인성을 용신으로 보는 것이 어떨까 합니다. 자수는 극을 받고, 비겁을 용하자니 유금 위에서 힘이 없어, 결국은 인성을 용신으로 하고 木을 희신으로 봅니다.

 맞습니다

신약용인격입니다.

 신강으로 보입니다

```
時 日 月 年
甲 癸 丙 壬
寅 酉 午 子
```

오월(午月) 계유 일주가 약하게 보이고 병오는 힘이 없어서 적천수의 '수화기제(水火既濟)'가 여기에서 통용되는 것 같습니다. 그래서 결국 강한 것으로 보입니다. 처음에는 신약으로 보고 인성을 용하였으나 계속 관찰하니 신강으로 보입니다. 인목이 오화에게 힘을 실어주려고 하나 유금에게 극을 받아 병오는 무력한 것 같습니다.

 잘 보셨습니다

상관격입니다.

 기세가 밀릴까요?

```
時 日 月 年
辛 丙 丁 甲
卯 子 丑 辰
```

축월의 병화로 인비가 있다고는 하지만 기세가 조금 밀리는 듯합니다. 火·木으로 사용하면 될까요?

 木을 우선으로 둡니다

잘 보셨습니다. 단, 木을 우선으로 두는 것이 좋습니다. 火보다 木의 용도가 시급하다고 보기 때문입니다.

 인성이 없는데요

```
時 日 月 年
壬 丙 己 庚
辰 午 丑 戌
```

1) 신약하게 보고 인성을 찾으나 없어서 오화를 용하고 木을 기다리고 싶습니다.

2) 25세 계사대운의 계수는 정관으로 관운이 있다고 봐도 될까요? 신약한데 관운이 오면 힘들어질까요?

3) 위 사주의 주인공은 변호사를 꿈꾸며 사법고시 공부 중인데 언제쯤 합격할까요? 제가 보기에는 갑목세운에 가능해 보입니다.

4) 식상재로 흐름이 있어 사업에 운이 있을 것으로 보이는데, 변호사라면 사업 쪽이라고 봐도 될까요?

 상관생재의 구조입니다

1) 잘 보셨습니다.

2) 정관은 힘든 운이라고 봅니다. 다만 원국에서 기토가 막아주

므로 고전하며 넘긴다고 해석합니다. 세운의 변수를 고려하는 것은 당연하고요.

3) 합격운은 세운의 작용이 큽니다. 좋기는 갑신년이 좋지만 갑목도 지지의 신금 때문에 온전하지 않아서 기대하기에는 아쉬움이 있습니다.

4) 변호사는 사업이라고 보기 어렵습니다. 보통 전문직으로 봅니다. 그러나 변호사로 돈을 벌어서 사업에 투자할 수도 있을 것입니다. 상관생재의 구조이므로 유통업에 손을 댈 가능성을 고려합니다.

996 종재가 될까요?

時	日	月	年
丙	癸	丙	甲
辰	巳	寅	辰

위 사주는 20년 넘게 절친하게 지낸 친구의 것입니다. 정격으로 辰 중 계수를 용하고 인성을 기다리는 명이라고 해석해줬는데 뭔가 미심쩍은 부분이 많아서 여쭙니다.

이 친구의 집안이 좋습니다. 아버님이 12·13대 지역구 국회의원을 지내신 분이며, 결혼 전에는 여자관계가 복잡했으나 다소 성깔 있고 능력 있는 배우자를 만나서 지금은 잡혀 지냅니다.

아버님이 국회에 진출한 후 이 친구가 사업을 맡아서 하고 있는데 사업 수완은 좋습니다. 건설업(모래장사) 계통으로 제가 경진년(2000년) 이후에 좋다고 했는데, 기묘년(1999년)에 2억 부도를 맞고 일부 회수를 해서 그런대로 넘어갔으나, 경진년 말에 또 3억을 부도 맞았으며 전혀 회수할 가능성이 없는 모양입니다. 건강도 무인년 (1998년)에 간경화가 진행 중이라는 진단을 받아 좋지 않습니다. 경금대운을 앞두고 세운이 경진년이면 좋아져야 하는데 본인 말로는 자꾸 어려워진다고 합니다.

Ⓐ 巳 중 경금을 의지합니다

사화 속의 경금을 의지하라고 하기는 어렵습니다. 종하는 형상으로 보고 해석하시는 것도 일리는 있으나, 실제로 종하지는 않을 것으로 봅니다. 인성이 필요하다고 봅니다.

997 운세 대입

```
時 日 月 年
辛 壬 辛 辛
丑 辰 卯 亥
```

용신을 木으로 하고 火를 기다린다고 가르침을 주셨는데, 천간으로 들어오는 丙·丁 중 병화는 신금과 합을 하고, 정화는 임수와 합을 해서 힘을 못 쓸 것 같기도 합니다. 맞나요? 아니면 정화는 일간과 합이 되어 더 좋은 건가요? 그리고 지지로 들어오는 사화와 오화 중 사화는 해수와 충을 해서 도움이 안 될 것 같은데, 오화는 도움이 될까요?

보신 대로입니다

지지에서도 보신 대로 적용시키면 큰 무리가 없겠습니다.

 삼합의 힘이 어떤가요?

```
時 日 月 年
壬 丁 辛 辛
子 未 卯 亥
```

지지가 완전히 목국(木局)을 이루고 있는데 비겁이 없고, 봄의 金이라고 하지만 눈에 띄어서 강하다고 보지 않았는데, 지나온 인성운에 좋은 것이 하나도 없다고 합니다.

유흥업에 종사하고, 현재 동생 학비를 대며 전세를 전전하고 있습니다. 식신생재로 봐야 할까요?

 천간에도 인성이 필요합니다

인성이 있어야겠습니다. 천간에도 갑·을목이 있어야 하는데 그렇지 못하군요. 그래서 인성을 찾아야 합니다.

999 약한가요?

```
時 日 月 年
丁 庚 癸 丙
亥 辰 巳 辰
```

사월(巳月)의 경진 일주가 일지를 얻고 월지에도 어느 정도 뿌리를 얻은 것으로 보아 신강으로 보이기도 하고, 계수 때문에 신약으로 보이기도 합니다.

 신약으로 봅니다

극·설이 교차되고 있으므로 신약으로 봅니다. 일지의 진토가 좋아 보이네요.

1000 신약 사주 같습니다

```
時 日 月 年
己 庚 辛 己
卯 午 未 巳
```

경오 일주가 미월에 생하여 월령을 얻었지만 주변 세력 때문에 金이 힘을 못 쓰고 있으므로 조후로 가야겠으나, 식상이 없으므로 부득이 인성에 의지해야 하지 않을까 생각됩니다. 그리고 사오미 삼합을 이루고 있으므로 열기가 극에 달합니다. 그래서 식상이 필요한 사주가 아닐까 생각됩니다. 신약으로 보고 인성을 용신으로 써도 될까요?

 일단 약하지 않다고 보고 정관을 용신으로 씁니다

화기(火氣)가 만만치 않지만 인겁의 세력도 무시하지 못할 정도라고 봐서 일단 약하지 않다고 봅니다.

식상이 없어서 아쉽네요. 그냥 일지 정관을 용신으로 하고, 희신은 木이 되는 구조입니다.

1001 자월 을축 일주의 강약

```
時 日 月 年
己 乙 庚 丙
卯 丑 子 申
```

1956년생, 건명(乾命), 4대운입니다. 신자반합으로 월지를 잡은 인성이 강력하고, 축토에도 뿌리가 있는 을목이므로 약하지는 않은 듯합니다. 그러므로 조후를 겸하여 용신을 연간의 병화에서 찾고, 희신을 비겁으로 정하고 감명했습니다.

그런데 월령을 잡은 인성이 아무리 강하다고 해도 그것 하나만 믿고 강하다고 판정하려니 마음이 개운하지 않습니다. 제대로 용신을 찾았는지 가르침을 주시기 바랍니다. 아울러 '을목의 특성'에 대해서도 가르쳐주시면 고맙겠습니다.

 잘 보셨군요

월지와 일지·시지가 모두 배반을 하지 않으니 일간은 이미 충분한 수량(水量), 즉 인성을 확보했다고 봐서 더 이상의 인성은 부담입니다. 오히려 金의 극을 피하기 위해서, 그리고 한목향양의 구조를 고려해서 병화를 보는 것이 좋습니다.

이 사주에서 을목의 특성이라면 편재가 많아서 욕심이 많다는 정도로 보겠습니다.

 수목청기(水木淸奇)인가요?

時	日	月	年
乙	癸	壬	壬
卯	卯	子	辰

1952년생, 건명(乾命), 5대운입니다. 자진반합으로 미루어 보아 '수목청기'를 이룬 듯합니다. 제 판단이 맞다면 용신이 木인데 희신은 水가 됩니까?

'양신성상격'에서는 희신을 잡는 방법이 억부법과 다른지도 궁금합니다.

그리고 위 사주가 물은 늘어나지 않는 데 비해 물을 흡수하는 나무가 중중하므로, 오히려 겁재를 용하고 인성을 기다려야 하는 명조인 듯도 하여 몹시 헷갈립니다.

수목청기격이 틀림없습니다

단, 용신격이 아니고 형상격입니다. 용신은 火가 와야 발합니다. 그리고 양신성상격도 같은 의미로 이해하시면 됩니다. 형상격과 용신격을 구분한다면 혼란이 없으리라고 봅니다.

1003 강하게 보이지만 계수가 의심스럽습니다

```
時 日 月 年
癸 丙 己 癸
巳 寅 未 卯
```

미월의 병인 일주는 약하지 않다고 보지만, 계수가 의심스러워서 약하게도 보입니다. 그러나 결국 병인 일주를 신강으로 보고 시간(時干)의 계수를 용신, 木을 희신으로 봅니다.

어려서 결혼하였고 남편과 이혼하려고 한답니다. 정관이 둘이나 되어 나중에 남자가 하나 생기지 않을까 생각됩니다. 처음 남자는 기토에게 극을 받을 수도 있으므로, 나중에 결혼한 남자가 처음 결혼한 남자보다 낫지 않을까요?

 미월이면 火는 약해집니다

극을 받은 계수보다는 월간의 상관을 용신으로 보는 것이 좋습니다. 사주에 火가 많다면 水가 필요하지만 그 정도는 아니네요. 극을 받는 계수가 있어서 인성을 용신으로 봅니다.

상관견관이므로 남편과의 관계는 편하지만은 않을 것으로 봐야 겠습니다. 그러나 먼저한 결혼과 나중 결혼 중 어느 것이 더 나은지는 명확하지 않습니다. 이미 초혼을 실패했다면 위로용으로 그렇게 말할 수는 있습니다.

1004 일간과 희·용신의 합에 대해서

```
時 日 月 年
丁 戊 癸 丙
巳 午 巳 午
```

계수가 용신이 되는데, 이 경우는 인성을 극하기보다 일간과 연애만 하니 직무유기를 해서 좋지 않다고 보는 게 맞지 않을까요?

용신이 일간과 합이 된다면 금상첨화입니다

물론 일리 있는 말씀이지만 용신은 결국 일간이 원하는 것을 해주는 역할이고, 그런 관점에서 용신이 일간과 합이 되어 있다면 금상첨화입니다.

다른 글자와 합이 되어서 그 쪽으로만 신경을 쓰고 있는 것과 비교하면 이해가 되겠네요.

1005 신약으로 보입니다

```
時 日 月 年
癸 壬 癸 戊
卯 寅 亥 戌
```

해월의 임인 일주가 처음에는 강하게 느껴졌습니다. 그러나 시간을 두고 관찰해보니 水는 土에게 극을 받고 시간(時干)의 水는 묘목에게 설기를 당하므로, 월령을 잡았으나 결국은 신약 사주로 보입니다.

 인성운을 기다립니다

무술과 계해의 저울질에서 월지가 무너집니다. 인성운을 기다리지요. 잘 보셨습니다.

1006 종으로 봐야 합니까?

```
時 日 月 年
丙 乙 丁 戊
戌 酉 巳 申
```

사월(巳月)의 을유 일주가 너무 허약하며 인성도 없고 비겁도 없으므로 월령을 잡은 火에게 종해야 하지 않을까요? 인성과 비겁이 암장된 것도 없어서 종으로 보입니다. 결혼에 한 번 실패하고 지금은 독신으로 살겠다고 합니다. 지금까지의 운세는 木·火로 흘러왔는데, 종으로 가도 앞으로의 운세가 영 말이 아니군요. 종으로 가도 대운에서 안 따라주면 힘들겠습니다

 그냥 버틴다고 봅니다

마음 같아서는 종하면 편할 것 같은데, 현실적으로 종하지 않는 경우가 거의 대부분이어서 종격은 없는 것으로 간주합니다. 이 경우에도 그냥 버티는 것으로 봐야겠습니다. 木운에서 고생이 많았다니까 혼동스러울 수 있겠습니다만, 그래도 종했다면 사주에 火가 많은 것으로 봐서 무난했을 것으로 봅니다. 운만 보고 판단하기는 어렵습니다. 종하기 어렵다는 것으로 답을 하겠습니다.

1007 용신을 쓰기가 어렵습니다

時	日	月	年
癸	甲	癸	壬
酉	子	卯	寅

갑자 일주가 묘월에 태어나서 火가 필요하지만 없고, 유금을 용할 수밖에 없을 것 같습니다. 연지 寅 속의 병화는 쓸 수 없다는데 유금을 두고 종을 고려할 수도 없을 것 같습니다. 어쩔 수 없이 시지의 유금을 용신으로 볼 수밖에 없습니다. 그러나 묘월에 유금을

용신으로 하게도 안 되어 용신이 궁금합니다.

 金을 용신으로 봅니다

용신이 무력하므로 운에서 도움을 받아야 한다는 정도의 단서를 달아둡니다. 金이 용신 역할을 할 것으로 봅니다.

 결혼운에 대하여

```
時 日 月 年
丁 己 丁 甲
卯 巳 丑 寅        乾命
```

지금이 경금대운이고 여자가 생긴 때는 경진년(2000년)입니다. 26년 동안 여자 한 번 안 사귀다가 사귀게 되어서 살펴봤는데 조금 의아했습니다. 辰 중 계수가 작용했다고 볼 수도 있을까요? 혹시 축월이라 대운을 반대로 적용해봐도 갑목대운이더군요.

 일반적으로 이성의 운에 만난다는 것입니다

건강한 성인은 언제라도 이성과 만날 수 있다는 것을 전제로 합니다. 반드시 배우자의 운이 와야만 되는 것은 아닙니다. 다만 경험으로 보았을 때 일반적으로 이성의 운에서 이성과 만난다는 것을 참고하시면 됩니다. 그렇다면 배우자의 인연을 어떻게 봐야 하느냐가 문제인데, 상대 여성의 사주를 보실 필요도 있습니다. 여성이 결혼 시기가 되면 남자는 언제라도 따라갈 준비가 되어 있으니까요.

어느 한 쪽에서도 전혀 인연이 없는데 만나게 되었다면 달리 볼 수가 없습니다. 그렇지만 여자 쪽에서 이성운이 왔을 가능성이 있습니다. 한번 살펴보시기 바랍니다.

1009 묘목도 성격에 영향을 미칠까요?

```
時 日 月 年
丁 乙 乙 癸
丑 丑 丑 丑
```

축월의 을축 일주면 땅이 꽁꽁 얼어붙어서 말라 죽을 지경일 것 같아 신약용인으로 가는 데 별 무리가 없어 보입니다. 그러나 연간의 계수도 일부 뿌리를 얻었다고 봐야 하는 것 아닌가 싶고, 월간의 을목도 축토에 어느 정도 뿌리를 두고 있다고 보아 불을 쓰고 싶어 하지 않을까 싶기도 합니다. 만약 한목향양(寒木向陽)으로 가려면 어느 정도 추워야 할까요?

일지가 을해라면 정화를 용신으로 쓰고 木을 희신으로 쓸 수 있을까요?

 온기를 필요로 합니다

이 경우도 마찬가지군요. 시간(時干)의 식신을 얻은 것은 천금의 가치가 있습니다. 축토 속에는 이미 수분량이 충분합니다. 그래서 필요한 것이 따스한 온기로, 시간의 식신을 얻은 것이 다행이라고 할 수 있습니다. 희신은 木으로 봅니다.

1010 남자에게 편재가 하나 있는 경우

```
時 日 月 年
丙 辛 辛 辛
申 亥 卯 亥
```

1) 편재라도 하나만 있기 때문에 한 여자에게만 집중할까요?

2) 위와 같이 1차 성격존에 비겁이 있을 경우에 묘목의 편재도 성격 파악에 비중이 있다고 보면 될까요? 아니면 스님의 명식에서와 같이 일지에 비겁이 있는 경우에만 일지 주위에 있는 십성의 영향을 받나요? 일지뿐 아니라 다른 1차존에 비겁이 있을 경우에도 비겁 옆에 가까이 있는 십성을 살피는지 궁금합니다.

3) 스님의 명식을 보면 월간을 보고 다음에 일지 비견을 보게 되는데, 다음으로 영향을 미치는 것은 역시 시간 편재이고 그 다음에 시지 식신을 보는 것이 맞겠죠?

그렇지 않다면 순서에 따라 일지를 보고 옆에 붙어 있는 시지를 먼저 살핀 뒤 시간(時干) 편재를 보나요?

 편재는 집착이라기보다 통제로 봅니다

1) 하나가 있어도 편재는 편재입니다. 그러니까 집착한다기보다 통제한다고 보는 것이 타당합니다.

또한 갯수와 이성관계는 무관하다고 보시는 것이 좋습니다. 어떤 여성은 관살이 넷인데 독신으로 살고 있기도 하거든요. 갯수와는 무관합니다. 다만, 하나일 경우가 많을 경우에 비해서 집중력은 좀 강합니다.

2) 성격존에 비겁이 있으면 통기(通氣) 현상으로 묘목도 고려하게 됩니다. 보신 대로 이해하시면 되겠습니다.

3) 성격 보는 순서는 시간의 편재가 시지의 식신보다 우선해서 작용하는 것으로 보면 되겠습니다. 질문이 좀 어수선해서 초점이 잡히지 않습니다. 이해되지 않는 부분은 다시 질문해주시기 바랍니다.

 월·일의 합이나 암합에 대해서

```
時 日 月 年
甲 辛 丙 辛
午 卯 申 亥
```

이 사주의 경우 월·일의 암합으로 인해 남편에게 집착한다는데, 남편성이나 처성과는 무관하게 남편궁과 처궁만 합을 하는 경우에도 의처증이나 의부증을 생각할 수 있을까요? 덧붙여서 남편성인 오화의 마음이 해수에게 가 있어서 의부증이 더 커질 것이라고 말씀하셨는데, 이렇게 멀리 떨어진 경우에도 작용할까요?

 암합을 크게 고려하지는 않습니다

결국 합은 끌리는 것으로 봅니다. 같은 것으로 이해하시기 바랍니다. 중요한 것은 월·일이 대립하면 분주하고, 합이 되면 집착한다는 것입니다. 암합은 그 정도에 차이가 있을지 몰라도 작용한다고 봅니다. 다만 남편성인 오화가 해수와 합하려는 마음까지는 생각하지 않으셔도 됩니다. 남편의 행동을 보려면 남편성을 봅니다. 그리고 남편의 사주를 보는 것이 더 정확하겠네요.

1012 첫 질문입니다

```
時 日 月 年
丙 壬 庚 乙
午 午 辰 卯
```

1) 위 사주는 신약용인격으로 용신기반이 가장 큰 걱정거리로 보입니다. 그리고 시간(時干) 병화가 경금을 약간 떨어져서 바라보고 있기 때문에 용신 경금이 재물만 탐하지 않고 자신이 살기 위해서라도 일간을 돌보는 데 조금이나마 더 힘을 쏟지 않을까 생각하는데, 이렇게 생각해도 될까요? 사실 이 명조의 주인공의 아버지와 어머니가 모두 자식에게 아주 정성을 많이 쏟는 것을 봐서 이렇게 생각해봤습니다.

2) 성격문제에 대한 질문입니다. 편인이 기반되어서 편인의 기질이 많이 안 드러나 보입니다. 그렇다면 이 경우에 편인의 영향이 줄어든 만큼 연간 상관의 영향을 받게 될까요? 그리고 이 경우와 같이 연간과 월간이 합을 하면 성격상 연간의 십성의 영향을 받게 될까요? 즉, 연·월간이 합이 되어 연간과 가까워지므로 일간과의 거리가 좁혀지지 않을까요?

3) 마지막으로 운 대입에 대한 질문입니다. 경진년(2000년)과 신사년(2001년) 두 해를 보았을 때 신사년이 훨씬 낫습니다. 물론 아

직 신사년 초기이지만 힘이 있는 경금보다 보통의 신금이 더 좋은 것이 조금 이해되지 않습니다. 신금이 병화와 합은 하지만 그래도 용신기반의 가장 큰 적인 을목을 제어해주기 때문에, 경금이 쟁합을 벌이는 경진년보다 신사년이 더 좋은 것일까요?

4) 이 경우처럼 쟁합을 벌이면 운에서 오는 경금이 기반되는 정도가 더 클까요, 아니면 더 줄어들까요? 그러니까 원국에서 이미 을·경합이 되어 있고, 운에서 다시 경금이 왔을 경우에 대해 생각하는 것입니다. 기반이 큰 경우는 경쟁심이 붙어서 더욱 치열하게 차지하려는 것으로 생각할 수 있고, 줄어드는 것은 먹을 것이 없어서 그럴 수도 있을 것 같은데 잘 모르겠습니다.

 운에서 온 경금과 추가로 합을 하지는 않습니다

1) 년·월의 재성이 아니라면 부친으로 고려하지 않습니다. 그러니까 나중에 결혼해서 아내의 도움을 받을 수 있다고 이해하는 것이 무난합니다

2) 성격에서는 일리가 있습니다. 다만 을·경합으로 인해 편인이 줄어들었다기보다는 시간(時干) 편재의 영향 때문이라고 보는 것이 타당합니다. 월간의 성격은 연간으로부터 극을 받는 것이 아니라면 변화가 없다고 봅니다. 합으로 가까워졌다고 보는 것은 현재로서는 고려하지 않고 있습니다.

3) 을·경합에는 을목이 병이므로, 신금이 보인다면 비록 약해도 더욱 발하는 계기가 됩니다. 그러나 작년 경진년에 비해서 더 좋다고 보기는 어렵습니다. 결산을 해보고 나서 결론을 내리는 것이 좋겠습니다. 아직 갈 길이 머니까 좀더 두고 보지요.

4) 운에서 온 경금과 추가로 합을 한다고 보지 않습니다. 그래서 운에서 들어온 경금은 용신으로서의 작용을 한다고 봅니다. 그 상

황이 보이지 않아서 알 수 없으나 어쩌면 서로 반반씩 차지하고 있을지도 모릅니다. 그렇다고는 해도 어차피 나머지 반반은 작용을 할 테니까 결과는 같다고 봅니다.

1013 종살인가요?

```
   時 日 月 年
   甲 己 甲 戊
   戌 卯 寅 戌
```

1958년생, 9대운, 곤명(坤命)입니다. 과거 같으면 거침없이 종살로 판정했을 것입니다. 하지만 요즈음은 스님의 영향으로 종격을 보는 눈이 바뀌고 있습니다.

본인에게 질문을 하기가 어려운 사정이므로 스님의 가르침을 구합니다. 본인에게 종살인지 아닌지를 확인하려면 지나온 대운 중 어느 시점을 물어보는 것이 가장 좋은지 가르침을 주시면 감사하겠습니다.

A 신약용인격의 형상입니다

신약용인격으로 가야 하는 형상입니다. 실제로 종살로 보고 확인하고 싶으시다면 식상운을 건드려보면 가장 명확합니다. 인성이 필요하다면 식상운이 부담은 되어도 크게 흉하지 않지만, 만약 종살로 木이 용신이라면 경술대운의 경금 같은 운은 부담이 큽니다. 단, 참고하실 때에는 늘 해당 사건의 세운에 대한 비중도 고려해서 대입하시라는 말씀을 드립니다.

 **술월 계유 일주의 강약**

```
時 日 月 年
癸 癸 戊 丙
亥 酉 戌 戌
```

1946년생, 건명(乾命), 4대운입니다. 木이 있으면 좋겠지만 암장되어 있을 뿐이고, 관성이 워낙 강해서 용신을 인성에서 찾아 '관인격'으로 판정했습니다. 그런데 계수가 약한 것 같지 않고, 또 일간의 마음이 온통 무토에게 향하고 있으니 관을 써야 할까요?

살아온 과정은 무난합니다. 지금까지 직장생활을 하면서 윗사람의 신임을 두텁게 받고 있습니다. 가장 궁금한 것은 곧 들어올 갑목대운의 영향입니다. 희·용신을 정확하게 찾지 못하면 '갑진대운'의 운세를 판단하여 조언하기가 곤란하기 때문에 질문을 올렸습니다.

 金을 용신으로 봅니다

년·월의 세력이 너무 당당해서 아무래도 위축되는 형상이라고 봅니다. 인성이 아니면 답이 없다고 봐서 金을 용신으로 봤으면 좋겠습니다. 만약 土가 용신이라면 지지의 木운에서 부담이 컸을 것입니다.

1015 종강격인가요?

```
時 日 月 年
己 壬 庚 辛
酉 申 子 亥
```

인성과 비겁이 아주 많고 기토가 무력해 보이는데 종강격으로 봐야 할까요? 아니면 그냥 기토를 용신으로 삼아야 할까요?

 종과는 무관합니다

참 안타까운 구조로군요. 木을 간절히 찾는 구조인데 도움이 되지 않습니다. 어쩔 수 없이 그냥 土를 용신으로 합니다.

1016 火를 용하고 희신을 木으로 봐도 될까요?

```
時 日 月 年
辛 己 壬 辛
未 亥 辰 巳
```

아무리 궁리해도 식·재가 조금 강해 보여서 일간을 생조해주는 火를 용하고 희신을 木으로 보고 싶은데 잘 모르겠습니다.

신약용인격입니다

진월이라고 해도 임진월이고, 옆에 해수가 있으므로 인성이 필요하다고 봅니다. 신약용인격으로 보지요.

 자꾸 약해 보입니다

```
時 日 月 年
壬 戊 戊 乙
戌 午 子 未
```

자월의 무토이지만 미토가 쳐다보고 을목밖에 없어 약해 보입니다. 다른 곳에서는 불약(不弱)이라고 보고 앞으로 대길하다고 했답니다. 과연 재성이 용신일까요?

 약하지 않습니다

비록 일지가 손상되었다고 할 수도 있지만, 미토와 술토의 협력으로 보았을 때 약하지 않은 형상이라고 봅니다. 재성을 용하고 金이나 木은 희신으로 봅니다.

1018 정확한 용신은?

```
時 日 月 年
癸 辛 乙 癸
巳 酉 卯 丑
```

자유문답실에서 이 사주의 용신이 난무합니다. 저는 신약 사주로 인성이 용신이라고 생각합니다.

A 金·土로 방향을 잡습니다

묘월의 신유가 충에서 자유롭기 어렵다고 보아 金·土로 방향을 잡는 것이 좋습니다. 자유토론에서는 여러 의견이 나오는 것이 당연하므로 좀더 관심을 갖고 살펴보시기 바랍니다. 결론이 중요한 것이 아니라 연구해가는 과정이 더 중요하다고 보기 때문입니다.

1019 한목향양입니다

```
時 日 月 年
乙 乙 癸 丁
酉 未 丑 巳
```

겨울의 木이 억부로는 다소 약해 보이고, 조후로 보면 火가 필요한 듯합니다. 그냥 신약용인으로 보며, 인성운에 발하고 火가 급하지 않으니 火는 한신으로 나쁘지 않다고 보면 될까요? 아니면 丑·未가 을목의 뿌리가 되니 火·土로 보고 火운이 인성보다 더 크게 발한다고 봐야 할까요? 잘 모르겠습니다.

 조후는 급하지 않습니다

한목향양을 하기에는 너무 신약하고, 미토나 정사가 있어서 조후는 급하지 않다고 봅니다. 인성 위주로 보는 것이 좋습니다.

 약하게 보았습니다

```
時 日 月 年
己 丁 乙 辛
酉 卯 未 丑
```

미월의 정화가 두들겨 맞고 있지만 충분히 불쏘시개 역할을 하고, 관성이 없기 때문에 식신생재로 보았습니다. 그런데 자꾸 보니 재성을 쓸만큼 인성이 강해 보이지 않아서 약하게 보았습니다.

 잘 보셨습니다

뿌리가 흔들리는 것으로 봅니다.

1021 여러 가지 질문이 있습니다

```
時 日 月 年
癸 壬 庚 辛
卯 戌 寅 亥
```

1) 용신을 알고 싶습니다. 월지와 일지를 얻지 못했지만 일지의 술토가 卯와 합을 해서 재로 변하고 세력이 강해 신강하다고 보고 싶습니다. 그런데 신강으로 보았을 때 木을 용신으로 하고 金을 기신으로 하면, 부모님들과의 관계가 좋고 현재도 부모님께 많이 의지하고 있는 것이 마음에 걸립니다.

또 사주를 아주 잘 보시는 분이 사주를 보고 35세 이후부터 좋아진다고 말씀하셨는데(이 분께 용신을 여쭤봤으나 절대 안 가르쳐주시더군요), 사주가 신약하다고 보고 金·水 용신으로 하면 35세부터는 편재로 기신운이 들어옵니다. 재물은 들어올지 몰라도 기신운인데 아주 좋아진다고 표현할 수 있을까요?

2) 기신운과 용신운이 번갈아 들어오는 경우 운이 전체적으로 좋다고 표현할 수 있을까요? 이 사주를 보고 말년이 좋다고 말씀들을 하시는데, 사주가 신약하다고 보았을 때 기신운과 용신운이 번갈아 들어옵니다. 기신운이라도 편재가 들어오기 때문에 좋다고 표현하는 것인가요? 그리고 일반적으로 정재나 편재가 기신운으로 들어올 경우 기신운에도 재물이 들어옵니까?

약하지 않다고 봅니다

1) 용신을 약하지 않은 것으로 보셨네요. 아마도 그럴 것으로 생각됩니다. 그러나 강약이 명확하게 구분되는 형상은 아닙니다. 사주를 잘 보신다는 분도 그래서 절대로 용신을 말하지 않은 것이 아닐까 생각됩니다.

경인월이라서 인목의 힘이 손상되고, 천간에 金·水의 기운이 많은데 연지에도 해수가 있으니 약하지 않게 봐도 무리가 없다고 생각합니다. 그렇게 되면 목왕절이므로 용신은 木이 되며, 희신은 火로 봅니다.

2) 재성이 기신이면 재성운에는 재물이 나간다고 봐야겠습니다. 운이 용신과 기신이 번갈아 들어오면 기복이 많은 운이라고 봐야지 좋다고 보는 것은 옳지 않습니다.

1022 인성을 씁니까?

時	日	月	年
乙	甲	丙	丁
亥	子	午	未

자수가 충으로 오화를 견제하고 해수가 합세를 하고 있지만, 월령을 얻은 것은 火이고 여름 나무이므로 인성이 필요하지 않을까 싶습니다.

火를 용신으로 씁니다

월령을 얻었다고는 하지만 자오충으로 아주 많이 손상되었다고 봐서 갑목이 약하지 않다고 볼 수 있습니다. 물론 火를 용신으로 볼 수 있습니다.

여름 나무이기는 하지만 해·자수가 있으면 장마철의 나무라고 볼 수도 있습니다. 火·土운을 지켜보시기 바랍니다.

1023 인성이 용신으로 보이는데 맞나요?

```
時  日  月  年
己  庚  丁  戊
卯  辰  巳  申
```

사월(巳月) 경진 일주가 약하게 보입니다. 그래서 인성이 용신으로 보입니다. 처음에는 火·土를 용신으로 삼았는데 갈수록 아리송합니다.

 정관 용신입니다

연주나 일주의 세력이 당당해서 약하지 않은 구조입니다. 시지의 묘목이 火를 생조하지 않고 있어서 火의 힘이 생각보다는 강하지 않다고 봅니다. 정관을 용신으로 삼아도 무리가 없어 보입니다.

1024 종격인가요?

```
時 日 月 年
癸 癸 己 丙
亥 亥 亥 辰
```

대학시절인 병자년(1996년)과 정축년(1997년)에 약간 방황했던 것을 빼면 지금껏 무난하게 살아왔다고 하는데, 종격으로 봐야 할까요?

종격이면 상격인가요? 왕초보라서 이해해주시리라 믿고 질문 드립니다.

 종하지 않습니다

水가 많은데 土가 있으니 土를 용신으로 합니다. 그리고 土가 약하므로 火를 희신으로 삼도록 합니다. 용신이 약하기는 하지만 이렇게 두고 종하지는 않습니다. 참고하시기 바랍니다.

정축년에 방황한 것은 계수 때문이라고 할 수 있고, 살아온 과정이 전반적으로 무난했다면 천간의 용신들이 크게 부담을 느끼지 않아서라고 봅니다.

1025 종격에 대하여

```
時 日 月 年
己 丁 庚 庚
酉 丑 辰 戌
```

　진술충으로 辰 중 을목도 부서졌다고 판단되어 '종아생재'로 감명했습니다.
　그런데 요즈음 선생님께서 감명하신 결과를 살펴보면 '종격'은 거의 없는 것 같습니다. 제가 지금까지도 그랬습니다만, 앞으로는 더욱 당사자에게 물어서 결론을 내리도록 하겠습니다. 그러나 상담자와 마주앉아서 이것저것 물어보고 운을 대입한 뒤에 결론을 내릴 수 있으면 다행입니다만, 그럴 형편이 안 되는 경우가 종종 있기 때문에 부득이 선생님께 질문을 올립니다. 위의 명식도 인성을 기다리는 것으로 판정해야 합니까?
　종격일 것 같은 명식을 선생님께서 정격으로 감명하시는 것을 보면서 이렇게 생각하였습니다. "세상이 바뀌었다. 현대는 자기 의지대로 사는 세상이지 과거처럼 남에게 의지하며 살지 않는다. 그리고 사회가 다양해져서 나름대로 자신의 길을 갈 수 있는 여지가 많아졌기 때문에 '순종하는 삶'이 줄었을 것이다. 그러므로 '불강(不强)'과 '불약(不弱)'도 신강 쪽으로 감명하는 것이 옳을 확률이 높을 것이다. 그래도 외격은 분명히 존재한다. 따라서 희·용신의 우선 순위가 있듯이 종하기 쉬운 순서도 있지 않을까?"

신약용인격으로 봅니다

형상으로는 종으로 봐야 할 구조입니다. 다만 말씀하신 대로 실제 임상에서는 종이 거의 나타나지 않습니다. 사실 없다고 봅니다.

종에 대해서 정리를 잘 하셨군요. 예전 같으면 종으로 봐야겠으나 辰 중 을목을 의지하고 버틴다고 봐야겠습니다.

1026 종재인가요?

```
時 日 月 年
癸 己 癸 癸
酉 卯 亥 巳
```

이 사주는 종재가 가능합니까? 사화가 충을 맞아 거의 꺼진 듯하므로 인성을 의지하기는 어려워 보입니다. 그러나 극·설이 싸우는 상황이라면 종하지 않는다고 하셔서 아무리 무력해도 연지의 사화를 의지하는지가 궁금합니다.

 종재가 어렵습니다

종재가 어렵다고 결론을 내립니다. 연지의 사화가 없더라도 그냥 土·火를 기다린다고 봐서 크게 무리가 없겠습니다.

1027 강·약 구분을 부탁드립니다

```
時 日 月 年
己 丙 戊 辛
亥 午 戌 巳
```

술월의 병오 일주가 연지에 사화를 두고 있으니 신강하여 식신생재의 흐름이라고 판단했습니다. 그런데 술토가 조토라지만 곧 겨울로 진입하는 계절이고, 해수가 기토의 견제를 받고 있지만 일정 부분 오화를 극제할 것 같습니다. 게다가 연지의 사화는 연간과 암합을 하고 있기 때문에 木의 생조가 없는 병오 일원은 설기가 심하여 겁재가 용신이 되어야 할 것도 같습니다. 하지만 午·戌이 마음에 걸립니다.

강약을 구분해주시기 바랍니다.

 약하지 않습니다

술토가 술월이라고는 하지만 午·戌에 사화까지 가세하는 것으로 봐서 세력이 상당합니다. 그리고 이미 화세(火勢)가 충분하다고 봐서 시지의 해수를 용신으로 보고 싶습니다. 비록 木은 보이지 않지만 水도 무력하고 金도 약하기 때문에 병화가 약하지 않다고 봐서 무리가 없습니다.

이것은 강하지 않을지 몰라도 약하지도 않으므로, 극·설에서 용신을 찾는 구조라고 이해하시면 됩니다.

 쟁재 시기

```
時 日 月 年
乙 庚 戊 己
酉 申 辰 亥
```

시간(時干) 을목이 용신의 역할을 제대로 수행할 수 있겠습니까? 수행할 수 있다면 원국에서 쟁재가 성립되어 있지만 움직이지 않다가 대운에서 비겁이 들어올 때 쟁재가 발생합니까?

또한 연지의 해수가 용신입니까? 살아온 과정을 보면 水·木으로 흐른 듯합니다.

 水 용신, 木 희신으로 봅니다

우선 사주의 형상으로 봐서는 水를 용신으로 삼아야 한다고 봅니다. 희신은 土를 견제할 木으로 하는데, 문제는 희·용신이 너무 멀리 떨어져 있고 위지도 불만이네요.

金운이 오면 木이 손상을 받고, 土운이 지지로 오면 水가 손상을 받습니다.

단지 쟁재뿐만 아니라 쟁식도 걱정이 됩니다. 스스로 노력을 많이 해야겠습니다.

1029 화기격인가요?

```
時 日 月 年
戊 癸 辛 丙
午 巳 卯 戌
```

계수 일간이 무토와 합이 되어 있고 火기운이 많으니 화화격(化火格)이 될까요? 아니면 그냥 신약용인격으로 봐야 할까요?

A 金 용신, 水 희신으로 봅니다

월간의 신금에게 의지해야 하는데 병신합이라니……. 그래도 그냥 쳐다보고만 있는 형상으로 해석합니다. 이미 세상을 많이 사셨는데, 병술대운에 고통이 많지 않았을까 생각됩니다. 병술대운에 잘 보냈다면 한번쯤 종격을 생각해볼 수 있습니다.

1030 운세 대입에 관해서

```
時 日 月 年
癸 辛 癸 庚
巳 卯 未 戌
```

지지에 기신인 火운이 들어오면 어떻게 될까요? 천간으로 火운이 들어올 때에는 화극금해서 안 좋을 것 같은데요. 지지에는 기신인 묘목과 용신인 미토가 나란히 있는데, 지지로 火운이 들어오면 木의 기운을 설기시키니 좋은 작용을 하지 않을까요?

 지지로 들어오는 火운도 도움이 되지 않습니다

만약에 습토가 지지에 있었다면 지지로 들어오는 火운도 크게 나쁘지 않다고 볼 수 있습니다만, 이 명식에서는 모두 조열한 상황이라서 지지로 火가 들어와도 생토가 되지 못합니다. 그래서 도움이 되지 않습니다.

지지에서 화생토하고 토생금한다는 것은 그냥 산수 공식이고, 실제로 대입해보면 어느 천년에 생조해주겠나 하는 상황을 자주 발견하게 됩니다. 그러니까 원국에서 나름대로 생조의 고리가 될 수 있더라도 운에서 들어와서 바로 도움이 되지 않으면 기대하기 어렵다고 이해하시는 것이 좋습니다. 천간으로 木이 들어오면 金이 있으므로 다소 제어한다고는 하지만 도움이 되는 것은 아니지요. 기대하지 않습니다. 참고되셨기 바랍니다.

 용신과 직업

時	日	月	年
甲	丁	己	辛
辰	卯	亥	卯

1) 전에 올렸던 명식으로 용신이 木이란 가르침을 받았는데, 용

신과 직업과의 관계가 궁금합니다. 스님께서 용신은 사회성을 나타내고, 직업은 용신과 크게 상관관계가 없다고 하신 것으로 알고 있습니다. 위 명식의 경우 월지가 정관이고 관생인 상생의 흐름이 있어서 그런지 공직에 몸담고 있습니다. 여기서 관운인 水가 들어올 경우와 용·희신인 木·火가 들어올 경우, 직업운에는 각각 어떤 영향을 미칠까요? 직업운도 사회성이므로 용·희신에 따라 판단해야 할까요?

2) 정년퇴직 이후 한의사가 되고 싶어하는데, 위 명식이 직관력과 연구성, 일에 대한 결실이 있을 것으로 보아 가능할까요? 신체를 의미하는 정재가 없어서 성공할 수 있을지 궁금합니다. 한의사가 적합하지 않다면 무슨 직업이 적합한지 알고 싶습니다.

 사주에 木이 없다면 직장을 잃을 수도……

1) 水운이 올 경우에 일은 그대로 유지되나 심리적으로 부담이 크겠습니다. 사주에 木이 없다면 직장을 잃을 수 있다는 해석도 가능합니다. 다행히 유통은 되어 수생목하므로 부담스러운 가운데서도 직장생활은 유지된다고 봅니다.

2) 편인과 식신생재의 구조로 봐서 가능하다고 봅니다. 단, 성공여부는 여전히 운과 연관되어 있다는 점을 참고하시면 됩니다. 정재는 기신인데 오히려 없어야 길하고, 신체를 사주에서 찾지는 않습니다. 이미 살아 있다는 것으로도 신체는 존재하는 것이니까요. 교육과 연관된 일에도 흥미를 보일 것으로 보입니다. 명리공부도 좋은 방법입니다.

 미토 용신이 맞습니까?

```
時 日 月 年
丁 壬 丙 壬
未 申 午 子
```

화왕절에 임수입니다. 연주가 월주를 극과 충을 하고 있고, 시주 정미는 열기가 강해 보이지 않아서 강하다고 보았습니다. 미토를 용신, 정화를 희신으로 보았습니다. 그리고 정임합은 좋아 보이는데 맞습니까?

 마땅치 않으나 土를 용합니다

土를 용신으로 하는 데는 그만한 목적이 있어야 하는데, 水를 극하라고 하기에는 마땅치 않으므로 용신 역할은 어렵겠습니다. 그렇다고 火를 용하기에는 火가 극할 金도 좋지 않으니 역시 마땅치 않아 보입니다.

木이 꼭 있으면 좋겠는데 마음뿐이므로 부득이 그냥 土를 용하고 火를 희신으로 봐야겠습니다. 따라서 용신의 역할은 많이 떨어진다고 봅니다. 즉, 土운이나 火운이 와도 크게 발하기를 기대하지 않습니다.

1033 신약용인으로 보았습니다

```
時 日 月 年
庚 辛 庚 己
寅 巳 午 酉
```

火가 왕한 계절에 신사 일주입니다. 인목이 火를 지원하고 열기가 강해 보입니다. 인성을 용신, 희신은 경금으로 하고 水는 약신으로 생각합니다. 맞습니까?

 약합니다

천간의 金이 지지의 협조를 얻지 못해 약합니다. 인성이 필요하다고 봅니다.

1034 식신생재로 보았습니다

```
時 日 月 年
癸 戊 壬 己
丑 午 申 未
```

가을에 무토가 약하지 않아 보이는데, 갑목대운 경진년(2000년)이 힘든 것은 용신이 식신생재가 아니기 때문입니까? 아니면 세운과 대운의 충돌 때문입니까?

 그렇게 봐서 무리가 없습니다

갑목대운이 어려운 것은 아마도 사주에 관살에 대한 면역이 없는 상태에서 편관이 들어온 탓이 아닌가 모르겠네요. 세운과 대운의 싸움도 부담이 되겠습니다.

1035 유금이 운에 사화가 들어와서 합해도 기반인가요?

```
時 日 月 年
壬 癸 己 丁
戌 未 酉 未
```

신약 사주로 인성이 반드시 필요한 사주라고 보았습니다. 희신은 水로 보았고요. 그리고 대운을 적용시키는데, 오화는 용신 유금을 극하니 답답한 일이 많을 것이라고 생각해도 별 무리가 없겠으나 문제는 사화대운입니다. 재성에 해당하는 사화는 유금의 생지로서 좋은 작용을 한다고 봐야 합니까? 아니면 金을 극하는 火에 해당하며, 비록 본기라고 해도 기신과 합을 하여 기반에 해당한다고 봐야 합니까? 저는 사화가 木을 본다면 기반이 될 뿐 아니라 사화가 유금을 극해서 흉하다고 보지만, 세운에서 木을 보지 않는다면 기반이기는 하지만 본기에 해당하니 절반 정도의 기반으로 보면 되지 않을까 생각합니다.

극을 받는 것으로 봅니다

용신은 잘 보셨습니다. 다만 사화는 천간의 신금이나 경금에게는 생지가 될 수도 있다는 것으로 유금에게는 별도의 생지가 필요 없다고 생각하시면 좋겠고, 이것은 다른 子·卯·午도 마찬가지입니다. 즉, 생왕묘의 의미는 천간에서 보는 관점이라는 것을 생각하면 훨씬 정리가 잘 될 것입니다.

세운의 흐름을 고려했을 때 굳이 사업을 하겠다면 해보라고 해도 되겠습니다. 큰 손실은 없을 것이라고 봅니다. 좋은 경험이 될 것입니다.

1036 용신 해석을 부탁드립니다

```
時 日 月 年
戊 甲 丁 己
辰 辰 卯 亥
```

1) 용신은 木, 희신은 水로 보았습니다

2) 갑목대운 때는 직장에 다녔는데, 자수대운 때 직장을 그만두어 지금까지 백수로 있답니다. 水가 희신으로, 천간으로 오는 계수는 별로라도 지지로 오는 자수나 해수는 희신 역할을 할 것으로 생각되는데 현실은 그렇지가 않습니다.

신약 사주는 세운의 영향을 많이 받는 것으로 대입해봐도 뾰족한 수가 안 보이네요.

3) 혹시 사주 이외의 어떤 다른 작용이 있다고 볼 수 있을까요?

 인성운은 좋지 않습니다

1) 용신은 火, 희신은 土로 보는 것이 무난합니다.

2) 갑목운에 직장생활이 무난했던 것은 천간에 火가 있어서 가능했다고 봅니다. 자수운에서 마음대로 되지 않았던 것은 지지에는 달리 방법이 없었던 모양입니다.

만약 원국에서 미토나 술토 같은 조토가 있었다면 자수대운도 그럭저럭 넘어가지 않았을까 싶습니다.

3) 다른 문제는 없어 보입니다.

 자유문답실 사주입니다

```
時 日 月 年
戊 甲 丙 丁
辰 戌 午 丑
```

오월(午月)의 갑목이 의지할 곳이 없어 보입니다. 종아로 봐야 할까요? 辰 중 계수를 쓴다고 나왔는데 쓸 수 있나요?

저는 종이 되지 않을까 싶습니다. 월지와 일지의 지장간은 쓸 수 있다고 배웠습니다.

 일단 신약용인으로 봅니다

참 고민이 될만도 하겠습니다. 이런 경우에도 실제 대입에서는 인겁 위주로 봐야 합니다. 참고되시기 바랍니다.

 인성이 필요하다고 보았습니다

```
時 日 月 年
戊 丙 癸 丁
戌 申 卯 未
```

묘월이라는 점과 연주의 작용이 고민스럽지만 다소 약하게 보았습니다. 이 경우에 묘목이 신금암합보다 묘미반합에 마음이 가 있다고 봐도 될까요?

 인성이 필요합니다만……

인성이 필요합니다. 그런데, 인성이 극을 받고 있어서 아쉽다고 해야겠습니다.

1039 인중용재격인가요?

```
時 日 月 年
辛 壬 辛 辛
丑 辰 卯 亥
```

제 친한 친구인데 인성이 많아서 재성을 용해야 할까요? 아니면 지장간에도 火가 없는데 그냥 신약용인격인가요, 신약용겁격인가요? 아무래도 신약용겁격인 것 같다는 생각도 듭니다.

 상관격입니다

묘목을 빼고는 모두 金·水와 한편이라고 해야 할 형상입니다. 말씀하신 대로 火가 있으면 좋겠지만 여의치 못하므로 우선 木을 쓰고 火를 기다리는 것으로 보고, 상관격이라고 합니다.

약하지 않습니다.

 용신이 맞나요?

```
時 日 月 年
辛 丁 乙 壬
丑 卯 巳 寅
```

사월(巳月)의 정화가 신강해서 신금이 좋아 보입니다. 金·水로 봐도 될까요? 그리고 火가 기신이면 동업으로 개를 사육하겠다고 해서 만류하였습니다.

 金·土에 비중을 둡니다

金은 木을 제어하고 土는 金을 보호한다고 봐서, 반드시 어느 것이 용신이 되어야 한다고 할 만큼 구분이 확실하지 않다고 봅니다. 다만 투출한 신금에게 약간 비중을 두어 편재격으로 보는데, 金이 너무 무력하므로 축토를 생각하지 않고서는 어렵겠습니다. 그래서 金·土에 비중을 둡니다.

 용신을 어떻게 판단할까요?

```
時 日 月 年
丁 庚 辛 辛
亥 辰 卯 巳
```

신약도 신강도 아닌 듯합니다. 득지하고, 연지의 사화도 金이 암장되어 있어 천간의 金을 해하지는 않을 듯하며, 시주의 천간 정화는 힘을 내지 못할 듯하여 신강의 경향이 있습니다. 아무래도 신약으로 보긴 어려워서 판단이 흐려집니다.

 인성이 필요하다고 봅니다

경진은 확실하지만 신묘는 기대하기 어렵다고 보고, 신사는 기본적으로는 생금이지만 목왕절에는 목생화를 고려해서 화극금의 작용이 있다고 봅니다.

시(時)는 전혀 도움이 되지 않으므로 인성이 필요하다고 보는 것이 좋겠습니다.

 이런 구조도 상관견관이라고 합니까?

```
時 日 月 年
庚 乙 庚 丙
辰 卯 寅 辰
```

1) 월·일지의 木이 튼튼해 보이긴 하는데 인성이 없어서 좀 약하지 않을까 싶습니다. 木을 써야 할까요? 木은 월지 인목보다 일지 묘목이 우선이라면 희신은 水가 됩니까?

2) 병화 상관과 경금 정관이 마주하고 있는데 이런 구조도 상관견관이라고 봐야 합니까? 상관견관이라면 상관이 일간과 붙어 있지 않으므로 아무래도 상관이 작용하는 힘이 약하겠지요?

 상관이 작용합니다

1) 木을 용하고 희신은 水·火를 함께 보도록 합니다. 水도 좋지만 火도 좋다고 보는 것은 金이 가까이 붙어 있기 때문입니다. 그 중에서도 우선하는 글자를 찾는다면 水를 희신으로 봅니다.

2) 위치가 바뀐다면 상관의 작용이 더 구체적이고 노골적이라고 할 수 있겠습니다. 그러나 지금의 이런 위치라도 작용은 한다고 봅니다.

1043 건토는 火를 생합니까, 누설시킵니까?

```
時 日 月 年
戊 丙 癸 庚
戌 寅 未 寅
```

1) 여기서 미토·무토·술토는 모두 건토로 병화에 힘을 보탠다고 봅니까, 아니면 누설시킨다고 봅니까?

2) 미월의 병화라 강하다고 보시나요? 강하다면 용·희신이 金·水인가요?

 주변 상황에 따라 작용이 달라집니다

1) 술토나 미토는 그냥 본전치기라고 생각되는 경우가 많습니다. 여기에서는 계미와 무술이므로 손상이 되면 됐지 도움이 된다고 하기는 어렵습니다.

이렇게 주변 상황에 따라 술토나 미토가 다르게 작용한다고 생각하시면 됩니다.

2) 미월의 병인인데 연지의 인목이 경금에게 제어를 당한 것으로 봐서 강하다고 보기는 어렵습니다. 인성이 필요한 것으로 보고 싶습니다.

 정화 용신에 木 희신인가요?

```
時 日 月 年
庚 庚 丁 甲
辰 寅 丑 午
```

1) 조금 강해 보입니다. 정화를 용신, 木을 희신으로 할까요?
2) 성격 분석에서 자존심이 제일 강할 것 같고, 자기 마음대로 하려는 편재성은 결국 합리성으로 흘러간다고 봐도 될까요?

 그렇게 보입니다

1) 인목의 행동에 따라 변수가 있겠지만, 火를 생조하는 구조는 아닌 것으로 봐서 무리가 없겠습니다.
2) 가능합니다. 그렇게 보셔도 됩니다.

1045 상관을 쓰게 될까요?

```
時 日 月 年
己 辛 己 丁
亥 巳 酉 巳
```

약하지는 않을 것 같습니다. 일간이 일지 사화와 합을 하고는 있지만, 사주에 불은 많고 물은 적으며 상관이 견관하고 있는 것 등을 고려했을 때 해수 상관을 쓸 것으로 생각됩니다.

 상관을 써야겠네요

비록 무력하지만 상관이 가장 좋아 보이네요. 그렇게 보도록 하지요.

 인성을 용하는 것이 맞나요?

```
時 日 月 年
庚 庚 癸 乙
辰 午 未 卯
```

경오 일주가 월지를 얻었고 경진시이니 약간 강하지 않을까 생각했는데, 월지 미토가 묘목에 극을 받고 일지 오화와 미토는 열기가 있어 보여서 약하게 보았습니다. 인성을 용신으로 하고 비겁을 희신으로 보았습니다. 맞게 보았나요?

가르침을 부탁드립니다.

 잘 보셨습니다

미월의 변수는 경금에게 도움이 되지 않는다고 봅니다. 미토가 오화를 봐서도 그렇고, 묘목을 봐서도 약한 것으로 대입을 해야 합니다.

1047 용신이 土·金인가요, 土·火인가요?

```
時 日 月 年
庚 癸 庚 戊
申 丑 申 申
```

용신을 土·金으로 봐야 할까요, 土·火로 봐야 할까요? 火대운에 고생을 아주 많이 했답니다. 그래서 종으로 보입니다

 참 마땅치 않은 배합입니다

여하튼 火운에 고생한 이유를 달리 볼 수는 없으므로 현실을 감안해서 종강으로 봐야겠지만, 공부하는 과정에서는 정격으로 보아 인겁을 의지하고 관찰하시기 바랍니다. 土를 용하기도 참 모호한 점이 있습니다.

1048 인성을 쓰고 싶은 마음이 굴뚝 같긴 한데……

```
時 日 月 年
丙 戊 壬 己
辰 辰 申 亥
```

일지와 세력을 얻긴 했는데 모두 물기를 머금은 土입니다. 게다

가 월도 불리하고 관성은 없습니다. 이것을 어떻게 봐야 할까요? 세력만 믿고 金·水로 밀고 나가도 될까요?

 식신이 좋겠습니다

흐름은 식신생재입니다. 크게 약하지 않고, 연간의 기토가 일조를 한다고 보면 됩니다. 그리고 또 대입을 해봐야 합니다. 인성 아니면 재성이니까 확인이 가능하겠네요.

구조로 봐서는 식신으로 보는 것이 좋겠습니다. 일종의 통관의 의미도 담고 있습니다.

 용·희신이 궁금합니다

時	日	月	年
己	乙	壬	庚
卯	酉	午	戌

용·희신이 무엇인지 궁금합니다. 스님의 도움 말씀을 부탁드립니다.

 인성이 필요합니다

오월(午月)의 을유가 인성 없이는 아무것도 하기 어렵겠다는 결론입니다. 묘목은 이미 유금의 영향으로 극을 받았으니 기대할 수가 없습니다.

 유월(酉月) 기축 일주의 강약

```
時 日 月 年
癸 己 丁 丙
酉 丑 酉 辰
```

유월(酉月)의 기토가 득지하고 득세하여 부담 없이 신강으로 판정하고 감명해주었습니다.

그런데 컴퓨터에 저장하려고 다시 보는 순간 신약으로 비쳤습니다. 천간의 정화와 병화 두 개의 불은 뿌리가 없어서 약하고, 지지의 진토와 축토 두 개의 土는 설기가 심합니다. 감명을 하는 순간에 날씨의 영향을 받은 듯도 합니다.

기축 일주가 약하지 않다고 봐서 식신을 용해야 할지, 약하다고 봐서 인성을 용해야 할지 가르침을 부탁드립니다.

 고민을 잘 하셨습니다

충분히 이해가 됩니다. 결국 인성이 약한데, 만약 기미 일주였다면 약하지 않다고 하겠습니다만 기축은 유축도 고려해서 약하다고 해야 합니다.

강하지 않다는 정도라고 해도 결국은 인성이 필요하다는 결론입니다.

1051 또 金입니다

```
時 日 月 年
己 辛 辛 乙
丑 卯 巳 未
```

사월(巳月)의 신금이 약하지 않아 보이지만, 열기가 만만치 않은데 그냥 火·木으로 보면 될까요?

 무력한 일간입니다

연지 미토는 열을 받고 을목의 뿌리이며 월지 사화는 묘목에게 생조를 받아서 화력이 있는 불이고, 그 때문에 월간의 신금이 기대치에 못 미치며, 일지는 다시 묘목이라 무력한 일간입니다. 따라서 절실하게 요구되는 것이 시지의 축토이고, 축토 속에 기토가 있으니 그대로 용신으로 삼습니다.

1052 결혼운 좀 부탁드립니다

```
時 日 月 年
庚 丁 丙 丁
戌 巳 午 未
```

아직 결혼을 못 하고 있는데, 원국을 보니 지장간에도 관살이 없습니다. 그런데 관살이 전혀 없으면 용신운에 결혼한다고 하신 말씀이 기억나네요.

이 분은 오월(午月)의 정화이고 사오미 화국(火局)까지 있어서 매우 더운 사주 같은데, 水가 없으니까 일단 시간(時干)의 경금을 용신으로 잡고 水운이 오기를 기다릴까요? 그리고 용신이 남편이면 남편복이 아주 많은 거 맞나요?

 결혼운은 관살운이나 식상운에 있다고 봅니다

용신이 남편이 되는 구조입니다. 결혼은 관살운에 가능할 것으로 보고, 또 경우에 따라서는 식상운에도 가능하다고 봅니다.

 종재격인가요?

```
時 日 月 年
甲 辛 乙 甲
午 巳 亥 寅
```

종재격으로 보이는데, 종재격이면 용신이 木이 되나요? 그럼 희신은 水, 기·구신은 金·土, 한신은 火로 보나요? 종재격이라면 운이 좋으면 돈을 많이 벌 수 있나요? 이 여자분의 머리 속은 요즘 돈에 대한 생각들로 가득 차 있다고 하더군요. 그런데 앞으로 대운에서 木대운은 오지 않으니까 돈 버는 것은 포기해야 할까요?

앞으로의 운이 무난합니다

사화 속에 들어 있는 무토를 의지하는 것으로 봅니다. 앞으로 운이 무난해서 잘 살 것으로 봐도 되겠습니다.

 상담 결과가 맞나요?

```
時 日 月 年
丙 己 乙 癸
寅 酉 卯 丑
```

기유 일주가 묘월에 출생하여 매우 신약하네요. 그래서 병화를 용하고 土를 희신으로 정하였습니다. 운세는 용신이 좋아하는 운으로 흘러가는데, 신약한 기토는 지나치게 예민하여 47대운부터 무척 힘들어지겠습니다. 혹시 47대운에 접신자의 기질이 나타나지 않을까 생각됩니다. 그래서 절에서 기도하라고 당부하였습니다. 접신자가 될 것 같다는 말은 못 하겠습니다. 미혼인 처녀에게 이런 말을 해야 할까요?

결혼은 올해(1999년)나 2004년에 남편감이 나타날 것 같다고 하였습니다. 용신을 잘 잡았는지 궁금합니다.

 잘 하셨습니다

신약용인격으로 봐서 무리가 없습니다. 그리고 접신의 인연도 염려를 해야겠네요. 결정적인 말은 하지 않고 기도하라고 권유한 것은 잘 하셨다고 생각합니다.

1055 약하지 않아 보였는데······

```
時 日 月 年
壬 癸 丙 己
子 亥 寅 未
```

인월이긴 하지만 계해 일주가 임자 시주를 옆에 끼고 있으므로 약하지 않아 보여서, 설하는 木을 쓸 것인지 극하는 土를 쓸 것인지 고민하였습니다. 즉, 월을 잡은 木을 쓰자니 목생화, 화생토하여 기운이 土로 흘러가므로 土를 써야 하지만, 그러자니 土가 너무 멀리 있습니다.

그런데 다시 보니 水→木→火→土 로 이어지는 흐름이라서 약하지 않을까 고민입니다. 그래서 내린 결론이 우선 비겁을 쓰고 인성을 기다린다는 것입니다. 정말이지 이렇게 황당하게 억부에 대한 판단이 바뀔 수도 있다니 다시 한번 자신이 없어집니다.

가르침 부탁드립니다

 신약으로 인겁을 기다립니다

강이 약으로 보이고, 약이 강으로 보이는 것이 수시로 반복되는 것이 공부의 과정이라고 생각합니다. 그 자체는 문제가 없는데, 만약 중요한 내용을 상담한 경우라면 당황하기 마련이지요. 그래서 늘 보다 안정된 시각을 얻으려고 노력하는가 봅니다.

병인월 기미년의 일주 계해는 인목에게 절반은 빼앗겼다고 봐야 합니다. 그리고 시(時)를 하나 얻은 것으로 강하다고 하기는 조심스럽습니다. 역시 말씀하신 대로 신약으로 보고, 인겁을 기다리는 형상이 아닌가 싶습니다.

여기에서 참고해야 할 것은 水는 줄면 줄었지 늘지 않는다는 것이고, 木·火는 강해지면 강해졌지 약해지지 않을 것이라는 점으로, 인성이 있고 없고의 차이가 적지 않습니다.

1056 용신이 궁금해서요

```
時 日 月 年
癸 辛 庚 辛
巳 酉 寅 巳
```

인월의 신금으로 약해 보이지만 일지를 얻고 연간과 월간에서 도움을 주고 있으며, 월지의 인목은 극을 받고 사화로 설기도 되고 있습니다.

또한, 시지의 사화는 유금과 반합으로 크게 힘을 쓰지 못해 보이고 시간(時干)의 계수로 극을 하므로, 신강으로 보아 용신을 연지의 사화로 하고 희신을 木으로 보았습니다.

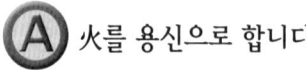 火를 용신으로 합니다

약해 보이지는 않으니까 火를 용신으로 하고 木은 희신이 됩니다. 그래도 혹시 의심스러우므로 土가 필요하지 않나 확인을 해보

시는 것이 안전합니다. 시지의 사화가 무력해서 火로 용신을 삼을 수 있다고 봅니다.

 어렵네요

```
時 日 月 年
庚 乙 乙 乙
辰 亥 酉 巳
```

통관 용신으로 水를 용해야 할지, 상관제살로 木·火를 용해야 할지, 눈 딱 감고 억부로 土·金을 용해야 할지요? 요즘 금전문제로 고민이 많다는데 적당한 힌트가 될까요?

살도 은근히 강해 보이므로 통관으로 보고 싶지만, 그래도 혹시나 해서 갈등이 생깁니다.

 일지 해수를 의지합니다

을유나 을사의 경우에는 을목이 매우 무력하므로 신약하다고 봅니다. 그래서 일지의 해수를 의지한다고 봐도 무리가 없습니다.

신사년(2001년)은 신금이 부담이고, 더구나 지금 대운이 신금대운이라면 아직도 넘어야 할 산이 많군요.

1058 용신의 우선 순위

```
時 日 月 年
戊 癸 辛 辛
午 卯 丑 亥
```

1) 비록 축월의 계수지만 강력한 인성이 많이 있어서 생조하기 때문에 약하지는 않은 듯합니다. 그러나 극·설이 교차하면 생각보다 약하다고 했으므로 용신을 인성에서 찾아야 합니까?

2) 약하지 않다고 판단하여 극·설 중에서 용신을 찾아야 한다면, 월령을 잡고 오화에 앉아 있는 무토가 좋아 보입니다. 관성인 데다 일간이 합을 하고 있으니 제1순위 용신인 듯합니다. 그러나 명조를 보다 보니 계수의 마음이 식신생재의 흐름을 타고 싶을 것 같아 괴롭습니다. 게다가 계수가 관성의 극을 받아야 할 정도로 강하지는 않은 듯하여 자꾸 식신으로 눈이 갑니다. 어느 것을 용신으로 정해야 할까요? 아직 대운과 세운은 확인하지 않았습니다만 무난하게 지나온 듯합니다.

Ⓐ 일간의 마음을 고려한다면 무토를 용합니다

1) 약하지 않다고 보는 것은 축토의 역할이 신금의 뿌리에 해당한다고 보기 때문입니다. 잘 보셨습니다.

2) 아마도 일간의 마음을 고려하려면 무계합을 간과할 수 없겠습니다. 일간의 마음은 온통 정관 무토에 있고 식신에 있지 않다고 봅니다. 만약 기미시에 났다면 합이 아니므로 묘목을 용합니다. 이 상

황에서는 무토를 용하는 것으로 보는데, 일간의 마음이 여전히 식신에게 미련이 있을 것이라는 점을 참고로 하여 또 연구해보시기 바랍니다.

1059 한목향양은 용신과 관계가 없나요?

```
   時 日 月 年
   辛 甲 庚 辛
   未 申 子 亥
```

이 정도면 겨울 나무가 불을 그릴만도 하여 웬만하면 불을 쓰겠으나, 未 중 정화는 써도 아무 소용이 없을 듯합니다. 관살이 왕하여 인성을 써야 할 것 같지만, 갑목 입장에서는 火가 들어오는 것을 좋아하지 않을까 염려됩니다.

실제로 이 분은 유대를 졸업하고 지금도 음악을 하고 있습니다. 그래도 인성을 써야겠지요? 그리고 희신으로 木을 써야 하나 고민입니다. 운에서 불이 들어오면 어떻게 된다고 해석합니까? 천간으로는 도움이 되지만 지지로는 별 도움이 안 되며, 제 살 깎아 먹기로 발전하는 것은 없고 소비 또는 기운을 발산시키는 성분만 강해지는 것이라고 생각해야 합니까?

ⓐ 한목향양은 희망사항입니다

인성을 쓰는 것으로 봅니다. 여기에서의 한목향양은 희망사항일 뿐입니다. 즉, 일간의 마음은 火를 그리워하지만 현실은 그렇지 않으므로, 그리운 채 포기하고 현실에 적응한다고 이해하면 되겠습니다. 희신은 木이 됩니다. 水의 입장에서 金은 다시 필요 없다는 의미입니다. 그리고 천간으로는 火가 들어와도 나쁘지 않습니다. 지지로 火가 들어오면 혹시 水들로 인해 쟁탈의 부담이 될지 모르는데, 아마도 한신 정도로 나쁘지 않다고 해석하면 무리가 없을 것으로 봅니다.

결국 모든 조건은 용신을 찾는 기준이라고 하는 것이 좋겠습니다. 그리고 그 조건에 충족되지 않으면 이미 의미가 없는 말이 됩니다. 참고되셨기 바랍니다.

1060 종할 것 같은 명식 ①

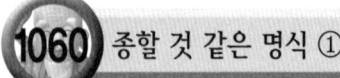

時	日	月	年
戊	甲	庚	丁
辰	戌	戌	未

辰 중 을목은 충으로 못 쓸 것 같고, 辰 중 계수나 未 중 을목도 너무 무력해 보이며, 극신약(재다)에 칠살인 경금까지 옆에 붙어 있는데 그냥 종하지 않을까요?

 그렇긴 합니다만……

이 경우에는 金과 火의 대립으로 인해 종을 하기가 부담스럽습니다. 또한, 정격으로 보면 辰 중 계수를 의지해야 하는데 간단치 않아 보입니다. 그럴 경우에는 그냥 인성이 필요한 것으로 놓고 보시기 바랍니다.

 종할 것 같은 명식 ②

```
時 日 月 年
辛 庚 乙 庚
巳 辰 酉 辰
```

정격으로 보면 巳 중 병화를 써야 할 것 같은데 원국의 사화가 비겁을 억제하기보다 인성을 생할 것 같고, 사화 자체가 무토와 경금을 암장하고 있어서 金에게 힘을 실어줄 것 같습니다. 정격으로 보고 辰 중 계수를 쓸 수도 있습니까?

金은 火를 좋아한다고 합니다만, 요즘은 용신을 잡을 때 관보다 식상에 자꾸 눈이 가서요.

전체적으로 살펴보면 을경합화금까지도 가능해 보입니다. 그리고 지지 전체가 금세(金勢)에 힘을 주는 듯도 해보여 종할 것 같기도 합니다.

 종하기 어렵습니다

辰 중 계수보다는 시지의 사화가 우선 사용될 것으로 보입니다. 종하기는 어렵습니다. 참고되시기 바랍니다

1062 종격으로 볼까요?

```
時 日 月 年
辛 丁 戊 壬
亥 丑 申 子
```

7월의 정화가 사주 어디에도 뿌리를 내릴 곳이 없어서 그냥 종세·종살한다고 봐야겠습니다. 그런데 이해가 안 되는 것은 이 사람이 병오·을사대운에 학업에 전념하여 고시에 합격했다는 점입니다. 무인·기묘년도 별다른 문제 없이 잘 지냈습니다. 만약에 종살을 하는 사주라면 인겁운에 좋지 않았어야 하는데 실제로는 좋았다고 하니까, 종살이라고 확신했는데도 불구하고 갈등이 생기네요. 그러나 어떻게 보면 좋고 나쁨의 기준도 피상적이어서……. 스님, 위의 사주는 신약으로 볼 수 없겠지요?

 정격으로 인겁을 기다립니다

이 경우에 무토와 임수의 갈등을 생각하게 하는군요. 정격으로 인겁을 기다린다고 보면 무리가 없겠습니다. 실제로도 그랬다고 하니 이러한 구조로 이해하시면 무난하지 않을까 싶습니다. 뿌리가 전혀 없는데도 불구하고 종하지 않는 이유를 찾지 못해서 고민했는데, 이렇게 식상과 관살이 대립하는 경우에는 뿌리가 전혀 없어도 종하지 못한다고 결론을 내렸습니다. 물론 운을 대입해봐서 살아온 과정과 틀림없이 맞다면 그만이지만 그렇지 않을 경우에는 이런 결론에서 종하지 않는 이유를 찾을 수 있다고 생각합니다.

1063 재·관이 대립하는 경우의 강약

```
時 日 月 年
戊 甲 戊 庚
辰 子 子 戌
```

1) 진토와 경금의 영향 때문에 재성을 용신으로 보았습니다만 土의 세력도 강하여 자신이 없습니다. 맞다면 희신은 관성입니까, 식상입니까? 제 판단에는 조후를 겸하여 식상인 듯합니다. 그런데 이 명조에서 연간의 경금이 자수를 생한다고 판단할 수 있습니까?

2) 염치 없습니다만 한 가지 더 질문을 드립니다. 이렇게 인성과 재성이 강력하게 대립하는 사주를 가진 사람의 특성은 무엇인지요? 그리고 사주의 급수는 어느 정도인가요?

 경우에 따라 해석합니다

1) 우선 연간의 경금은 자수를 생하지 않습니다. 그리고 火를 용신으로 하고 싶은 마음이 강합니다. 다만 현실적으로 약하지 않으니 경금을 용하는 것이 옳지 않을까 싶습니다. 희신은 재성으로 하고요. 인성이 재를 쓸 정도로 왕하지는 않아서 오히려 관성을 용하는 것이 옳지 않을까 생각해봤습니다. 용신의 급수는 7.5급 정도로 봅니다.

2) 인성과 재성이 대립해도 강약은 늘 구분할 수 있다고 봅니다. 경우에 따라 해석하는 것이 옳으므로 단편적으로 보는 습관은 버립니다.

1064 水 용신에 木 희신으로 볼 수 없을까요?

```
時 日 月 年
癸 壬 壬 乙
卯 寅 午 未
```

예전에 金 용신, 水 희신으로 보신 사주입니다. 그런데 이 사주에서 水를 용신, 기신 土를 막는 木을 희신으로 볼 수는 없을까요? 이유는 용신이 없는 사주가 없지 않을까 하는 생각이 들고, 실제로 살아온 과정을 보면 남들 보기에 아주 모범적인 가정으로 자식들도 원하는 일류대학에 진학하였으며, 자신이 원하는 대로 추진하는 힘이 강합니다.

 水를 용신으로 봐서 무리가 없습니다

金을 용신으로 본 것은 희망이라고 할 수도 있습니다. 원국의 구조로 봐서는 水가 용신이고 金이 희신인 것으로 봐서 무리가 없습니다. 다만 水가 용신일 경우에 木을 희신으로 정하기는 어려운데, 원국에서 土가 水를 극하고 있지 않기 때문입니다.

만약 말씀하신 대로 희신을 木으로 정한다면 모든 용신은 식상을 희신으로 잡아야 한다는 이야기도 됩니다. 그래서 이 경우에는 고려하지 않습니다.

1065 용신을 火로 생각합니다

```
時 日 月 年
丙 乙 甲 戊
戌 未 子 寅
```

자월의 을목이 신강하다고 봅니다. 그래서 병화를 용신, 土를 희신으로 정할까 합니다. 제대로 봤는지 스님의 성찰 부탁드립니다. 저희 어머니 사주인데, 결혼 후 이제까지 고생만 하면서 살아오셨습니다.

 맞습니다

그렇게 보시면 됩니다.

1066 비겁이 용신이네요

```
時 日 月 年
癸 癸 己 戊
丑 卯 未 戌
```

계수가 미월에 나서 매우 신약하므로 인성을 찾는데, 없어서 水로 용하고 金을 희신으로 삼았습니다. 용신이 약해서 판단이 어렵습니다. 관이 너무 많은데 이런 사주도 정격으로 봐야겠지요? 좋은 안 되겠지요?

 水를 용합니다

잘 보셨습니다. 관살이 왕하고 木도 만만치 않은데 金이 없어서 유감이네요. 水를 용하고 金을 기다리도록 합니다.

 운에 맞춰서 경금 용신으로 보는 경우가 있는데……

```
時 日 月 年
庚 丁 己 乙
子 亥 卯 亥
```

살중용인격으로 묘목이 용신으로 생각되며, 스님도 그리 보신 걸로 알고 있는데 대운의 흐름이 용신과 상반됩니다.

개인의 정신적 행·불행은 제쳐두고, 용신이 사회성으로 말년에 좋은 운을 만나서 무소불위의 위치에 오를 수 있었다는 게 이해되지 않습니다.

기존의 역학 하시는 분들은 대운에 맞춰서 경금 용신으로 본 것 같은데 이를 무시해버려야 할까요? 아니면 혹시 묘월에 천간 을목의 영향으로 해묘반합이 완전히 화학적 변화를 일으켜 인성과다가 되므로 경금 용신으로 본 걸까요? 그렇다고 해도 격국의 질은 나락으로 떨어지는군요.

가능하면 원국에서 답을 찾도록 합니다

늘 고민스러운 부분이지요. 현실적으로 대통령의 지위를 고려해서 원국을 맞춰간다면 답은 간단하겠습니다만, 그렇게 되면 명리학의 논리성은 또 시련을 겪어야 할 것입니다. 그래서 늘 기준은 명리학에 두는 것이 좋다고 생각합니다. 이 경우에도 만약 사주의 해석이 현실에 부합되지 않으면 혹시 사주가 잘못된 것은 아닐까 의심이라도 해보지만, 운에 맞춰가다가 혹시 사주가 잘못되었다는 것이 판명되면 멋쩍지 않을까 싶습니다.

그래서 가능하면 원국에서 답을 찾으려고 노력하는 것이 옳다고 봅니다.

이승만 전 대통령의 사주도 자시로 되어 있는데 자칫하면 축시일 수 있고, 또 야자시라고 볼 경우에는 일주가 달라지기도 합니다. 만약 병술일 경자시라면 매우 신강한 사주라고 할 수 있고, 水·金으로 방향을 잡을 수도 있습니다. 참고삼아 드린 말씀입니다.

1068 종이 가능할까요?

```
    時 日 月 年
    丁 乙 癸 壬
    亥 亥 丑 寅
```

을목이 축월에 나서 습기가 너무 많습니다. 식신은 해수 위에서 극을 받고 축토는 습토여서 아무래도 아쉽군요. 그래도 정화를 용하고 비겁을 희신으로 정하여 봅니다. 종이 가능할까요?

 종할 이유가 없습니다

과습한 을목이 정화를 봤으니 설하는 용신을 쓰는데, 종이 왜 나오지요? 이유가 없다고 봅니다. 정화 식신이 용신입니다.

 불을 생조하는 나무에 대해 생각해보았습니다

```
時 日 月 年
庚 丙 癸 壬
寅 寅 丑 寅
```

갑진에서 갑목과 진토의 관계는 단순히 오행의 상생상극으로만 따지면 목극토로 극하는 관계일 뿐 친화적인 면을 찾지 못할 것입니다. 하지만 나무는 축축한 흙에서 잘 자란다는 자연의 섭리를 생각하기 때문에, 단순히 목극토로만 보는 것이 아니라 土를 木의 인성에 준해서 보게 되지 않습니까. 이렇게 갑진에 대해 생각하다보니 木과 火의 관계도 다시 생각해보게 됩니다.

겨울 나무는 인성 못지않게 불을 찾게 됩니다. 얼어붙은 나무는 생명력을 잠시 감추고 있어서 힘이 없기 때문이지요. 이 때 불을 생조해줄 나무가 힘이 있고 없고가 중요한지 의문입니다. 나무가 축축한 흙에서 잘 자라는 것처럼, 불도 생명력 왕성한 나무가 있어야 잘 타오르는 것은 아닐 것이기 때문입니다. 그냥 나무만 있으면 되고, 쑥쑥 잘 자라는 나무보다는 차라리 죽은 나무가 좋지 않을까요? 아니, 죽은 나무가 더 좋다고까지는 안 해도, 불을 생조하기 위한 나무라면 겨울에 불을 보든 안 보든 별 상관이 없지 않을까 생각합니다.

 경험적인 부분도 더러 수용하면서 연구하는 것이 좋습니다

그러한 점이 늘 고민스럽습니다. 과연 木을 나무로 대체해서 이해하는 것이 아무런 문제가 없겠느냐는 것이지요. 그리고 문제가 없다면 조후관계는 무시해도 되겠느냐는 점이 또 걸리는군요. 그래서 이런 경우에 대비한 답이 있습니다. 명리학은 과학이 아니니 너무 합리적으로만 생각하기보다는 경험적인 부분도 더러 수용하면서 연구하는 것이 좋다고 이해하시라는 말씀이지요. 겨울 나무[수기(水氣)가 왕성한 木]가 火를 찾는 것은 많이 먹은 사람이 운동할 곳을 찾는 것과 같은 의미로 생각해볼 수도 있습니다. 이 정도로만 하고 도망가렵니다.

1070 인목과 축토는 극하고 극을 당하는 관계이기만 할까요?

```
時 日 月 年
庚 丙 癸 壬
寅 寅 丑 寅
```

만일 인목이 축토 위에 올라 앉아 있다면 土가 木에게 뿌리가 되어 도움을 주는 관계가 되는데, 이렇게 지지에 나란히 있는 木과 土는 土가 양분을 지니고 있는 습토라도 단순히 극하고 극을 당하는 관계이기만 할까요?

인목이 축토에 뿌리를 둘 필요가 없습니다

지지에서 축토가 인목의 뿌리가 된다고 볼 필요가 없습니다. 인목이 土에 뿌리를 둘 필요가 없다고 이해할까요? 혹은 인목에 무토가 있으니 이미 뿌리를 둘 土가 마련되었다고 이해해도 됩니다. 어쨌든 인목이 축토를 필요로 할 일은 없다고 봅니다.

1071 경금보다 관성이 좋을까요?

```
時 日 月 年
庚 丙 癸 壬
寅 寅 丑 寅
```

인성이 지지를 장악하고 있고 인성을 극하는 것은 그다지 위협적이지 않은 경금 하나이며, 인성이 관성을 어설프게나마 유통하리라는 생각에 약하지 않다는 쪽으로 끌리는데, 문제는 겨울 나무가 불을 보지 못했다는 것입니다. 그러나 묘목과 달리 인목은 자체에 병화를 내장하고 있으므로 추위를 덜 타지 않을까 싶습니다.

그래서 약하지 않다는 쪽으로 생각을 정리하고 보니 용신 후보가 셋이 나타납니다. 土·金·水인데, 土는 木들 사이에 끼어 쥐죽은 듯 고요해 보이고, 水 관성은 시령을 얻고 힘은 있어 보이나 木 인성이 걸리적거릴 것 같고, 마침 세력을 형성하고 있는 것이 木 인성이니 시간(時干)의 경금이 우선하지 않을까 생각을 좁혀갔습니다.

생각을 좁히긴 했는데 막다른 골목인지 제대로 찾은 출구인지 슬

금슬금 스님 눈치만 보게 됩니다. 그런데 경금을 쓰는 것도 열악하긴 마찬가지인 것 같네요. 거리가 있긴 하지만 임·계수로 설기도 되니까요. 아무래도 관성을 쓰는 것으로 다시 바꿔야겠습니다. 임·계수가 경금보다는 더 힘이 있어 보이기도 하니까요.

 신약하다는 결론입니다

이 사주는 기세로 봐서 신약하다고 결론을 내리겠습니다. 비록 인목이 셋이나 있어도 병화는 약해 보이네요. 경인의 인목도 무력하고, 멀리 있는 인목은 직접 도움이 되지 않는다고 봐야겠네요. 인성이 필요하다고 결론을 내리고 희신은 火로 삼도록 하지요. 그래도 정리가 되지 않으면 팽개쳐뒀다가 나중에 다시 보시는 것도 좋습니다.

1072 金 용신, 土 희신인가요?

```
時 日 月 年
庚 丁 丁 乙
戌 亥 亥 卯
```

월지 해수와 연지 묘목의 합도 합이지만 저는 해수가 묘목을 생하는 것으로 보았습니다. 그리고 시지의 술토가 해수를 극하고 있으니 물의 힘이 약해질 것으로 보고, 또 술토 속에 정화의 고근이 있으니 약간 강하지 않을까 생각했습니다. 용신은 金, 희신은 土로 보았습니다. 세운은 경진년(2000년)과 정해년이 모두 좋았다고 하니 신약 같기도 하고 감을 못 잡겠습니다.

신약해서 木을 용신으로 합니다

운을 대입하는 과정에서 혼란이 생길 여지는 항상 있습니다. 그래서 운을 대입하기 전에 원국의 상황을 명확히 할 수 있는 것은 해두는 것이 좋다고 봅니다. 이 경우는 신약해서 木이 필요한 것으로 봐야 하지 않을까 싶습니다. 이미 해월이면 겨울이고, 경금도 도움이 되지 않고 정화는 무력하니 을목으로 의지해야겠습니다. 운의 대입은 그 다음입니다. 가령 정해년이라면, 정화는 도움이 되고 해수는 묘목이 유통시켜주니 무난했을 겁니다. 그리고 정해년이 아니라 을해년(1995년)이 아닌지도 생각해봐야겠네요. 정해년이 지난 지는 이미 55년이 되니까요. 을해년이라면 을목이 용신이고 해수 역시 나쁘지 않습니다. 경진년에는 어떻게 좋았는지 다시 물어보는 것이 좋겠네요. 정화가 경금을 막아주고 진토는 해수를 막아주니 크게 흉하지 않아도 좋다고 할 정도는 아닌 것으로 보입니다.

1073 巳 중 경금을 쓸 수는 없나요?

```
時 日 月 年
甲 己 丙 甲
戌 巳 寅 子
```

연지 자수로부터 일간으로 흘러드는 모습이 아주 좋아 보이나 시간(時干)에서 갑목에 막힌 것이 아쉽습니다. 미시에 태어나서 그 흐름을 시간까지 이어갔으면 참 아름다웠을 텐데 생각하다 보니 혹시나 巳 중 경금을 꺼내 쓰게 되지는 않을까 의심이 들어서 질문을 드립니다. 얼핏 보고 시간의 갑목을 쓰리라고 생각했는데, 시간의 갑목이 뿌리도 없고 인성도 상당해서 용신으로 별로 탐탁지 않아 보이는 형상이라 巳 중 경금에 눈독을 들이게 됩니다. 불 속의 金이라서 불리하긴 갑목이나 별반 차이는 없지만, 인월이라서 불길이 세지 않다고 보면 꺼내 쓸 수도 있을 것 같아서요. 절입일이므로 무토 당령입니다.

 巳 중 경금은 고려할 대상이 못 됩니다

목생화로 사화의 열기가 대단하다고 봐야겠네요. 그냥 木을 용신으로 보는 것이 좋겠습니다. 희신은 水가 되어야겠네요.

1074 월지를 얻은 신금의 의미는?

```
時 日 月 年
丙 丙 甲 己
申 午 戌 巳
```

1) 스님께서 용신을 습토로 잡으셨는데 원국에서 축토나 진토가 없을 경우에는 어떻게 해야 합니까? 운에서 기다려야 하나요?

2) 희신이 신금(申金)인가요? 신금이 병화와 오화로 인해 무력하지만 그래도 월지를 얻고 있는데, 이런 경우 월지를 얻은 것은 의미가 없나요? 아니면 편재가 월지를 얻었으니 편재의 역할이 크다고 볼 수 있나요?

신금이 크게 작용하기 어렵다고 봅니다

　1) 사주가 너무 건조하다고 봐서 습토를 희망합니다. 그냥 土를 용신, 희신은 金으로 봅니다. 월령이 술월이라고는 하지만 전반적으로 너무 건조하네요. 그래서 습토가 있었으면 합니다.
　2) 당령에 金을 얻은 것은 좋습니다. 상승효과라고 하겠습니다. 다만 형상으로 봐서 크게 작용할 것으로 보이지 않습니다. 당령이 편재라고 해도 형상으로 봐서는 별로 작용하지 않을 것으로 봐서 가산점을 많이 주기는 어렵습니다.

 종은 안 되겠지요?

```
時 日 月 年
庚 丙 壬 壬
子 子 子 戌
```

　사주 참 묘하게 생겼습니다. 방파제에서 바다를 바라보는 느낌입니다. 술토 속의 정화를 의지하게 되나요? 최근에는 오행이 대립해도 종할 가능성이 있다고 하시기에 여쭙니다.

 종하기 어렵습니다

　우선 종이 되지 않는다고 결론을 내립니다. 물론 오행이 대립하지 않아도 종은 논하지 않습니다. 술토의 반작용으로 관살에 종하기는 어렵다고 봅니다.

1076 희·용신을 火·土로 봐도 될까요?

```
時 日 月 年
乙 癸 壬 癸
卯 酉 戌 亥
```

1) 일간이 득지·득세하여 월지 戌의 火·土를 희·용신으로 보았습니다. 맞게 보았나요?

2) 시지의 묘목은 시간의 을목이 생조해주고 있어서 강하다고 생각되는데, 이럴 경우에도 일지 酉는 시지의 卯를 충할까요? 그리고 41정사대운은 불의 기운이 강한데 원국의 월간 임수와 합을 하나요?

3) 대학은 본인이 법과대학을 원하고 있습니다. 용신이 정관이므로 좋을 듯합니다만 적성에 맞나요?

A 식신을 용하고 재성을 희신으로 봅니다

1) 잘 보셨는데 식상이 있으니 술토보다는 木이 좋겠습니다. 식신을 용하고 재성은 희신으로 봅니다.

2) 묘유충은 충이라기보다 금극목으로 보고, 묘목은 그냥 을목의 뿌리로 봅니다. 정사대운에 정화는 임수와 계수에게, 사화는 해수에게 극을 받아 별로 강하지 않습니다. 물론 합도 합니다.

3) 법과는 약하다고 봅니다. 참고로 식신이 살을 보면 더 좋겠지만 식신만 있는 셈이라서 적성에 썩 맞는다고 하기는 어렵겠습니다. 이유는 전문가가 어울리지만, 법률가는 전문가이면서도 많은 것을 기억해야 하는데 기억력이 좋다고 보기 어렵기 때문입니다.

1077 일지 상관으로 설하나요?

```
時 日 月 年
戊 辛 甲 丁
戌 亥 辰 巳
```

진토가 갑목에 눌린 것이 아쉽지만 관이 멀고 일지 상관은 무력하며, 무토와 술토가 해수의 영향으로 생금할 능력이 있다고 생각되어 약하지 않다고 보았습니다.

 인성이 필요합니다

무진월이라면 모르지만 갑진월이라면 아무래도 土라고 보기보다 木의 뿌리로 이해해야 할 형상입니다. 인성이 필요하다고 봅니다.

1078 용신이 金일까요, 水일까요?

```
時 日 月 年
丙 戊 丁 丙
辰 子 酉 戌
```

무토가 유월(酉月)에 나서 월지와 일지는 못 얻었으나 주변의 세력으로 강하다고 판단됩니다. 그래서 화생토, 토생금, 금생수로 흐름이 매우 좋아 보이며 水 용신, 金 희신으로 보는 것이 좋다고 생각됩니다. 金 용신, 水 희신일까요?

 金·水를 우선해서 봅니다

월령에 유금이 있으니 金이 용신이 되어서 土기운을 설하고, 다시 水를 생조하여 사주를 아름답게 만드는 형상이네요. 金·水를 우선해서 보겠습니다.

1079 병화 용신인가요?

```
時 日 月 年
癸 乙 辛 丙
未 丑 丑 寅
```

1) 겨울 을목입니다. 계수나 축토가 있으니 조후로 가도 될까요? 그래서 병화를 용신으로, 木을 희신으로 보시나요?

2) 유금대운으로 운이 바뀌고 내년(2000년)에 임수가 들어오면 용신과 충이 되는데 좋지 않은 운으로 볼 수 있을까요?

 우선 인성을 찾습니다.

1) 일리 있는 설명이지만 주변의 형상으로 봐서 부담이 많이 되고 병화도 무력하니, 우선 인성을 찾아야 하는 것으로 보고 싶습니다.

2) 대운은 부담이고 세운은 기대해도 되겠습니다. 무난합니다.

1080 제 막내입니다

```
時 日 月 年
辛 戊 庚 辛
酉 午 寅 巳
```

火 용신, 木 희신으로 보는데 운이 별로지요? 재가 없고 식상이 왕합니다. 그리 좋아 보이지 않는데, 이 사주를 강하게 보는 사람이 있어서 질문 드립니다. 작명을 하려고요. 스님께서 저와 다르게 보신 것이 있다면 말씀 좀 부탁드립니다.

A 식신과 상관이 강하군요

드디어 세상 구경을 했네요. 식신과 상관이 강한 것은 공부하면서 아이를 얻어서 그런 모양입니다. 인성이 있고 재성이 없으니 좋은 사주네요. 교육자로 방향을 잡으면 어떨까 싶습니다.

1081 종아로 볼까요?

```
時 日 月 年
乙 壬 丁 己
巳 寅 卯 未
```

1) 묘월에 임인 일주가 매우 신약하여 인성을 찾아보지만 시지에 겨우 암장되어 있고, 일간은 정화와 연애하느라 정신이 없습니다. 식상과 관살이 대립하면 종이 어렵다고 말씀하셨는데, 이런 경우도 그냥 신약용인으로 봐야 할까요?
　2) 성격존에 재성·식신과 상관이 있어서 다양한 재주가 있고 욕심을 많이 내보겠지만, 인비에 힘을 받쳐주지 못하니 뜻대로 되는 일이 없다고 할까요? 아직 제대로 감이 오지 않습니다.

 종할 마음이 많겠습니다만……

　1) 정임합으로 인해 종할 마음이 강합니다. 그렇게 봐도 되겠습니다. 그리고 그 동안 土·火운에서 무난했다면 확실하다고 봅니다.
　2) 재주가 많고 결실을 맺을 능력도 있어서 능력을 발휘할 수 있다고 보는데, 이유는 이미 인겁을 필요로 하지 않기 때문입니다. 외격일 경우 인성이 있어야 추진력이 생긴다고 해석하지 않습니다. 여하튼 실제 상황이 그렇더라도 인성이 필요한 것으로 놓고 다시 보시기를 권합니다.

1082 사주를 보는 목적 자체가 흔들리지 않을까요?

```
時 日 月 年
癸 壬 乙 戊
卯 辰 卯 申
```

"오대운 전반에는 금전적으로 힘들었는데 후반에는 빚을 청산하고 제법 돈을 모았습니다. 세운은 병자·정축·무인·기묘·경진이 었는데, 병자·정축년은 힘들었고 무인·기묘년은 좋았습니다. 차이점은 병자·정축년에는 도시에서 사업을 했고, 무인·기묘년에는 경쟁이 약한 시골로 이전해서 사업을 했습니다."

 이것은 사주 주인공에 대한 설명인데, 한참을 보고 몇 번을 생각해도 납득이 되지 않습니다. 신금 용신으로, 오대운에 희신운인 자수가 들어와도 좋지 않았고 습토인 축토가 들어와도 별로 좋지 않았던 사람이 무인·기묘년에, 그것도 도움이 되는 오행이 하나도 없는 세운에 오히려 좋았다니 몹시 헷갈리는 대목입니다. 적어도 더 나빠져야 하는 것 아닌가요? 사주에 의지하여 다른 사람의 인생을 상담해주는 것 자체가 아주 모순된 것이 아닌가 하는 생각이 듭니다. 도시에서 운영하는 것도 운이요, 시골에서 운영하는 것도 운세의 영향이라고 생각하고 있었는데, 이렇게 합리적으로 행동하면 나쁜 운세도 지혜롭게 극복할 수 있어서 다행이라는 생각이 드는 반면 사주 자체에 대한 신뢰감이 약해지기도 합니다. 날짜나 시간이 잘못 작성된 경우가 아니고 정확한 것이라면 결국 마음이 가난한 자는 복이 있나니 하는 식의 종교적인 접근이나 경쟁력, 입지, 자금, 기술력 등의 현실적인 문제보다 사주명리학이 우선하지 못한다는 얘기가 되는데 굉장히 혼돈스럽습니다.

 운의 해석에서 생길 수 있는 변수는 여러 가지입니다

 낭월이 난해하게 생각하는 경우는 주로 영적인 작용이 개입된 사람의 경우입니다. 즉, 운이 좋아도 별로 좋은 것이 없고, 운이 흉하면 여전히 흉한 사람에게서 살아온 과정을 알아보면 약 80% 이상이 영적인 장애에 대해 이야기합니다. 그래서 사주의 작용이 큰 것은 사실이지만 사주만으로 모든 것을 해석할 수 없다는 생각을 하지 않을 수 없더군요. 그래서 사주의 운 외에도 삶의 길흉을 간섭하는 요인들이 무엇이 있을까 생각해봤습니다.

그 사람의 행위 중에서 '환경의 변화를 추구하는 것'이 변수로 작용했을 수 있다고 봅니다. 물론 도시나 시골에 사는 것도 운명이라고 할 수 있지만, 이사를 하면서 기도를 하거나 또는 조상들에게 천도재를 지내거나 해서 변화의 기미를 만들었다고 생각해볼 수 있습니다. 만약에 이사도 하지 않고 영적인 개선도 시도하지 않았는데 운의 대입이 일치하지 않는다면, 또한 어떻게 말을 해야 할지 더욱 고민스럽지 않을까 싶습니다.

특히 무인·기묘에 운이 별로 나쁘지 않았던 사람들이 곤경에 처한 것을 보면서 느끼는 것은 개인의 운은 국가 상황보다 아래에 있다는 것입니다. 운의 해석에서 생길 수 있는 변수에 대해 여러 가지 생각할 수 있습니다. 참고되셨기 바랍니다.

1083 종재로 봐도 될까요?

```
時 日 月 年
丁 丙 庚 辛
酉 辰 寅 酉
```

초보자인 제가 보기로는 土와 金이 세력을 이루고 있으므로 일간 병화가 종재할 듯도 하고, 한편으로는 월지 인목이 무토당령이나 천간에 무토가 투출되지 않았으므로 병화로 보아 신약용겁격(용신 火, 희신 木)으로 볼 수도 있을 듯합니다.

위 명식의 소유자는 유년시절을 비교적 무난히 보내고 자대운의 기묘년에 명문대 공대에 진학하였으며, 작년 경진년(2000년)에 군 입대를 위해 휴학하여 9월 이후 군복무 중이며 현재 정화대운입니다.

 신약용인격입니다

월지가 인월이고 시간(時干)의 정화가 있으니 종하는 형상으로 보기는 어렵습니다. 만약 金·水운에서 발하고 木·火운에서 고생했다고 해도 종재했다고 보기 어렵다고 판단되어 혹시 다른 작용이 있었을 것이라는 의심을 하게 됩니다. 신약용인격으로 보는 것이 타당합니다.

1084 용신은 火로 보았습니다

時	日	月	年
辛	壬	丙	壬
丑	午	午	子

火가 왕한 계절의 임수입니다. 연간의 임수가 병화를 극하고 연지는 자오충을 하며, 일지의 오화는 축토가 설기하는 것으로 보고 임수가 강하다고 보아 희·용신을 木·火로 보았습니다.

 임수를 약하다고 보기는 어렵겠습니다

다소 아리송한 형상을 하고 있기는 합니다만 임수를 약하다고 하기는 어렵겠습니다. 그렇게 보도록 하지요.

1085 겨울 金에 대하여 여쭙니다

```
時 日 月 年
癸 庚 庚 辛
未 寅 子 丑
```

기본적으로 약해 보이지 않습니다. 그래서 水 용신, 木 희신으로 볼 수 있겠습니다. 그러나 전에 스님께서 "겨울 金은 火를 용하는 것이 좋아 보인다." 하셨는데, 이 사주도 火를 용하는 것이 나을까요?

 용·희신은 그냥 水·木으로 합니다

인목이나 미토가 있어 크게 냉하지 않다고 봐서 그냥 水·木으로 흐름을 잡아도 무리가 없다고 생각되는군요. 만약 시간(時干)에라도 火가 투출되었다면 金을 제련하는 의미에서 火를 쓸 수 있습니다.

1086 학과 선택이 어렵네요

```
時 日 月 年
庚 庚 乙 甲
辰 午 亥 子
```

학과 선택에 대해 조언을 해주려는데 어려워서요. 식상이 재성을 보고, 또 재성이 합을 해서 재물에 관심이 많아 보입니다. 일지 정관이 식상에게 극을 받아 약하게 보이며, 주관은 있으나 경쟁심이 부족하여 자영업은 어려워 보입니다. 그래서 식신생재로 보아 물건을 취급하는 경제학과나 火 용신에 맞는 전자·컴퓨터공학을 권하고 싶습니다.

본인의 희망이 우선입니다

학과에 대해 생각할 정도라면 이미 성인에 가깝다고 봐서 자신의 희망이 무엇인지 반드시 물어보시는 것이 좋습니다. 그리고 희망하는 것이 사주에서 나타난 암시인지 운에서 나타난 현상인지를 대입해보는 것도 좋겠네요.

또한, 사회적인 영향인지도 고려해볼 필요가 있겠습니다. 왜냐하면 선동렬이나 박찬호를 꿈꾸는 사람이 야구학과를 선택할 수도 있으니까요. 그래서 일차적으로는 본인의 희망을 확인한 다음에 전혀 생각해본 것이 없다고 할 경우에 한해서 명리가의 의견을 드리게 됩니다.

이 경우에는 사업을 할 구조로 보기는 어려우므로 직장생활에 도움이 되는 학과를 권합니다. 특히 정재가 있는 것으로 봐서 치밀한 계산을 잘 처리할 것으로 보입니다. 정관이 일지에 있으므로 직장생활은 적응할 것으로 생각됩니다.

참고로 용신과 직업은 크게 연관이 없다고 확인하고 있습니다.

 화왕절의 자오충에 대하여

```
時 日 月 年
甲 戊 丙 壬
寅 寅 午 子
```

『적천수강의』의 "旺者沖衰衰者拔 衰神沖旺旺者 (중략) 如子午沖. 子中癸水沖午中丁火. 如午旺提綱. 四柱無金而有木. 則午能沖子"(1권 p.238)에 따르면, 화왕절의 연지 자수는 사주 중에 金이 없어서 월지 오화를 충하지 못하고 자극만 하여 불길이 더욱 치열해지며, 일간 무토는 오화의 지장간 기토에 의지하는 모습으로 보입니다.

그런데 이 사주에서 화왕절이고 金이 없어도 자오충이 성립될 수 있는 것은 임수가 투간되어 임자의 세력이 강하기 때문인가요?

 천간의 상황도 살핍니다

자오극이리도 천간에는 어떤 상황이 벌어지고 있는지 봐야 하고, 참고로 서로 합이 된다고 해도 간지의 상황이 어떤지 고려해야 올바른 결론이 나옵니다. 이 경우에는 임수로 인해서 병오를 위협하는 힘이 매우 크며, 그래서 극이 성립한다고 해석해도 무리가 없겠습니다. 만약에 연주가 갑자거나 무자라면 극은 고려하지 않아도 됩니다. 참고되셨기 바랍니다.

1088 종아격을 확인했습니다

```
時 日 月 年
戊 丁 丁 己
申 酉 丑 酉
```

여자라서 그런지 종을 했습니다. 남자라면 어떨까 생각해봤습니다. 무인·기묘대운은 비록 木운이지만 지지의 금기(金氣)에 차단되어 무난히 넘어갔습니다. 경진년(2000년)에 갑부 집에 시집가서 친정집의 부도 위기도 넘겨주고, 시어머니 위에 군림하며 부를 많이 축적하였습니다. 관이 없어서 용신이 남편이라 그런지 남편도 충성하고 있습니다.

궁금한 것은 사화대운입니다. 木·火가 기신운으로 사화는 사유축 합이 되어 오히려 금기(金氣)를 강화하는 느낌인데, 사화대운 역시 길운으로 봐야 합니까? 아니면 유금이 월령이 아니고, 사화는 비록 삼합이 되어도 결국 火이니 조금 못하다고 봐야 합니까? 또 水운은 한신이고 천간과 지지에 木이 없으니 별 어려움이 없는 무난한 운으로 보면 될까요?

A 사화대운은 무사히 넘어간다고 봅니다

운은 선인과 악인을 구분하지 않는 모양입니다. 인과법에서만 언젠가 작용하리라고 생각하게 되는군요.

종아격이 확인되었다면 사화대운은 축토의 작용으로 무사히 넘어갈 것으로 보입니다.

1089 개운법도 이젠 구체적으로……

```
時 日 月 年
丙 己 乙 丁
寅 亥 巳 未
```

해수 용신에 희신이 없는 사주입니다. 위 사주에서 개운을 생각한다면 당연히 식신생재의 보강인데, 저 역시 스님의 고견처럼 마음의 변화가 곧 개운의 방법임을 의심치 않습니다. 위 사주라면 당연히 식상이 없어서 답답한 성격이라 할 수 있고, 재가 약하니 현실에 집착하는 면이 약하다고 하겠지요? 그래서 위 사주가 흐름이 생기려면 자기 표현과 자기 선전을 열심히 한다든지, 또는 자꾸 요령을 부려서 융통성을 키우든지, 생각을 많이 하는 대신에 말을 많이 한다든지, 현실적인 계산에 맞춰 행동한다든지, 착한 마음은 어리석은 마음이라 여기고 조금은 이기적이 되려고(자신을 위한 행동을 많이 한다) 한다든지 등의 노력이 필요하다고 봅니다.

앞으로 심리적인 관점에서 확실하게 개운이 되는 실천 방법을 추구해보겠습니다. 위 사주의 주인공에게 심리적으로 개선하기 위해 어떤 노력을 하도록 권해야 할까요? 명리학이 실사구시의 학문이 될 수 있다면 더 좋지 않을까요? 사회적 성취 이외에 나쁜 성격을 고치는 방법도 나올 것 같은데요.

 기술 습득을 하시라고 권해드립니다

이 사람에게 개운의 차원에서 조언을 드린다면 심리적인 노력이야 당연하고 기술을 습득하시라고 권하겠습니다. 왜냐하면 식상은 기술인데 그러한 기술이 있어야 재성이 원활하게 작용한다고 보는 것이지요. 그래서 식신성이든 상관성이든 약간이라도 흥미 있는 분야가 있다면 그 부분에서 자격증이라도 얻도록 노력하는 것이 개운에 도움이 되는 구체적인 조언이라고 생각되는군요. 참고되셨기 바랍니다.

1090 인성운은 무엇을 의미하나요?

時	日	月	年
乙	甲	丙	戊
亥	戌	辰	申

10	20	30	40	50	60
庚	辛	壬	癸	甲	乙
戌	亥	子	丑	寅	卯

진월의 갑술 일주입니다. 재다신약이니 비겁이 좋겠지만, 나무의 특성상 겁재까지 있으니 水를 용신으로 木을 희신으로 보는 게 좋겠지요? 그렇다면 임자대운은 그야말로 대단히 좋은 운입니다. 신자진 삼합으로 용신이 마치 높은 파도처럼 다가오는 느낌입니다. 그리고 위 사주의 주인공이 그것이 부자가 되는 것이냐고 물어서 답하기를, 용신운이면서 일간에도 부합되는 운이니 만사형통이며 재물 문제도 해결될 것이라고 확신에 차서 말했습니다. 그런데 같은 용신이라도 그것이 재운이면 부자가 되는 것에 초점이 맞춰지고 관

운이면 명예를 얻는다면, 인성운은 구체적으로 무엇일까요? 저는 부모나 윗사람의 도움이고 이를테면 유산 상속이 아닐까 생각해봤습니다.

 답변은 잘 해주셨네요

일지의 편재로 인해 삶의 목적에서 결과(재물)에 비중을 많이 두게 되는데, 용신에 어울리게 삶의 목적(목표)을 인성 쪽으로 잡으면 더 좋겠지만 재물을 모으는 것에 관심을 갖더라도 좋은 운에서는 재물을 모으게 됩니다. 그래서 용신이 가까이에 있기를 원하고, 이렇게 해수가 술토에게 제어를 당하고 있기 때문에 마음도 인성의 의식보다는 결과 집착의 재물로 흐르는 것이 아닌가 싶습니다.

1091 10급 사주는 구제불능인가요?

```
時 日 月 年
乙 戊 癸 戊
卯 子 亥 申
```

신약용겁격에 기신인 계수를 둘러싸고 일간과 용신이 합을 하는데 암시가 아주 흉합니다. 일간이 기신과 합을 하는 것도 모자라서 용신마저 쟁합을 하다니요. 만약 계수가 용신이라면 단지 재물을 약간 떼이는 걸로 해석하면 될까요? 기토대운 경진년(2000년)에 사회적인 성취(재물)는 많았으나 양부모님이 중풍을 일으켜서 남은 게 없었다고 합니다. 대운은 좋은데 세운이 신자진 삼합으로 불량

해서 그런 것입니까? 아니면 원국 자체가 10급이라 대운이 좋아도 극복이 안 되는 것인가요? 저는 위 사주 명국이 기미대운부터 정사대운까지 30년간 좋은 대운이 와도 쓸 게 없어 보입니다. 예를 들어, 기미대운의 경우에는 을목이 기토를 극하고 미토는 해묘미 삼합으로 역할을 못 하며, 무오대운의 경우는 계수를 싸고 3개의 무토가 싸울 것 같고 오화는 자오충으로 역할을 못 하며, 정사대운의 경우에 정화는 계수에 눌리고 사화는 다시 사해충으로 역할을 못 합니다. 고질병은 명의도 못 고친다고, 명식 자체가 위 사주와 같다면 30년 대운도 큰 도움이 되지 않을 듯싶은데 제 생각이 맞나요?

 타당성이 있는 생각입니다

늘 용신의 상황과 원국 전체의 구조가 운에서 어떻게 반응하느냐가 중요합니다. 비록 용신은 10급이라도 운의 흐름에서 결점을 보완해주면 무난하다고 보는 것이지요. 이 경우 하반부에 좋은 운이 와도 원국의 상황 때문에 제 기능을 발휘하지 못할 것으로 분석하셨다면 잘 하셨습니다. 그렇게 보는 것이 이치에 타당합니다. 다만, 급수에 비중을 두기보다는 운의 대입에 비중을 두시면 되겠습니다.

1092 용신 火, 희신 木으로 봐도 될까요?

時	日	月	年
戊	庚	庚	丙
寅	戌	寅	申

1) 위 사주는 저의 짧은 지식으로 판단해보면 득지와 득세를 했다고 보아 용신을 월지의 병화당령으로, 희신을 약하지만 월지 표면상의 인목으로 보고 싶습니다. 그리고 水는 지지의 경우에 금생수, 수생목하므로 좋을 듯하고, 천간에서는 병화를 극하지만 지지에 오화와 사화가 들어오면 火의 열기가 강해서 나쁘지 않을 것 같은데요.

2) 월지 인목이 병화당령일 경우에 연지 신금과의 충 관계는 어떻게 봐야 할지 궁금합니다.

Ⓐ 가능하겠습니다

1) 형상은 좀 탁해 보입니다만 火를 쓸 수 있습니다.
2) 병화의 뿌리가 약해져서 아쉬워 보이네요. 자리가 불편하다고 보면 되겠습니다.

1093 용신을 바로 보았나요?

```
時 日 月 年
甲 戊 甲 甲
戌 申 戌 午
```

무토 일간이 실지하였지만 득령하였고, 갑목이 3개 있지만 뿌리가 없어서 약하게 보이므로 무토 일간을 신강으로 보고 金을 용신, 水를 희신으로 보았습니다. 천간에 갑목이 3개나 있어서 용신 잡기가 많이 어렵네요.

다소 신약하다고 봐야겠습니다

만만치 않은 구조입니다만, 일간 무토는 다소 신약한 것으로 봐야 하지 않을까 싶습니다. 극·설이 교차되면 생각보다 힘이 약하다는 것도 하나의 판단 기준이 되지 않을까 싶습니다.

1094 용신이 어려워서요

```
時 日 月 年
丁 丁 甲 乙
未 酉 申 丑
```

시지 미토가 시간 정화의 뿌리가 되므로 득령·득지는 못 하였지만 세력이 있어서 신강으로 보아, 土를 용하고 金을 희신으로 보았는데 바로 보았는지 모르겠습니다. 세력이 강하지 않다고 보고 통관 용신으로 신금 속의 임수를 볼 수도 있나요? 암장되어 있는 것을 보려니 영 내키지 않네요. 죄송합니다.

 인성인 갑목을 용합니다

지지의 글자들이 土·金으로 모여져 있어서 천간 木·火의 뿌리가 되어주지 않는다고 해석합니다. 그래서 인성인 갑목을 용신으로 보겠습니다.

1095 상관무재격에 대하여

```
時 日 月 年
丙 戊 己 丁
辰 寅 酉 未
```

유월(酉月)의 무인 일주입니다. 월령을 잃고 득지도 못 했으니 당연히 신약하리라고 생각했는데, 득세가 가득하여 신강할 수도 있을 거란 생각이 듭니다. 전에 실령·실지하고 오직 득세만 한 사주가 신강으로 설명된 경우가 있는데 바로 이런 사주가 아닌지요? 그렇다면 월지 유금이 용신이고 상관무재격인데, 비록 재가 없어도 급수는 낮아 보이지 않는군요. 명식은 재가 없으니 7, 8급으로 보이고, 운에서 水운이 와준다면 순간적으로 급수가 2, 3계단은 올라갈 것 같습니다. 이 사주의 주인공은 현재 일반외과 레지던트 말년차로 어떻게 하면 경제적인 고민이 해결될 수 있을지 문의해왔습니다.

상관무재격으로 운에서 水운이 오지 않으면 도저히 경제적인 면이 해결될 수 없으리라고 판단되는데, 을사대운에는 사화가 사유반합으로 그나마 궁리를 하여 약간의 빈곤은 해결될 것 같습니다. 어떤가요? 우리나라에서 제일 빈곤한 의사가 일반외과 의사인데 개인적으로 잘됐으면 하는 바람입니다.

 약하지 않다고 봅니다

이 정도의 인겁이 있다면 약하지 않다고 봅니다. 잘 보셨습니다. 식신을 용하는데 운이 좀 불리하군요. 사화대운은 비록 합이 되기는 하지만 결과적으로는 용신을 억압한다고 봐야겠습니다. 생활에서 최대한 안정을 취하시라는 것이 좋겠습니다.

1096 용신이 水가 맞나요?

```
時 日 月 年
甲 丁 己 辛
辰 卯 亥 卯
```

1) 득지하고 인성이 3개이며, 해묘반합이 있고 시지의 辰도 甲의 뿌리가 되어 신강하다고 보아 용신을 월지의 水, 희신을 연간의 신금으로 보았는데 맞나요?

2) 현재 갑오대운으로 무인·기묘·경진년이 힘들었는데 신사년(2001년)에는 어떨까요? 신사년의 병신암합은 어떤 작용을 하는 것인지요? 또한 계사대운과 임진대운은 어떻게 판단해야 할지 궁금합니다.

A 인성이 필요하다고 봅니다

1) 득지한 것은 사실이지만 생조해주는 분위기가 아니라서 일간 정화는 인성이 필요한 것으로 봐야겠습니다.

2) 대운은 천천히 풀어가시면 됩니다. 신사년은 경진년보다는 나은 것으로 봐도 되겠습니다. 대운은 여러 가지 복합적인 변수가 있어서 늘 참작해야 하므로 어렵습니다.

1097 물 천지에 축토의 역할은?

```
時  日  月  年
辛  癸  癸  癸
酉  丑  亥  丑
```

1) 해월의 계수로 인성까지 가세해서 물 천지입니다. 축토는 있으나 마나이고 그냥 종한다고 생각해도 되는 건가요? 이럴 경우 水 용신, 金 희신으로 보는 겁니까?

2) 대운이 병인대운 중인데 군겁쟁재가 일어날까요?

3) 위의 1), 2)로 본다면 대운이 따라주지 않아서 피곤한 삶이 될 것으로 보입니다.

 축토가 용신 역할을 합니다

1) 사주의 구조가 만만치 않아서 한마디로 잘라 말하기는 어렵겠습니다. 형상으로 봐서는 亥 중의 갑목이라도 용신으로 삼고 싶은 구조입니다만, 현실적으로 용신 역할을 하기 어렵다고 봐서 우선 축토를 용하고 火는 희신으로 보겠습니다. 그러나 축토라도 있으므로 종하는 형상은 아닙니다.

2) 병화대운은 쟁탈전이 염려됩니다. 방어 시스템이 전혀 갖춰지지 못했군요.

3) 대운을 쓸 수 있습니다.

1098 용신이 병화인지, 정화인지 궁금합니다

```
時 日 月 年
丙 癸 丁 乙
辰 亥 亥 卯
```

해월에 계해 일주라 따뜻한 불이 필요하다고 보고 용신을 잡으려니 정화는 해수와 암합이 되어 있어 시간의 병화를 용신으로 써야 할지, 아니면 木을 갖고 있는 정화를 그대로 용신으로 써야 할지 궁금합니다. 흐름이 있는 것도 아니니 木을 용신으로 삼고 火를 희신으로 볼 경우는 아니라고 생각되는데, 木이 용신인지 火가 용신인지, 火가 용신이라면 병화인지 정화인지에 따라 굉장히 큰 차이가 있다고 생각합니다.

Ⓐ 木 용신, 火 희신이 되겠군요

수왕절에 木이 있으니 흐름을 타고 수생목, 목생화로 해서 木·火로 잡으면 되겠습니다. 용신은 木이고 희신은 火가 되겠군요. 火를 굳이 용신으로 보려면 사주에 金이라도 좀 있어야 하는데, 金을 극할 목적이 없으므로 木을 우선하게 됩니다. 그리고 火가 희신이라면 굳이 병화와 정화 중 어느 하나에 비중을 둘 필요가 없겠지만, 식신생재라면 월간의 정화가 있어서 다행으로 여깁니다.

한편으로는 인성이 없는 계수가 약할 수도 있다는 것을 고려하고 살피시기 바랍니다.

 단순해 보이는 사주지만 확인하고 싶어 올립니다

```
時  日  月  年
壬  癸  戊  壬
戌  未  申  寅
```

이런 사주를 올린다고 혼날 것 같은 생각도 들지만, 신중을 기해서 상담해줘야 하는 사람이므로 스님께 확인합니다. 건토 관에 둘러싸여 있어서 월지와 세력을 얻었음에도 약해 보입니다.

```
時  日  月  年
辛  癸  戊  壬
酉  未  申  寅
```

만일 유시이면 위와 같은 명식이 되는데, 이 때는 약하지 않으므로 무토를 용할 것 같습니다.

 잘 보셨습니다

그대로 보셔서 무리가 없겠습니다.

1100 용신 합거

```
時 日 月 年
辛 壬 丙 辛
亥 寅 申 卯
```

월간의 병화가 합거를 해도 용신으로 삼고 식상을 희신으로 해야 합니까? 인목도 충하므로 버려두고 상관 묘목을 용신으로 해야 합니까? 묘목을 용신으로 한다면 희신은 水가 됩니까, 火가 됩니까?

A 火를 용하고 木을 희신으로 봅니다

가을의 水가 金이 많으니 우선 병화를 용하고 희신으로 木을 보도록 합니다. 희·용신이 모두 합되어 불리합니다.

1101 용신이 火인가요?

```
時 日 月 年
丙 丁 庚 癸
午 卯 申 酉
```

신월에 정묘 일주는 일지 편인과 시주의 비겁이 밀어주고 있으나, 일지 편인은 극을 받고 정화가 연간 계수의 눈치도 살펴야 하는 입장이니 火를 용하고 木을 희신으로 봤습니다. 그런데 시주의 화력도 만만치 않아 보입니다. 용신이 火가 맞나요?

 火는 다시 金을 극할 마음이 없습니다

신약하면 인성을 쓰는 것이 보통입니다만, 이 경우에는 재성이 왕해서 火를 생각하는 것도 일리가 있습니다. 그런데 火는 다시 金을 극할 마음이 없는 형상이라 그대로 木을 용하고 火는 희신으로 봅니다.

1102 용신이 힘을 받을까요?

```
時 日 月 年
己 戊 癸 戊
未 寅 亥 寅
```

1) 시시도 木운이 올 경우 묘목은 해묘미 합으로 木이 강해 힘들 것 같고, 인목은 인목 속의 병화가 살인상생하여 용신이 힘을 쓸 수 있을까요?

2) 『자평진전평주』에서는 월간 癸와 연간의 戊가 먼저 합을 하니까 일간은 합이 되지 않는다고 했는데, 일간은 합이 되지 않나요? 가르침 부탁드립니다.

 암장된 火는 도움이 되지 않습니다

1) 암장된 火를 사용할 경우 木운은 도움이 되지 않는다고 봅니다.

2) 『자평진전평주』에서는 그렇게 합의 선·후를 말하고 있습니다만 그냥 동시에 모두 존재하는 것으로 보는 것이 타당하다고 생각합니다. 일간도 합을 하는 것이지요.

1103 열기 때문입니까?

```
時 日 月 年
甲 丙 丁 庚
午 申 亥 辰
```

1) 해월의 병화로 시간의 갑목이 있어서 강하다고 보고 진토 용신, 金 희신으로 보고 싶습니다. 한편으로는 해수를 용하고 金 희신이라고도 생각이 듭니다.

2) 천간에는 운으로 도와줄 오행이 없어서 강한 열기를 식히지 못할 것으로 보입니다. 지지로 들어오는 운은 土·金·水가 좋아 보입니다.

3) 일간이 들어오는 운과 합이 될 때 어떤 영향을 줄까요?

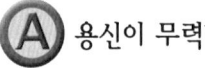 용신이 무력합니다

1) 해월이 병신 일주라면 시간(時干)의 인성이 필요하다고 봐야 할 형상입니다. 정화도 무력하고 의지할 수 없겠습니다. 木이 용신이고 木은 다시 水가 필요하지만 직접 도움이 되지 않으니 용신이 무력합니다. 경진년(2000년)에는 용신이 극을 받았다고 해석할 수도 있겠습니다.

2) 용신이 木이 된다면 해당 없는 내용입니다.

3) 일간이 직접 개입한다고 보지 않습니다. 운의 영향에 따라 길흉이 결정되는 것으로 봅니다.

1104 S.O.S를 띄웁니다

```
時 日 月 年
丁 辛 壬 辛
酉 巳 辰 酉
```

1) 저희들이 보기엔 월간의 임수가 좋아 보이는데 정화가 용신이라고 주장하시는 분이 많아서 사부님께 S.O.S를 띄웁니다.

2) 사주의 상관견관적인 구조로 통변하자면 자신의 이상이나 자아 추구의 욕구와 남편이 대립하는 형상이라 좋다고 하기 어렵고, 결혼생활에서 행복하기도 좀 어려워 보입니다. 그런데 또 어떤 분이 남편을 내우 사랑할 타입이라고 하시는데 도무지 연유를 모르겠습니다.

 강한 임수를 쓰는 것이 좋아 보입니다

1) 약한 정화보다는 강한 임수를 용하는 것이 좋아 보입니다. 그러나 공부하는 학자로서 정화를 용신으로 보는 것에 대해서도 한번 생각해볼만하고, 그럴 수도 있겠다는 융통성을 갖고 생각하시면 좋을 듯합니다.

2) 연유를 모르면 그렇게 이야기한 사람에게 물어야지요. 아마도

신금이 일지의 巳 중 병화와 암합이 된 것을 두고 하시는 말씀인 듯 하다는 정도의 생각은 할 수 있어야 남의 이야기를 들을 자격이 있지 않나 싶습니다.

1105 3土 1火인데 기토가 약할 수도 있나요?

```
時 日 月 年
庚 己 戊 辛
午 卯 戌 丑
```

무술월에 기묘 일주라 약할 것 같지 않습니다. 시지의 오화가 묘목을 봐서 그나마 약하지 않다고 생각했는데, 반대로 생각해보면 3土 1火 지만 그리 강해 보이지 않는 느낌도 들고, 묘목이 오화를 보지 않았다면 과연 약하지 않다고 할 수 있을까 싶습니다. 연간의 신금과 시간(時干)의 경금도 설기한다고 보고, 설하는 데 비겁은 별 도움이 되지 않는다고 보았습니다.

극·설이 교차하여 火를 용신으로 木을 희신으로 보았습니다. 제대로 본 것인가요? 3土 1火인데 기토가 약하다고 하려니 마음이 참으로 착잡합니다.

A 경우에 따라서는 약할 수 있습니다

이 경우에는 해당이 안 되지만 경우에 따라서는 3土 1火라도 약할 수 있습니다. 조후도 그 정도면 염려할 필요가 없다고 봐서 시간의 상관을 용신으로 보겠습니다.

木의 세력을 두려워할 필요가 없는 것은 오화 때문이고, 경금이 무섭지 않은 것도 역시 오화 때문입니다. 따라서 오화 때문에 설하는 상관을 쓸 수 있다고 해석해도 무난합니다. 여하튼 약하지 않은 사주입니다.

1106 천간합으로 인해 해석이 어렵네요

```
時 日 月 年
壬 辛 辛 辛
辰 酉 丑 丑
```

1) 합으로 인해 유정하다고 해도 될까요(남자·관청 등)?
2) 합으로 木기운이 조금 있다고 해도 될까요?
3) 사주가 신강하므로 병화가 도움이 될까요?
4) 병화로 인하여 3개의 신금이 서로 합하려고 하므로 정신만 산만해 보이는데 어떤가요?

 합은 길흉과 무관합니다

1) 임수를 용신으로 본다면 병화가 와서 합이 되는 것은 길흉과 무관합니다.

다만 사회적으로는 남자문제 등이 생길 수도 있겠습니다. 그 결과가 반드시 유정하다고만 하기는 곤란합니다. 상대가 있는 경우에 상대의 명식 등에 따라 차이가 있다고 보면 좋겠습니다.

2) 화(化)하지 않으면 水는 논하지 않습니다.

3) 도움은 아니고 한신 정도라고 하겠습니다.

4) 일리가 있는 해석입니다. 다소 복잡한 형상도 고려할 수 있겠습니다.

1107 식신제살로 볼까요?

```
時 日 月 年
丙 癸 己 己
辰 未 卯 巳
```

목왕절에 계수입니다. 관성의 세력이 막강하고 재성도 관성을 돕고 있으니 식신제살로 볼까요?

아니면 연지 사화 속에 金이 있으니 용신을 인성으로 봐야 하는 것인지 궁금합니다. 직장을 그만두고 사업을 구상하고 있는 것 같습니다.

 종하지 않습니다

이런 명식을 입수하면 늘 고민스럽지요. 뿌리가 전혀 없는데 어떻게 해야 할지 고민입니다. 그리고 한 가지 해결 방법은 식상과 관살이 대립하면 종하지 않는다는 것입니다. 여기에서도 木과 土가 갈등을 하고 있으니 종하지 않는다고 보고, 인성의 金운을 기다린다고 봐야겠습니다.

그리고 연간의 기토는 을목이라야 맞겠지요? 지금은 사업을 하기에 마땅치 않습니다. 말리고 싶네요.

종격은 없다고 생각하고 임상하시기 바랍니다.

1108 木이 없는 약한 정화의 사업운은?

```
時 日 月 年
壬 丁 壬 辛
寅 卯 辰 亥
```

1) 진월의 정화로 양 정관에 월령을 얻지도 못해 기세가 밀린다고 생각하였습니다.

인성을 용신으로 하고 싶고, 희신으로는 水를 제어하는 土가 좋아 보입니다.

2) 지지로 오는 水는 무난해 보여서 무자대운부터 좋다고 보는데, 천간의 양간 임수는 어떤 작용을 할까요? 심리적으로 위축되어서 혼자서 나서는 일을 못 하고 누군가와 항상 같이 하려는 심리로 보면 될까요?

천간에 갑목이 있으면 좋을 텐데, 없으므로 직장생활에만 충실하라고 할까요?

 사업을 하기는 어렵겠습니다

1) 잘 보셨습니다. 다만 희신은 용신의 입장에서 土보다 火로 봅니다. 그리고 土는 한신인데 무난하다고 보면 되겠습니다.

2) 지지의 水는 무난합니다. 그러나 즐겁지는 않네요. 사업을 하는 성분이라고 보기는 어렵겠습니다. 오히려 직장에서 안정하는 것

이 좋지 않을까 싶습니다.

 강한가요?

```
時 日 月 年
丁 庚 乙 丁
丑 辰 巳 酉
```

1) 사월(巳月)이지만 진토로 설기되고, 정화 역시 축토로 설기되어 강해 보입니다.

용신은 水, 희신을 木으로 봐야 할까요? 아니면 천간에 의지할 것이 경금뿐이므로 土가 필요하고, 지지로는 水가 필요하다고 봐야 할까요?

2) 조금은 부정적으로 수용하는 성격이고, 나름대로 실리적이며 합리성을 지키려고 노력한다고 볼 수 있을까요?

 맞습니다

1) 잘 보셨습니다. 그런데 水가 없으므로 용신은 시간(時干)의 정관으로 봐야 하지 않을까 싶습니다.

2) 정확한 대입이라고 생각합니다.

 기획력이 뛰어나다고 볼 수 있을까요?

```
時 日 月 年
甲 壬 丙 癸
辰 辰 辰 卯
```

1) 신약으로 보아 辰 중 계수를 용신, 金을 희신으로 기다릴까요?
2) 절제력과 봉사심 그리고 연구성 등을 참작해서 기획을 하면 잘할 수 있다고 보시나요?

 그렇습니다

1) 그렇게 봐야 할 구조입니다.
2) 가능하다고 봅니다.

1111 좀 모호한 사주입니다

```
時 日 月 年
辛 丁 丙 庚
丑 亥 戌 子
```

9월의 정화 일주가 지지 전반에 亥·子·丑을 깔고 있고 사주에 木도 보이지 않으니 그냥 종세한다고 볼까요? 아니면 정화 일주이니까 戌 중 정화에 뿌리를 두고 월간 병화에 의지하여 신약하다고 보는 것이 나을까요? 현재 인목대운에 있는데 세운 무인·기묘년도 별 재미는 없었답니다. 한 직장에서 현재까지 약 15년째 근무하고 있고, 성격은 꼼꼼하고 치밀합니다.

 월간 병화를 의지합니다

운의 대입이 난해하다는 말씀으로 생각됩니다. 기본적으로 사주 구조를 보면 신약하고 인성이 필요한데, 없으므로 월간의 병화를 의지하도록 합니다. 인목대운이라고 해도 세운에서 金이 장애를 일으키면 발하기 어렵다는 생각도 하게 됩니다.

참고하시고 너무 현실적으로 대입하려고 혼란스러워하지 않는 것이 좋겠습니다.

1112 사주 풀이가 이상해서요

```
時 日 月 年
戊 丙 戊 丁
戌 子 申 亥
```

신금의 병화 일간이 뿌리도 없고 세력도 없어서 연간의 정화를 용신으로 하고 木을 기다려야 하는 신약용겁격으로 생각됩니다. 축대운은 한신이고 습토라서 도움이 되지 않으며, 경진 세운은 신자진 삼합을 봐도 좋아 보이지 않습니다.

해외에서 파친코(슬롯머신 게임)로 일확천금을 했다고 해서, 사주 풀이를 하는 사람이 삼합에 역마가 있고 편재가 있어 해외에서 일확천금을 할 수 있었다고 하네요. 공부하는 입장에서 아무리 연구해봐도 이해가 되지 않습니다. 대운과 세운이 모두 도움이 되지 않는데, 이런 경우에는 어떻게 풀이해야 될까요? 이게 자평명리학의 한계인지, 스님의 도움이 필요합니다.

 신약용겁격으로 일확천금은 우연일 뿐입니다

신약용겁격이 맞습니다. 잘 보셨습니다. 아마도 그 학자는 결과와 연결짓기 위해서 과정을 조작한 것으로 봅니다. 그렇게 꿰어 맞추기 위해서 온갖 신살이 동원되지요. 올바른 학자라고 하기 어렵습니다. 비록 일확천금을 했다고 해도 그냥 우연일 뿐이고, 한 사건을 위해서 자평이 조작되어서는 절대로 안 됩니다. 역시 학자의 눈은 매섭네요. 하하, 좋습니다.

1113 억부보다 조후가 우선인 것 같네요

```
時 日 月 年
丙 甲 丁 己
寅 辰 丑 亥
```

갑목이 축월에 나서 신약하다고 판단하여 억부로 보았으나, 살아온 과정을 보면 火·土운에 발전한 것으로 봐서 조후로 火·土가 필요하다고 봅니다. 조후로 봐야 합니까?

억부와 조후에 모두 해당됩니다

　질문의 의미를 잘 모르겠는데, 火·土운에 좋다는 것으로 봐서 억부로 신약하게 보신 듯싶습니다. 그러나 축월의 갑진이 인시에 나고 연지에 해수가 있다면 이미 약한 木이 아니지요. 당연히 설할 수 있고 겸해서 조후도 좋다고 하겠습니다. 억부와 조후에 모두 해당된다고 봐야겠습니다.

 겨울 무토입니다

```
時 日 月 年
丁 戊 丙 甲
巳 子 子 子
```

　1) 자월이라 병화나 사화가 힘을 못 쓸 것 같아 신약으로 보입니다. 물 천지이므로 비겁을 용신으로, 火를 희신으로 볼까요?
　2) 의대를 가려고 하는데 적성이 맞다고 보시나요?

 조후를 겸해 인성을 씁니다

　1) 비겁이 없으니 그냥 인성을 써서 조후를 겸하도록 하겠습니다. 土운은 희신으로 보고 木도 희신으로 하겠습니다.
　2) 의대는 편인과 정재로 봐서 무난하겠습니다. 식신이 없어서 연구보다는 응용 실기 쪽이 좋겠군요.

1115 火를 희신으로 볼까요?

```
時 日 月 年
癸 辛 癸 壬
巳 卯 卯 戌
```

1) 신약하니 아무래도 인성을 용신으로 보고, 용신 역시 약하니 火를 희신으로 볼까요? 아니면 木 월지이므로 비겁을 희신으로 볼까요?

2) 1차 성격존에 식신이 2개 있을 경우, 연구하고 궁리하는 자세가 뛰어나긴 하지만 그런 성향을 부정하는 경향이 있다고 볼 수 있습니까?

 金으로 보호하는 것이 좋겠습니다

1) 용신이 멀어서 좀 아쉽군요. 土가 필요하다고 봅니다. 그리고 土는 木에게 극을 받고 있으니 火보다는 金으로 보호하는 방법이 좋겠습니다.

2) 식신이 겹치면 연구가 분산된다고 보는데, 식신을 거부하는 작용으로 인해 연구하는 것이 좀 힘들지 않을까 생각해봅니다. 그러나 분산이 되는 것도 추진력이 따라준다면 다양한 능력으로 발전할 기회가 되므로, 역시 전반적인 상황은 사주에 달려 있습니다. 이 경우에는 신약해서 분산되는 작용으로만 봅니다.

1116 통변이 어렵네요

```
時 日 月 年
甲 癸 癸 癸
寅 酉 丑 卯
```

1) 용신은 갑목으로 희신은 火로 보았습니다. 등급은 7급으로 생각되네요.

2) 중고차 매매업의 직원으로 근무하면서 자기 돈으로 차를 사서 소비자에게 팔기도 하고 또 매매 알선도 하는 사람입니다. 유금대운에 세운 신사를 맞이하여 사유축 삼합도 있고 해서 金이 너무 강하며, 통관을 시켜주는 水도 보이지 않아 木의 생명이 어렵게 보이네요.

3) 식상이 어떠한 형태로 제재를 받을지 궁금합니다. 자동차 매매를 하면서 말을 잘못하여 사기꾼으로 몰릴지, 하는 일에 이상이 생겨서 형무소라도 왕래할는지, 용신의 뿌리가 잘려서 사회생활을 하는 데 있어 무엇인가 하려고 하지만 진행이 안 되는지, 부부 사이가 좋지 않고 아내에 대한 믿음이 부정적이 되어서 이혼하자고 할는지요? 여하튼 무엇인가 변화가 오리라고 생각되는데 통변을 어떻게 하면 될지 잘 모르겠네요.

A 유통 매매는 적성입니다

1) 잘 보셨습니다. 재가 투출되었으면 참 좋았겠다는 생각이 드시지요?

2) 유통 매매는 상관 성분이니 적성이라고 통변하시면 되겠습니다. 그리고 신사년(2001년)의 운세는 사화가 들어오니 합이 되는 것도 신경 써야겠지만, 사화가 들어와서 재성이 된다는 것이 다소 반가운 상황이라고 봐도 되겠습니다. 다시 말하면 신사년이 경진년(2000년)보다는 훨씬 좋은 운이라는 식으로 설명해도 빨리 이해할 수 있다고 봅니다.

3) 너무 복잡하게 생각하신 듯합니다. 가능하면 단순하게 풀이하는 것이 오히려 정답이기 쉽습니다. 식상이라기보다는 상관이 활력을 얻되(사화의 재성을 봤으므로) 방자하지 않고(신금의 인성이 있으므로), 그래서 결과적으로는 조금 좋을 것으로 봐야겠는데 대운이 돕지 않아 환경이 다소 불리하며, 따라서 자신의 사업은 경계하지만 직장에서 일을 하면서 능력을 발휘하는 것은 큰 부담이 없는 것으로 해석합니다. 참고가 되실지요?

1117 조후 용신이 우선하나요?

```
時 日 月 年
甲 庚 癸 壬
申 午 丑 子
```

경금이 축월에 나서 너무 찬 것 같네요. 그래서 앉은 자리의 오화로 용신을 삼고, 신금 위에 있는 갑목으로 희신을 삼고자 하는데 맞습니까? 그렇지 않으면 억부법이 우선하겠습니까?

土·火가 모두 좋아 보입니다

오화가 일지에 있어서 조후는 급하지 않고 土가 필요하다고 봅니다. 인성이 용신 역할을 하게 되면 희신으로 火가 필요합니다.

 월·일을 모두 얻었는데 강약이 고민입니다

時	日	月	年
甲	癸	丙	甲
寅	亥	子	午

자월이고 계해 일주이다 보니 약해 보이지 않고 土를 보지도 않았으며, 火의 기운도 넘칠 정도는 아니고 오화는 자오충이며, 병화는 앉은 자리가 자수라 짱짱해 보이지 않습니다.

15년간 조선업에 종사해왔다는데 木·火가 용신으로 보입니다. 가르침을 부탁드립니다.

사실 처음에 보았을 때는 木·火의 기운이 강하여 신약이라고 보았습니다. 土가 헷갈리더니 이젠 水도 헷갈리기 시작하니 큰일났습니다. 참 답답합니다.

 신약합니다

자꾸 고민이 되고 달리 보여야 발전하는 모습이라고 하겠네요. 아무런 문제가 없습니다. 사주는 비록 월·일은 얻었지만 오화와 병화의 협공을 받고 있는 자수가 약한 쪽으로 밀리고, 다시 인목으로 흘러가는 해수를 보면 결국 인성을 의지한 木·火의 기운이 상대적으로 강하다고 해야겠습니다.

결론은 신약하여 인성을 의지해야겠는데 인성이 없군요. 운에서라도 기다려봐야겠습니다.

1119 시지의 상관은 어떻게 볼까요?

```
時 日 月 年
辛 戊 癸 壬
酉 午 卯 子
```

1) 목왕절의 무토로 오화 인성이 있으나 극·설이 있고 월지가 정관으로 신약하다고 보아, 일지 인성을 용하고 월지의 木을 희하고 싶습니다.

한편 희신을 土로 하고 싶은 생각도 있습니다. 천간으로는 火·土기 좋고 지지로는 木·火가 좋아 보이는데 어떤가요? 경진년(2000년)에는 아주 힘들었다고 합니다.

2) 월지가 나쁘지 않아서 일을 계속 하라고 했는데, 일을 계속 하라고 권하는 게 낫겠습니까, 아니면 시집가라고 하는 게 낫겠습니까? 어떤 쪽을 권해야 할까요?

3) 시지의 상관은 어떻게 볼까요? 적성과는 어떻게 연계하여 생각할 수 있을까요?

A 상관은 활동성으로 봅니다

1) 잘 보셨습니다. 그대로 봐서 무리가 없겠습니다. 土는 한신이지만 나쁘지 않다고 보면 됩니다. 운의 해석도 잘 보셨습니다.

2) 신약한 경우에는 가사에 몰두하는 것이 좋습니다. 일지의 인성이 있어서 가정은 잘 가꾸겠다고 봅니다. 정재가 있으니 세심한 관찰도 잘 하겠습니다. 다만 상관으로 인해서 바깥 활동에 대한 유혹을 뿌리치기 어렵지 않을까 싶습니다. 그래서 권하기는 가정생활을 권하지만 사회생활에 대한 욕망을 버리기 어렵지 않을까 판단해 봅니다.

3) 상관은 활동성이 있는 것으로 봅니다. 인성이 있으므로 상관의 나쁜 작용보다는 좋은 작용이 나타납니다. 나쁘지 않습니다. 만약에 상관이 水를 생조하고 있었다면 상관으로 인해서 흉할 수도 있겠습니다.

1120 金 용신에 水 희신으로 보았습니다

時	日	月	年
壬	戊	辛	丙
子	戌	丑	午

겨울 土이지만 술토에 병오가 있어서 조후는 충분하다고 생각됩니다. 신금이 병화를 잡고는 있지만 신강으로 보아 설하는 신금을 용신으로, 水를 희신으로 하고자 합니다. 그런데 겨울에 이렇게 큰

물은 부담이 될 것 같습니다.

 잘 보셨습니다

그대로 보시면 되겠습니다. 오화와 무토의 온기로 보아 축월의 냉기를 고려하지 않아도 되겠습니다.

1121 경진 세운이 특히 어려웠다고 합니다

```
時 日 月 年
戊 己 癸 庚
辰 巳 未 辰
```

1) 신강하니 金 용신에 水 희신으로 볼까요?

2) 남편이 구타를 해서 32세쯤부터 별거해왔습니다. 사주 속에서 해설이 가능한가요?

3) 비토나 신토 속 을목의 작용을 인정해야 하나요?

 나쁠 이유가 없으니 다른 이유를 생각해봅니다

1) 잘 보셨습니다.

2) 남편이 주먹을 휘두르는 것은 처가 대들기 때문이고, 대드는 이유는 신강하고 인내심이 부족하며 상관이 있기 때문이라고 한다면, 아마도 남편의 폭력에 대항하다가 많이 맞았겠습니다. 관살이 있으면 인내심으로 버텼겠으나, 신강한 사주이므로 자립할 생각을 했을 것입니다.

3) 미약하게나마 작용하겠습니다. 그래도 본인은 별로 비중을 두지 않으니 남편의 휘하에서 생활하려고 하지 않을 것입니다.

 **을목을 용신으로 하면 될까요?**

```
時 日 月 年
乙 丁 辛 己
巳 未 未 亥
```

1) 미월의 정화로 인성인 을목과 사화의 지원이 있지만 약하지도 강하지도 않은 것으로 보고 싶은데 을목 용신, 해수 희신으로 보면 될까요?

2) 이렇게 되면 土가 구신이 되고 金이 기신, 火가 한신이 되는 건가요?

3) 운의 흐름이 좋아 보이는데 그렇게 봐도 될까요? 이러한 사주는 균형이 잘 이루어져서 운이 나빠도 많이 나쁘지는 않을 것으로 보는데 어떤가요?

 세운이 경금으로 길흉이 반반입니다

1) 용신으로 木을 보는 것은 타당하다고 생각됩니다. 다소 세력이 약하다고 봐야겠습니다.

2) 희용기구한의 배합은 그렇게 나타납니다.

3) 그렇습니다. 운이 참 좋군요.

 가을에 인성을 쓰기는 어려울 듯합니다

```
時 日 月 年
壬 甲 辛 癸
申 申 酉 卯
```

갑목이 유월(酉月)에 나서 매우 신약한 상황입니다. 그래서 가을에 인성을 쓰기는 어렵고 비겁을 쓰자니 충을 맞으며, 가을이고 관살이 많은 점을 고려해서 火를 잡고 土를 잡고자 합니다. 그 외에 木을 잡고 火운을 기다리는 것이 나을까요?

몇 년 전에 이혼한 분입니다. 지금 남자와 선을 보고 있는 모양입니다. 신사년(2001년)에는 혼사가 이루어질 것으로 보이는데 맞습니까?

 가을에 水를 쓰지 못할 이유가 뭔지 모르겠네요

당연히 가을은 금왕절이고 인성이 水라면 더욱 기쁘게 써야 할 것입니다. 인성이 용신이고 관살은 남자이면서 큰 부담이니 결혼생활은 부담이 크다고 하겠습니다.

신사년에 결혼할 수는 있지만 도움이 될 남자를 만나려면 더욱 신중해야겠다는 생각을 합니다.

1124 천간합의 심리가 궁금합니다

```
時 日 月 年
戊 辛 丁 壬
戌 卯 未 戌
```

1) 6월 신금이 월지를 얻었고 세력은 이 정도면 강하다고 봤습니다. 또한 열기가 있으니 용신이 水인 식신생재격으로 봤습니다. 적성은 편관과 편재를 참고하여 군인이나 경찰 쪽으로 생각합니다

2) 정임합이 심리에 미치는 영향에 대해서 어떻게 분석하면 됩니까? 가르침 부탁드립니다.

 편관의 작용으로 봉사심이 있겠습니다

1) 묘미의 작용과 정화의 부담 등을 고려하면 반드시 왕하다고 하기는 어려운 형상입니다. 그렇다고 약하다고 보기도 어려우니 우선은 조열하다고 봐서 水를 생각하도록 하겠습니다. 그러므로 인성의 필요성에 대해서도 고려하는 것이 좋겠습니다. 습토가 오면 가장 반갑다고 하지 않을까 생각해봤습니다.

2) 정화는 편관인데 상관과 합이 되어 있으니 편관이 좀 부드럽게 되었다고 이해할 수 있습니다. 일간 신금의 입장에서는 좀 숨을 쉴 공간을 얻었다고 해도 좋겠네요. 다만 임수가 필요한데 합이 되어 매우 불리하다고 봐서 득보다 실이 많은 것으로 봅니다. 심리적으로는 편관의 작용이 있으므로 봉사심이 있다고 하겠으나, 상관을 따라 내심 관살에서 벗어난 심리도 있지 않을까 생각합니다.

1125 火 용신에 木 희신으로 할까요?

```
時 日 月 年
乙 癸 癸 戊
卯 卯 亥 戌
```

겨울 水입니다. 월지 해수로 버틸 것 같아서 조후로 보아 火를 용하고 희신을 木으로 보시나요?

 우선 水를 용합니다

계해도 상당하지만 무술의 부담은 견디기 어렵겠습니다. 그래서 金이 있으면 좋겠지만 없으므로 우선 水를 용신으로 하고 金이 오기를 기다리는 것으로 봤으면 좋겠는데 운이 참 부담스럽습니다. 혹시 모르니 火 용신의 가능성에 대해서도 확인해보시기 바랍니다.

1126 용신이 木·水일 것 같네요

```
時 日 月 年
甲 甲 己 庚
戌 午 卯 戌
```

갑목이 묘월에 나서 어떻게 보면 신약한 것같이 보입니다. 목왕절이라면 강하게 보이기도 합니다. 그래서 비겁을 용신으로 삼고 水운을 기다리는 것으로 최종 판단하였습니다. 겨울에 보면 火가 필요한 것 같고, 이제는 봄이 돌아오니 水가 필요한 것 같네요. 이렇게 보는 시간과 계절에 따라서 용신의 구조가 달리 보입니다. 추운 날 아침에 보는 것과 낮에 보는 것, 겨울과 여름에 보는 사주의 구조가 달리 보이기 시작합니다. 자평명리학을 공부하면 할수록 그 한계를 알 수가 없네요.

 계절과 상관없이 인성이 필요합니다

이 정도의 구조라면 계절이 바뀌어도 그냥 인성이 필요한 것으로 봐야 할 모양이네요. 너무 마음이 급해도 자세히 보이지 않을 수 있다는 것을 생각해서서 때로는 여유를 갖고 살펴보시는 것도 좋겠습니다.

 상관격일까요?

```
時 日 月 年
乙 甲 癸 己
亥 午 酉 亥
```

1) 실령·실지하여 약해 보이지만 인비의 힘도 무시할 수 없어 보이므로, 일지의 오화를 용하고 木을 희신으로 생각했습니다.

2) 금왕절에 木이라 신약해 보이기도 합니다. 천간의 기토와 을목이 헷갈리게 합니다. 용신이 궁금합니다.

상관격으로 볼 수 있습니다

1) 잘 보셨습니다. 火는 무력하고 水는 생왕하여 火의 작용이 크지 않으므로 갑목이 상관 火를 용할 수 있다고 봅니다. 다소 난해한 구조로군요.

2) 기토는 무력하다고 봅니다. 잘 보셨습니다.

 용신이 맞나요?

```
時 日 月 年
甲 戊 戊 庚
寅 寅 子 子
```

무인이 자월에 나서 火가 필요할 것 같습니다. 그래서 寅 속의 火를 용신으로 삼았습니다. 희신은 土로 삼았습니다.

유학까지 다녀왔는데 마땅한 직업이 없네요. 치과를 전공한 것 같습니다.

 火 용신이 맞습니다

잘 보셨다고 생각됩니다. 달리 볼 방법이 없습니다.

1129 희신이 어렵네요

```
時 日 月 年
丙 丙 癸 庚
申 午 未 申
```

미월의 병오 일주로 기토당령이지만 조토이며 오미반합도 있고, 시간(時干)의 병화도 도움을 주므로 약하지 않아 보여 계수로 용신을 삼았습니다.

또한 계수의 입장에서 볼 때 뿌리는 도움이 되지 않으나 옆에서 경·신금의 도움이 상당하므로 설기가 좋아 보이며, 일간의 입장에서도 木이 오면 거부할 이유가 없다고 생각되어 희신을 木으로 보았습니다.

 木 희신으로 보는 것이 좋겠습니다

물론 일리 있는 의견이지만 미월은 火기운이 사그라지는 때라는 점과 시간의 병화가 무력하다는 것, 그리고 木이 없다는 것 때문에 신약한 병화로 보고 싶습니다. 시간의 병화를 의지하고 木이 돕기를 기다린다고 보는 것이 좋겠습니다. 오미합은 무효라고 생각하시는 것도 좋겠습니다.

1130 水 용신에 木 희신인가요?

```
時 日 月 年
庚 辛 丁 辛
寅 亥 酉 丑
```

신강하니 설기시켜서 水 용신에 木 희신으로 봅니다. 그런데 사주가 너무 냉한 것 같아서 火 용신에 木 희신으로도 보입니다.

 보신 대로입니다

참 만만치 않은 장면이네요. 水나 火 중 어느 것이 용신이라고 해도 수긍해야겠습니다. 다만 火는 무력하고 水는 유력하므로 일지 해수를 용신으로 삼고 희신은 木으로 보고 싶습니다. 그래도 여성의 명식일 경우에 관성을 의지할 수도 있으므로 확인해봅니다.

1131 치료제가 없을까요?

```
時 日 月 年
甲 癸 辛 甲
寅 酉 未 辰
```

1) 미월에 계수로 인성이 있다고는 하나 신약해 보입니다. 金을

용하고 水 희신으로 보고 싶습니다.

2) 현재 알코올중독(정신적 황폐)인 것은 무엇으로 봐야 하나요? 대운 土 기신을 지날 때 일간 水가 극을 받아서 물을 원하는데, 술이 마실수록 갈증만 나는 물로 보인 것입니까? 알코올중독 때문에 병원 치료할 예정입니다.

본인도 의지를 가지려고 노력하고 도리어 폐를 끼칠까봐 미안해 하는군요.

3) 두 번의 결혼을 실패했는데 원인을 무엇으로 볼 수 있습니까? 남편자리인 기신 미토가 견디기 힘들었다고 봐야 하나요?

4) 상관 木은 어떻게 해석하는 게 좋겠습니까? 지극히 내성적인데 여기서의 상관은 매사의 불만족이라고 보면 될까요?

 병원 치료가 가장 좋습니다

1) 잘 보셨습니다.

2) 주체성이 약한 것이 흠입니다. 비겁이 없으니 주변의 환경에 많이 시달리고, 그래서 스트레스가 심하다고 해석할 수 있습니다. 더구나 대운이 흉하면 더욱 부담이 커진다고 봅니다.

알코올중독은 병이므로 병원에서 치료 받는 것이 무엇보다도 가장 좋습니다.

3) 결혼의 실패라면 관성이 희신 역할을 못 하는 것과 상관의 마찰 때문이라고 하겠습니다. 상관이 인성에게 억압당하고 있는 것으로 봐서 표현 과정에서 문제가 생기지 않을까 싶습니다.

4) 상관은 부담이 큰데, 감정적으로 해결을 못 하고 이성적으로 억압하기 때문입니다. 또한 편인 성분이 작용하여 심리적으로 부담이 되겠습니다.

상관이 아니고 식신이라면 스스로 포기라도 하겠는데, 상관은 그런 성분이 아니라(정인을 보지 않아서) 갈등의 요소로 남겠습니다.

1132 1차 성격존이 전부 비겁입니다

```
時 日 月 年
己 己 己 己
巳 丑 巳 亥
```

1) 신강하니 水 용신에 金 희신을 쓸까요?

2) 이렇게 1차 성격존에 비견뿐이면 비견 성분의 강화로 자존심이 아주 강하다고 해석하나요?

A 자존심이 강하다고 할 수 있습니다

1) 용신은 水가 아니라 金을 써야겠습니다. 지지의 축토 이외에도 土가 많아서 金이 좋겠다고 해석합니다. 그리고 水는 희신이 되는 것으로 봅니다.

2) 자존심이 강하면서도 자신의 마음에 거슬리지 않으면 매우 친절하다고 할 수 있습니다. 일지 축토 속에 있는 식신 성분 때문이지요. 단, 의견 대립이 되면 쉽게 용납하지 않으려고 하지 않을까 생각됩니다.

 종관격으로 볼까요, 조후를 쓸까요?

```
時 日 月 年
庚 丙 戊 庚
子 申 子 子
```

일간 병화가 의지할 곳이 없고 지지에서 물바다를 이루고 있으니 아마도 물을 좇아 종해야 할 것 같습니다. 그래서 종관격으로 보아 水가 용신이 되고 金이 희신이 되어야 할 것 같습니다. 그러나 한편으로는 자월에다가 사주 전체가 차가운 金·水기운으로 뒤덮여 있으므로, 조후를 고려하여 火를 용신으로 하고 木을 희신으로 삼아야 하지 않을까도 싶습니다. 병화 일간의 경우에는 자월이고 차가운 金·水기운으로 덮여 있어도 조후를 고려할 필요가 없나요?

 종하지 않는다고 봅니다

자월 병신인데 무토가 있어서 종재를 이룰 수 있을지 고민하게 됩니다. 형상으로 봐서는 土와 水가 대립하므로 종하지 않는다고 하고 싶습니다. 임진대운에 직장생활이 무난했던 것은 그래도 무토가 병화를 보호해서 가능했다고 해석할 수 있고, 조후는 크게 고려하지 않습니다. 사업을 하기에는 아직 부담이라고 해야겠습니다. 아무래도 사화대운 이후에 발전하지 않을까 싶습니다. 만약 종재를 했다면 임진대운과 계수운에 크게 발전했으리라고 미뤄 생각할 수 있습니다. 참고되시기 바랍니다.

 경금이 어느 정도 강한가요?

```
時 日 月 年
壬 庚 庚 壬
午 辰 戌 子
```

경술월의 경진이라서 인성도 강하고 비견도 있으며, 3水로 설하기는 하지만 약하지 않다고 보았습니다. 水 용신, 木 희신으로 보면 될까요?

 매우 강합니다

경술과 경진이면 土·金으로 뭉쳐 있으니 매우 강합니다. 그래서 시지의 오화는 안중에도 없다고 보고 식신을 용하면 되겠습니다. 재성이 미약해서 아쉽네요. 잘 보셨습니다.

 유월(酉月) 계유가 강한데 종할까요?

```
時 日 月 年
癸 癸 辛 癸
亥 酉 酉 卯
```

계유가 유월(酉月)에 나서 매우 강한데 극하는 성분도 없고, 묘목은 월지에서 극을 받습니다. 따라서 종이 가능할까요? 매우 신강한 사주입니다.

 木이 용신이 됩니다

아마도 종강격이 되는지 물으신 것이겠죠? 시지나 연지에 木이 있으므로 木이 용신 역할을 할 것으로 보는데, 金이 너무 왕해서 용신이 무력합니다. 종강격은 의미가 없습니다.

 약해 보입니다

```
時 日 月 年
庚 戊 丁 甲
申 辰 卯 午
```

木월이라 약해 보입니다. 火 용신에 土 희신으로 볼까요?

 운이 약해서 아쉽습니다

정묘월의 무진이니 그대로 관인상생격이 되네요. 사주가 청합니다. 또 시간(時干)의 경금과 갑목이 멀어서 서로 대립하지 않는 것도 좋아 보이는군요. 운이 좀 약한 것이 아쉽습니다.

 약하다고 볼 수도 있지 않을까요?

```
時  日  月  年
乙  壬  丁  乙
巳  申  亥  巳
```

1) 스님께서 "이 사주의 경우에는 비록 일지와 월지만 얻었지만 정화와 사화가 무력하다고 보아 약하지 않은 것으로 해석하고 싶습니다." 하셨는데, 저의 좁은 안목으로는 사주 그 자체만 본다면 약하다고 볼 수도 있지 않을까 싶습니다. 비록 월령과 일지를 얻었다고는 하지만 주변의 세력이 협조하지 않기 때문입니다.

2) 약하지 않다고 보신 것은 경진년의 운세가 좋지 않은 걸로 미루어 판단하신 것인가요? 아니면 사화는 신금과 육합하여 사신합수로 화했다고 보신 것인가요?

그것도 아니면 사화는 해수를 충하거나 신금을 극하는 성분이 약해서인지, 월령과 일지를 얻으면 어지간하면 약하지 않은 것으로 봐야 하기 때문인지 궁금합니다.

 약하다고 보기 어렵습니다

1) 그렇기는 합니다만 해월에 임신 일주라면 그 정도의 극으로 약하다고 하기는 어려워 보입니다.

2) 원국의 상황으로 의견을 말씀드렸습니다. 참고되셨기 바랍니다.

1138 상관생재격으로 볼까요?

```
時 日 月 年
丙 戊 辛 己
辰 子 未 酉
```

월령을 얻고 어느 정도 세력을 형성하고 있어서 약해 보이지 않으므로 식신생재격으로 볼 수 있을 것 같습니다. 따라서 신금을 용하고 자수를 희신으로 봐야 할 것 같습니다.

 엄격하게 따져서 상관격으로만 봅니다

때론 엄격하게 따져야 할 경우도 있는데, 생재가 되느냐 못 되느냐는 점도 주의해서 봐야겠습니다. 토생금은 되지만 금생수는 안 되므로 그냥 상관격으로만 봅니다. 일지 처궁에 있는 재성은 도움이 되며, 재운이 오는 해에 인연이 될 가능성이 매우 많습니다.

1139 살인상생할까요, 식신제살할까요?

```
時 日 月 年
癸 乙 辛 辛
未 巳 卯 亥
```

묘월의 을목이 당령하고 천간과 지지에 각기 인성의 생조를 받아서 강해 보이지만, 천간에 칠살 편관이 투출되어 비겁을 이루고 시간(時干) 계수가 시지 재성에 의해 파극되고 있으니 오히려 약해 보입니다. 따라서 편관 칠살을 살인상생시키는 계수를 용하고 묘목을 희신으로 삼아야 할 것 같습니다. 또 한편으로는 일간이 그렇게 약하지 않기 때문에 상관 사화로 하여금 편관 신금을 제살하는 것도 무방하지 않을까 싶습니다. 따라서 사화를 용하고 묘목을 희신으로 볼 수 없나요? 관성이 강하여 일간이 약하게 된 경우에 살인상생으로 유도하는 것이 우선인지, 아니면 식신(상관)제살로 억제하는 것이 우선인지, 아니면 상황에 따라 달리 봐야 하는지 알고 싶습니다.

 살인상생은 불가능합니다

이 사주의 경우 상관제살의 형태는 직접 극을 하지 못하니 의미가 없습니다. 대신에 묘월이라고는 하지만 金과 火, 그리고 土의 혼란으로 인해 오히려 인성이 필요하다고 봐야 할 형상이 아닌가 싶습니다. 그래서 인성으로 기준을 삼도록 하겠습니다.

1140 막강한 물 세력의 영향은?

時	日	月	年
癸	壬	壬	甲
卯	子	申	辰

병자대운의 세운 경진년(2000년)에는 출퇴근길만 멀어서 고생했

을 뿐 별다른 어려움은 없었던 것 같습니다. 병화가 경금을 억제하고 水에게 기운을 빼앗겨서 인성이 많은 갑목을 위협하지는 못했을 것으로 봅니다. 임신월에 임자생으로 신자반합수이고, 갑목이 진토에 뿌리를 내린 것 외에는 온통 물바다입니다. 木 용신에 희신은 土로 보고 싶습니다. 이렇게 물 세력이 막강할 때 불을 만나면 군겁쟁재가 일어나나요?

 水의 유통으로 경금이 와도 별 문제가 안 됩니다

갑목이 용신인 상황에서 경금이 와도 별 문제가 없는 것은 水의 유통 작용 때문입니다. 물론 원국에서의 水는 구신에 해당되지만 운에서 경금이 왔을 때에는 도움이 되네요. 그리고 희신은 土보다는 火가 좋습니다. 그리고 운에서 火가 들어와도 쟁탈전까지는 일어나지 않는데, 그래도 가능하면 木을 끼고 들어오기를 기대합니다. 土운은 한신입니다.

 강하지 않나요?

```
時 日 月 年
庚 庚 乙 壬
辰 申 巳 子
```

사화가 자수에게 극을 받아 강하지 않지만, 일지 신금 역시 사화에게 잡혀 있어 강하지 않은 것으로 보았습니다. 土 용신에 金 희신으로 보시나요? 비견이 겹쳐 있으니 편관의 성분으로 바뀌어, 자기 억제력이 뛰어나지만 재와의 합으로 봉사보다는 실리적인 쪽으로 움직인다고 볼 수 있을까요?

 약하지 않습니다

사화라고는 하지만 임자가 견제하고 있는 것으로 봐서 土·金의 기운이 약하지 않다고 해야 할 모양입니다. 그래서 극을 받은 火는 버리고 水·木으로 용신을 잡으면 좋겠다는 생각이 드네요. 육합은 고려하지 않아도 된다고 봅니다. 심리적으로는 재물을 모으는 것 등에 비중을 많이 두는 것으로 보고, 봉사하는 마음은 다소 약하다고 하겠습니다. 비견이 겹치면 비견을 거부하는 마음이 되고, 그 마음이 편관은 아니라고 해석합니다. 참고하십시오.

 축월의 계수가 약한가요?

```
時 日 月 年
丙 癸 癸 丁
辰 酉 丑 巳
```

축월의 계유 일주가 의지할 곳이라고는 일지 유금과 월간의 계수 뿐인데 왠지 약하지 않아 보입니다. 지지의 土가 술토나 미토라면 당연히 약하다고 하겠는데, 축월에 계수가 당령하고 일지 유금에 의지하고 있으니 약해 보이지 않습니다. 더구나 진토와 축토는 유금을 보고 있고, 火의 기운도 水와 土에게 빼앗기고 있으니 火가 득세하고 있어 보이지는 않습니다. 따라서 木을 기다리고 火를 용하는 사주로 보았습니다. 하지만 유금과 계수만 가지고 약하지 않다고 해도 될까요?

이 정도면 왕성합니다

이 정도라면 축월의 변수를 고려하여 왕성하다고 하겠습니다. 木이 없는 火는 별 힘이 없는 것이 사실이고, 土도 水를 극하는 배합은 아니네요. 일단 火를 쓰고 木을 기다린다고 해석한 것은 잘 하셨다고 봅니다.

1143 배우자가 도움이 될까요?

時	日	月	年
庚	壬	辛	癸
子	申	酉	丑

인성이 많아서 종강격으로 보았습니다. 희·용신은 水·金·土, 기·구신은 木·火로 보았습니다.

남편인 土를 보면 유축합으로 묶이고, 일지 신금 속에 土가 들어있으니 무력해서 의지하기 어려울 것입니다. 그래도 인성이 많으니 배우자인 土는 도움이 된다고 보는데 맞나요? 가르침 부탁드립니다.

배우자는 그저 그런 정도입니다

이 사주에서 土는 축토나 申 중 무토라고 하겠는데, 모두 사주에 도움을 주지 못하는 형상이니 아쉽다고 봐야겠습니다. 그리고 종격은 논할 수가 없다고 봐서 土를 용신으로 하고, 남편이 도움이 된다고 해석합니다. 다만, 세력이 약하므로 도움도 적다고 봅니다.

1144. 군겁쟁재격이 맞나요?

```
時 日 月 年
己 丁 丙 丙
巳 卯 申 午
```

열심히 공부할 수 있도록 환경을 만들어주시니 감사합니다. 강한 火로 金이 녹아내릴 것 같아 종왕격으로 생각해봤지만, 월이 7월이고 월지에 자리를 잡고 있으니 재성을 용신, 희신은 土로 보면 좋겠습니다. 습토는 희신 역할을 하지만 건조한 火·土는 도움이 안 될 것으로 보입니다. 계대운은 강한 火를 자극하니 혼란스럽고, 사대운은 군겁쟁재가 되니 힘들 것으로 보입니다. 판단이 맞습니까?

A 군겁쟁재란 식신이 전혀 없는 경우입니다

생각을 많이 하시는 것으로 봐서 공부가 잘 되어가시는 것으로 생각됩니다. 이 사주의 경우에는 식신이 있으므로 군겁쟁재라고는 하지 않습니다. 군겁쟁재는 그야말로 식신이 전혀 없을 경우에 해당하는 것이지요. 金을 용할 수도 있겠지만 金을 용신으로 해야 할 명분이 뚜렷하지 않군요. 그래서 왕성한 火를 설한다는 명분으로 식신을 용하고, 희신은 무력한 것으로 해석합니다. 지지의 火운은 물론 부담이 되겠습니다.

 용신을 정할 때 어떤 것을 우선하나요?

```
時 日 月 年
丁 庚 己 癸
亥 辰 未 卯
```

미월이지만 약간 강하게 보이는데 이 경우에 극을 할까요, 설을 할까요? 미월이라는 상황을 고려하면 조후 겸 水를 바라겠고, 극·설이 교차할 때는 월령에서 힘을 얻고 있는 것을 먼저 취하라고 하신 것 같으며, 시간의 정화는 가까이 붙어 있습니다. 극·설중 어떤 것을 우선할까요?

그리고 위의 명도 자식이 없습니다. 결혼한 지 오래됐고, 가지려고 하는데도 없습니다. 사주상으로는 이해가 되질 않는데 혹시 설명해주실 수 있나요?

 인성이 강하므로 水를 용신으로 합니다

이 사주는 인성이 강해서 관살보다는 水가 좋겠습니다. 그래서 水를 용신으로 삼습니다.

자식이 없으면 먼저 신체적으로 결함이 없는지 알아봅니다. 한편 사주로 봐서는 시간(時干)에 정관이 있으니 늦게라도 자식을 얻는다고 말하는 것이 합당하겠습니다.

1146 해월 임수의 강약은?

```
時 日 月 年
乙 壬 丁 乙
巳 申 亥 巳
```

신약용인으로 보아 일지 신금을 용신으로 하고 해수를 희신으로 했습니다.

결혼한 지는 꽤 오래되었는데 자식이 없다고 합니다. 본인의 이야기로는 안 가지려고 한다는군요. 사주상 어떻게 해석할 수 있을까요?

 재성이 강하므로 水를 용신으로 합니다

이 사주의 경우에는 일간 임수가 비록 일지와 월지만 얻었지만 정화와 사화가 무력하다고 보아 약하지 않은 것으로 해석하고 싶습니다.

상관생재격으로 경진년은 완전히 용신기반이네요. 그런데 자식을 기피하는 것을 읽기는 참 어렵군요. 관살의 인연이 없지만 그래도 자식을 원하는 것이 일반적인데 말이지요. 어쩌면 주변의 자식으로 인해 고통 받는 사람의 영향 때문인지도 알아보시는 것이 좋겠습니다.

1147 강하지 않은 것으로 볼까요?

```
時 日 月 年
乙 己 丙 甲
丑 亥 寅 辰
```

인월에 丑은 乙의 뿌리이고 辰은 갑목의 뿌리가 될 뿐이어서 丙에 의지해야 할 것 같은데, 병화 또한 강력하니 어렵습니다. 그래도 강하지 않은 것으로 보아 병화 용신에 土 희신으로 할까요?

 병화 용신이 강합니다

병화가 강한 것은 병화의 사정일 뿐이고 일간 기토는 매우 약하다고 해야겠네요. 그래서 용신으로 인성을 쓰고, 병화 용신이 강하다고 해야겠습니다.

1148 갑오에게 인성이 필요할까요?

```
時 日 月 年
己 甲 辛 乙
巳 午 巳 酉
```

사월(巳月)에 갑오가 인성이 필요한데 인성은 없고, 비겁은 유금에 앉아서 도움을 줄 수가 없는데 종이 가능할까요? 정말 아리송하네요. 저희 재당숙이신데 이제까지의 삶은 무난합니다. 그런데 지금은 하시는 일이 잘 안 된다고 하시네요.

 인성을 용합니다

너무 무력해서 종한다고 보는 것이 교과서적인 이야기인데, 실제로 임상하면서 느낀 것은 극·설이 대립하면 종이 잘 되지 않는다는 겁니다. 그러니까 여기에서도 재성이 대립을 해소하지 못한다고 봐서 그냥 정격으로 봐야겠다는 생각입니다. 경진년(2000년)에 마음대로 되지 않았다고 하니까 인성이 필요한 것으로 보지요.

1149 강약이 어렵습니다

時	日	月	年
戊	乙	甲	甲
子	巳	戌	寅

술월의 을목으로 월·일지를 얻지 못한 데다 무토에 막혀서 시지 자수를 쓸 수 있는 상황도 아니라 水기운이 필요할 것 같습니다. 또한 金을 보지 않고, 연주의 갑인과 월간의 갑목으로 인해 그리 약해 보이지 않기도 합니다. 한여름이 지나갔으니 나무가 그다지 많은 물을 필요로 하지 않을 거라고 생각하며, 월지의 술토는 년·월의 木이 제어한다고 보았을 때 관살을 보지 않은 것을 다행으로 생각하고 약하지 않다고 보아, 火를 용하고 土를 반기는 것으로 보았습니다. 木

은 火를 봐야 쟁재의 오류를 피할 수 있지 않을까 생각합니다.

 잘 보셨습니다

火를 용해서 무리가 없는 구조입니다.

1150 제3의 심리도 나타날 수 있을까요?

```
時 日 月 年
丁 己 壬 壬
卯 亥 寅 寅

59  49  39  29  19   9
丙  丁  戊  己  庚  辛
申  酉  戌  亥  子  丑
```
坤命

월주와 일지에 있는 정재로 인해 정재 심리가 강하게 나타날 것 같은데, 실제로는 재물을 아낀다거나 깔끔한 것, 현실감각이 탁월한 것, 건강을 소중히 여기는 것과 거리가 멉니다. 정재 심리를 부정해서 정반대의 심리가 나타나는 것도 아닙니다. 또한, 생일과 태어난 시간이 100% 정확하므로 사주 구성이 틀릴 수도 없습니다. 십성이 2개 중첩돼 있으면 제3의 심리가 나타날 수도 있나요?

 좀더 지켜보시며 확인할 필요가 있겠습니다

질문으로 봐서는 정재에 대한 성분이 전혀 보이지 않는다는 말씀이시군요. 겹치거나 말거나 기본적으로 나타나야 하는 것이 정재이고, 연구하신 것으로는 문제가 없다고 봅니다. 그렇다면 심리 구조가 맞지 않는 경우라고 해야겠는데, 현재까지 정확한 사주에서 이렇게 큰 차이가 나는 경우를 보지 못했으므로 특이한 경우라고 하고 좀더 연구를 해보셔야겠습니다. 그리고 그 연결고리를 찾을 수 있다면 새로운 방향으로의 모색도 가능할 듯싶네요. 옆에 있는 사람이라면 지켜보시면서 어떤 십성의 성분이 나타나는지부터 확인해 보시기 바랍니다. 여하튼 겹치는 것에 대해서는 좀더 연구가 필요할 것도 같습니다.

■ 나가는 말

　이렇게 해서 사주를 공부하는 과정에서 일어나는 질문들에 대한 답변을 모은 사주문답 3권을 마무리합니다. 처음에 1,000가지의 질문을 담겠다고 약속했는데, 결과적으로 그 약속을 지킬 수 있게 되어서 다행입니다. 물론 질문 중에는 벗님이 했을 법한 질문도 있을 것이고, 때로는 너무 쉬워서 가소로운 질문도 있으리라고 생각합니다. 그렇지만 그러한 것이 하나하나 모여서 공부를 완성시키는 원동력이 될 것으로 생각됩니다. 더 많은 질문과 부딪치면서 발전해 나가시기 바랍니다.

　사람이 살아가는 데 영향을 미치는 것을 순서대로 나열하면 '①명(命), ②운(運), ③풍수, ④적덕, ⑤독서'라고 합니다. 가장 으뜸이 사주팔자(四柱八字)라고 하는 명이로군요. 그리고 벗님은 그렇게 지중(至重)한 의미를 함축하고 있는 명에 대해 공부하신 것으로 봐야겠으니 분명히 작은 공부가 아니겠습니다. 그리고 더욱 정진하셔서 운에 대해서도 확실히 파악 되면 당연히 두 번째 큰일에 대해서도 판단하시게 된 것으로 봐도 되겠으니 또한 얼마나 고생하셨을지 짐작할 수 있겠습니다.

다음으로는 여유가 되시는 대로 풍수에 대해서도 이해를 쌓아가시기를 권해드립니다. 낭월은 요즈음 현공풍수(玄空風水)에 대한 책들을 보면서 땅의 소식에 귀를 기울이고 있습니다. 사주팔자로 고정된 운명을 과연 어떻게 하면 개선시킬 수 있을 것인지에 대해 고민하고 있다고 해야겠습니다. 그리고 그 답은 있을 것으로 판단됩니다.

앞으로 벗님의 학문이 더욱 완숙한 경시에 도달하셔서 다른 이의 길에 멋진 조언자가 되시는 날이 도래하기를 기원드리면서 이만 문답실의 문을 닫습니다.

좋은 인연에 감사드립니다. 고맙습니다.

계룡 감로에서
낭월 두손 모음

사주문답 3

글쓴이 | 박주현
펴낸이 | 유재영
펴낸곳 | 동학사

1판 1쇄 | 2005년 11월 12일
1판 4쇄 | 2016년 2월 19일
출판등록 | 1987년 11월 27일 제10-149

주소 | 04083 서울 마포구 토정로53 (합정동)
전화 | 324-6130, 324-6131 · 팩스 | 324-6135
E-메일 | dhsbook@hanmail.net
홈페이지 | www.donghaksa.co.kr
　　　　　www.green-home.co.kr

ⓒ 박주현, 2005

ISBN 89-7190-179-9 03150
* 잘못된 책은 바꾸어 드립니다.
* 저자와의 협의에 의해 인지를 생략합니다.